佛藏經講義

——第十三輯

平實導師　述著

ISBN 978-986-99558-9-8

佛法是具體可證的，三乘菩提也都是可以親證的義學，並非不可證的思想、玄學或哲學。而三乘菩提的實證，都要依第八識如來藏的實存及常住不壞性，才能成立；否則二乘無學聖者所證的無餘涅槃即不免成爲斷滅空，而大乘菩薩所證的佛菩提道即成爲不可實證之戲論。如來藏心常住於一切有情五蘊之中，光明顯耀而不曾有絲毫遮隱；但因無明遮障的緣故，所以無法證得；只要親隨眞善知識建立正知正見，並且習得參禪功夫以及努力修集福德以後，親證如來藏而發起實相般若勝妙智慧，是指日可待的事。古來中國禪宗祖師的勝妙智慧，全都藉由參禪證得第八識如來藏而發起；佛世迴心大乘的阿羅漢們能成爲實義菩薩，也都是緣於實證如來藏才能發起實相般若勝妙智慧。如今這種勝妙智慧的實證法門，已經重現於臺灣寶地，有大心的學佛人，當思自身是否願意空來人間一世而學無所成？或應奮起求證而成爲實義菩薩，頓超二乘無學及大乘凡夫之位？然後行所當爲，亦不行於所不當爲，則不唐生一世也。

——平實導師

如聖教所言，成佛之道以親證阿賴耶識心體（如來藏）爲因，《華嚴經》亦說**證得阿賴耶識者獲得本覺智**，則可證實：證得阿賴耶識者方是大乘宗門之開悟者，方是大乘佛菩提之眞見道者。經中、論中又說：證得阿賴耶識而轉依**識上所顯真實性**、**如如性**，能安忍而不退失者即是**證真如**，即是大乘賢聖，在二乘法解脫道中至少爲初果聖人。由此聖教，當知親證阿賴耶識而確認不疑時即是開悟眞見道也；除此以外，別無大乘宗門之眞見道。若別以他法作爲大乘見道者，或堅執**離念靈知**亦是實相心者（堅持意識覺知心離念時亦可作爲明心見道者），則成爲實相般若之見道內涵有多種，則成爲實相有多種，則違**實相絕待**之聖教也！故知宗門之悟唯有一種：親證第八識如來藏而轉依如來藏所顯眞如性，除此別無悟處。此理正眞，放諸往世、後世亦皆準，無人能否定之，則堅持離念靈知意識心是眞心者，其言誠屬妄語也。

——平實導師

目次

自序

《佛藏經》之所以名為「佛藏」者，所說主旨即以諸佛之寶藏為要義。諸佛之寶藏即是萬法之本源——如來藏，《楞嚴經》中說之為「如來藏妙眞如心」，《入楞伽經》卷七〈佛性品〉則說：「大慧！阿梨耶識者名如來藏，而與無明七識共俱，如大海波常不斷絕，身俱生故；離無常過，離於我過，自性清淨。餘七識者心，意、意識等念念不住，是生滅法。」大略解釋其義如下：

【所謂阿梨耶識（通譯阿賴耶識）又名如來藏，含藏著無明種子與七轉識種子，並與所生之無明及七轉識同時同處，和合相共運行而成為一個五陰有情。七轉識與無明相應而從如來藏中出生，每日運行不斷；意根每天一早促使意識等六心生起之後相續運作，與意識等六心和合似一，看似常住而不斷之心，其實是從如來藏中種子流注才出現的心，就是一般凡夫大師說的「清清楚楚明明白白」的心，早上睡醒再次出生以後，就與處處作主的意根和合運作看似一心。這七識心的種子及其相應的無明種子，每天同時從如來藏中流注出來，猶如大海波一般「常不斷絕」，因為是與色身共俱而出生的緣故。如來藏離於無常的過失，是常住法，不曾剎那間斷過；無始而有，盡未來際永無中斷或壞滅之時。如來藏亦離三界我等無常過失，迥無我見我執或我所執；其自性是本來清淨而無染污，無始以來恆自清淨，不與貪等六根本煩惱及其餘隨煩惱相應。其餘七轉識都是心，即是意根、意識與眼等五識，即是面對六塵境界時清楚明白的前六識，以及處處作主的意根；這七識心與無明種子都是念念不住的，因為是從如來藏中流注這七識心等種子於身中才有的，當色身出生以後，意根同時和合運作，意識等六識也就跟著現行而與色身同在一起，所以是與色身同時出生而存在的。而種子是剎那剎那生滅的，以此緣故說意根與意識等七個心是生滅法。若是證阿羅漢果而入無餘涅槃時，由於我見、我執、我所執的煩惱已經斷除的緣故，這七識心的種子便不再從如來藏流注出來，死時就不會有中陰身，不會再受生，便永遠消滅了，亦因此故是生滅法。】

在三種譯本的《楞伽經》中，都不說此如來藏心是第八識（第八識是通俗的說法），而是將此心與七轉識區分成二類，說如來藏一心是常住的，是出生「意」與「意識等」六識者，也說是出生色身者，不同於七識等心。所援引的上開經文，亦已明說如來藏「離無常過，離於我過，自性清淨」；從如來藏中出生的「餘七識者心，意、意識等」，都是「念念不住，是生滅法」。這已經很明確將如來藏的主要體性與七轉識的主要體性區分開來：一是能生，一是所生，能生與所生之間互相繫屬；能生者是常住的如來藏心，沒有三界我的無常過失，沒有我見我執等過失，自性是清淨的；所生的七識心，是念念生滅的，也是可滅的，有無常的過失，也有三界我的我見與我執等過失，是不清淨的，也是生滅法。

今此《佛藏經》中所說主旨即是說明此心如來藏的自性，名之為「無名相法」或「無分別法」，仍不說之為第八識，而是從各方面來說明此心；並且希望後世仍有業障而無法實證佛法的四眾弟子們，未來世中都能滅除業障而證得解脫及實相智慧。以此緣故，先從「諸法實相」的本質來說明如來藏，兼及實證此心者於實證前必須留意避免的過失，才能有實證的因緣；若墮邪見或誤導眾生，並有犯戒不淨等事者，將成就業障；於其業障未滅之前，縱使未來歷經無量無邊不可思議阿僧祇劫，奉侍供養隨學九十九億諸佛以後，仍無實證之可能。以此緣故，釋迦如來大發悲心，首先於〈諸法實相品〉廣釋實相心如來藏之各種自性，隨即教導學人如何了知惡知識與善知識之區別。善於選擇善知識者，於解脫及諸法實相之求證方有可能，是故以〈念佛品〉、〈念法品〉、〈念僧品〉中的法義教導，令學人以此爲據，得以判知何人爲善知識、何人爲惡知識，從而得以修學正確的佛法，然後得證解脫果及證入諸法實相，發起本來自性清淨涅槃智，久修之後亦得兼及二乘涅槃之實證，再發十無盡願而起惑潤生乃得以入地。

若未愼擇善知識，誤隨惡知識者（惡知識表相上都很像善知識），不免追隨惡知識於無心之中所犯過失，則未來歷經無數阿僧祇劫奉侍九十九億佛之後，於解脫道及實相了義正法仍無順忍之可能，欲求佛法之見道即不可得，遑論入地。以此緣故，世尊隨後又說〈淨戒品〉、〈淨法品〉等法，教導四眾弟子們如何清淨所受戒與所修法。又爲杜絕心疑不信者，隨即演說〈往古品〉，舉出過往無量無邊不可思議阿僧祇劫前 大莊嚴佛座下，苦岸比丘等四人爲惡知識，執著邪見而誤導眾生，成爲不淨說法者；以此緣故與諸眾生相牽流轉生死，於人間及三惡道中往復流轉至今，反復經歷阿鼻地獄等尤重純苦及餓鬼、畜生、人間諸苦，終而復始、受苦無量之後，終於來到 釋迦如來座下精進修行，然而竟連順忍亦不可得，求證初果仍遙遙無期；至於求證諸法實相而入大乘見道，則無論矣！思之令人悲憐，設欲助其見道終無可能，對彼諸人助益無門，只能待其未來甚多阿僧祇劫受業滅罪之後始能助之。

如是警覺邪見者之後，世尊繼以〈淨見品〉、〈了戒品〉而作補救，期望以此二品能轉變諸人的邪見，勸勉諸人清淨往昔熏習所得的邪見，並了知清淨戒之所以施設的緣由而能清淨持戒，未來方有實證解脫果與佛菩提果的可能。如是教導之後，於〈囑累品〉中囑累阿難尊者等諸大弟子，當來之世以善方便攝受諸多弟子，得能清淨知見與戒行，滅除往昔所造謗法破戒所成之業障，而後方有實證之世到來。由此可見 世尊大慈大悲之心，藉著舍利弗尊者之因緣，在與舍利弗對答之時演說此實相法等，期望後世遺法弟子得能滅除業障而得證法。普察如今末法時代眾多遺法弟子，精進修行仍難遠離邪見與邪戒，求證解脫果及佛菩提果仍將難能可得，令人不覺悲切不已，是故將此經之講述錄音整理成書，流通天下，欲以利益佛門四眾。

佛子 **平實** 謹誌

於公元二〇一九年 夏初

第十三輯：

《佛藏經》卷中

〈念僧品〉第四（延續上一輯未完部分）

也許又有人起了一個念頭說：「你講的那個寂滅一定是騙人的，所以在寂滅境界中才沒有一個寂滅的人，表示你沒有實證寂滅。」因為眾生心想有八萬四千種，總是會有人產生奇奇怪怪的懷疑，這都正常。但是咱們可以給他一句話：「三十年後，你告訴行家去吧！」這要是在古時，他還算運氣好，因為古時行家多；現在若走出了同修會再也沒有行家，他告訴誰去？有話都沒處說了。所以說 如來說法時，是為了讓大眾證得寂滅，真實的寂滅是無始以來本自寂滅，現在亦復寂滅，盡未來際同樣寂滅，而在三際不變的這個寂滅境界中，沒有三際可言，也沒有住在寂滅境界中的人可說，這才是真正的寂滅。

世尊又開示說：「**我所說法為滅度故，是中亦無有滅度者。**」正因為這樣，所以 如來「是最可信，非不可信」者。以前各大道場說的是「得度」，他們從來不說「滅度」，因爲他們都想要「生度」。可是 如來說法從來沒有講「生度」的，都是講「滅度」。你要不信，上 Cbeta 去搜尋看看，「生度」兩個字敲上去，搜尋看看有沒有？沒有啊！因爲所謂得度，就是把五蘊十八界滅了，然後才能得度，所以叫作「滅度」。可是咱們弘法之前，各大道場講的得度，都是這個意識心繼續存在，要這個意識心住在無餘涅槃中，那請問：意識心能住在無餘涅槃中嗎？無餘涅槃是三界外的境界，意識心是三界中的境界，怎麼能夠把三界中的東西拿到三界外去？所以他們的解脫涅槃都是意識完好的解脫或者涅槃。如果那可以叫作涅槃，那就應該叫作「生度」，那 如來說的「滅度」要改寫了，可我從來沒有讀過 如來的聖教說是生度，都講「滅度」，不論大乘法、二乘法都一樣。

到後來我們開始拈提了，他們漸漸瞭解：「原來我們都是錯把三界的境界——特別是人間的境界——當作是出三界的涅槃境界。」所以後來終於知道說：自己爲大眾所開示的法是錯誤的。也正因爲這樣，當我們繼之以電視弘法時，佛教界基層信眾的水平就跟著開始提升了。

因爲佛教界有很多人學佛十幾年、二十幾年，他們以前常常拍胸脯說：「佛法，我都知道了。」人家勸他說：「正覺在法界衛星說的法很好，你要看看。」他說：「我還看那麼淺的東西喔！」有一天吃飯，剛好他家阿嬤把電視頻道轉來轉去(阿嬤對宗教有興趣)，剛好轉到法界衛星，看到正覺的節目時，他因爲好奇，陪著阿嬤看一看。沒想到一聽之下想：「怎麼我都不懂？」這時候才對我們老師們說的法義有興趣。有的人是人家介紹時，他根本不想看，因爲他認爲自己已經成佛了，還要看別人講什麼佛法？可是張三這麼介紹，李四也介紹，王五也介紹，趙六也介紹，他想：「好奇怪！爲什麼這麼多人都跟我介紹同一個說法節目？」不服氣，「我來看看他們有什麼毛病，就把它寫出來破斥。」打開電視機一看，結果看不懂；這是很平常的事情。

所以「滅度」的事情，他們後來就從我們親教師在電視上的說法之中去聽聞以後，見識提升了，現在沒有哪一個大師敢說生度的事，都是說阿羅漢入涅槃是要滅盡五蘊的，現在相信「滅度」了。相信「滅度」倒也不賴，只是如何實證？難啊！所以有的人想：「我要怎麼證？開悟大概沒希望，不然證初果、阿羅漢果總行吧？」問人家：「正覺有什麼書可以讓人家證初果、證阿羅漢果？」人家說：「有啊！《阿含正義》。」然後他一看：七輯。心想：「唉！我哪有興趣讀那麼多？我只要證初果就好。」問來問去，人家說：「這個人怎麼會這樣，次法都不學，就要直接證初果、證阿羅漢果。」可是情商之下，也不得不幫個忙，就建議他：「這樣吧！你去讀第二輯，不然你讀第三輯。」就這樣。結果讀了以後說：「我怎麼都不懂？」頭大了，沒辦法。這就是說，「滅度」這個道理本來就難以理解，在佛世，這是很平常的道理，沒想到末法時代就這麼難理解。今天就講到這裡。

《佛藏經》上週講到二十三頁第五行「我所說法為滅度故」，今天要說「是中亦無有滅度者」。上週我們談過有許多的大師們，他們所教導的——以前他們所謂的解脫、證阿羅漢果都是「生度」，都不是「滅度」；所以他們所謂的解脫（包括印順法師在內），入涅槃以後都是還有一個意識心存在，但有時說是粗意識，有時說是細意識，有時說是直覺，那這樣就是有一個活生生的我——依舊是三界中的我——要逃到三界外去住；但這是不可能的，因為三界中的法不可能去到三界外。所以他們說的都是生度，並不符合 佛所說的「滅度」正理。

那爲什麼 佛陀教導解脫之道時，不講生度而說「滅度」呢？是因爲眞正得度—到了無生無死的彼岸時—那是要滅盡自我——五陰我、十八界我，是要全部滅盡的，全都滅盡了以後才叫作得度。既然是滅盡才叫得度，當然要叫作「滅度」，不能叫作生度。可是末法時代的大師們跟像法時代不同，像法時代的大師們，至少還會說是「滅度」，只是自己無法達到「滅度」的境界而已，但他們講的還是「滅度」之法，所以說他們說的跟 佛所說的解脫實際上是很相像的，只是他們作不到，但他們知道應該是這樣才對的，所以叫作像法。

那麼到末法時期就不是這回事了，各個大師都說要生度，你看他們哪本書中是講「滅度」的？除了引述經文時講「滅度」，那是經文講的；可是他們解說出來的法都是要生度：或者粗意識、或者細意識要解脫於三界外。問題是意識心不論粗細，都要依根、塵而有，既然要依根、塵而有，而根、塵是三界中法，到三界外沒有根也沒有塵，他們的意識要如何生起？如何繼續存在？我覺得他們腦袋瓜是有問題的，沒有弄清楚這一點。但這個道理其實在四阿含中已經講得非常清楚了，如來是老婆到無以復加：去到那裡也講、來這裡也講，不管到哪裡祂都這麼講。

所以你看《阿含經》裡面，有時某一部經典後面會講：哪個地方如是說，哪個地方亦如是說，哪個地方亦再如是說；表示 如來到處都這麼講，都說是要滅盡五陰十八界，也都說這意識不論粗細，皆是根、塵相觸而生。問題是根與塵一定是三界中法，三界外並沒有根與塵可以存在，如何可能須要藉根、塵存在的意識(不論粗細)竟能夠獨自存在三界外呢？印順這個人腦筋絕頂聰明，不知道他為什麼就想不通。他的腦筋眞的是……，到了我這裡，要說他眞是糊塗蛋、不聰明。他一生只作過一件聰明事，就是不回應蕭平實。在這一點上他很聰明，他想的是不要回應，我就不會再找他的碴。可是我不找他的碴，我們同修會的同修們會找他的碴，結果還不是一樣？這意思就是說，既然十八界我、五蘊我全部都滅盡了才叫作「滅度」，就表示其中沒有滅度者，所以 如來說「**是中亦無有滅度者**」，因為五蘊十八界都滅盡了，還能有誰到達「**滅度**」的彼岸？都沒有人我啊！

「**滅度**」就是自我消失，所以我們早期弘法時，說到「**滅度**」是要把五蘊十八界都滅盡，好些初機學人很不服，因為大師們教的不是這樣。他們也有私下罵的，也有網上罵的，但結果都不堪一擊，因爲他們自己就把自己擊倒了。爲什麼呢？他們想要去找經教上的根據來推翻我，但找到經教裡面說的，全部都是「**滅度**」而沒有生度，於是他們漸漸就閉嘴了。他們都是執著於我，執著於我的人怎麼能證無我呢？所以他們害怕自我消失，因爲他們想：「**自我全部消失以後不就是斷滅空了嗎？是可忍，孰不可忍？**」所以他們就攻擊我，說我是邪魔外道等。

但到最後，他們不斷尋找經教求證的結果，就被我說服了。所以現在再也不會有人主張說：「**這個一念不生的境界就是住在涅槃中，我這個離念靈知永遠住在涅槃，這就是解脫。**」現在再也沒有人這麼講了！所以我度眾二十幾年的經驗，還是喜歡人家來找碴；因爲如果他不找我的碴，就不會去求證於經教，那我便沒機會說服他。他來找我的碴，一定要有根據；然而從聖教中找出來的根據，是證明我對，而他原來的認知錯誤。所以願意找碴的人，我才有機會度他；如果都不找我的碴，願意直接相信進來的，那當然最好，就是菩薩根性很好，心中也無慢的人，這就是我的想法。

所以有人告訴我說：「**某某人又寫了文章貼在網路罵您。**」我說：「**好啊！**

這不錯啊！」這表示他有讀我的書，至少讀個半本有吧！願意讀半本，可能將來就願意讀完整本；因爲他想要繼續找碴，要找更多的碴。結果找碴以後不是找到石頭那個碴，找到最後變成喝的茶了，最後拐個彎就進正覺來了，這有什麼不好？所以我對於人家找碴辱罵，從來不在意，反而是那些反對我卻從來不罵我的人，根本不讀我的書，眞的沒辦法，救不了他們，這是我的經驗。

所以說「滅度」這個道理其實不容易理解，如來知道眾生就是執著，所以有時也講「有生則有滅」。當年還有一個婦人，因爲家中兒子死了，心中很難過，她想：「佛陀是無上正遍知覺者，可能佛陀有什麼方法可以讓我兒子不死。」佛教她說：「妳去一戶一戶人家拜訪，問問看有沒有哪一家家裡是沒有死過人的，索取他家的火來，我幫妳咒願兒子活轉過來。」她就一家一家去問，因爲如來說：「如果有哪一家，一大家子幾十個人住在一起，但是從來沒有死過人，他們家就有能令人不死的火。」她一一去問，結果不管哪一家都有死過人，人家都笑她說：「妳這麼傻！有生就必有死。」她終於想通了，然後接受佛陀的話，好好去修行，才能實證解脫果。

所以世間人是越到末法時代，根器越差，因爲有很多人，當菩薩或者聲聞都離開人間了，好多祖師怕來人間辛苦，乾脆躲到兜率天去了；至於聲聞人，阿羅漢死了入涅槃，三果人死了到初禪天、或者到五不還天的下四天；那二果人到欲界天去，在那裡住一世，回來人間時都沒有法了，誰能等到正法？不說忉利天以上，單單四王天就好，四王天一天等於人間五十年，天壽五百歲，那你想，他在那裡就算是中夭好了，當他回來人間時已經沒有佛法了；那裡一天等於這裡五十年，那你過上一年，這裡是多久？他要活五百歲，是天壽五百歲。所以人間到末法時期，沒有所謂的證果的人，大多數都走光了；像法時期還可以找到一些，末法時期不可能有。

你們看西元五百年時，聲聞法中不是出了個很有名的論師叫作覺音，他寫了一大套的《清淨道論》，可是什麼地方斷我見？語焉不詳！至於三果、四果的實證內涵，一字也無！一個被尊奉爲阿羅漢的大論師，他的著作《清淨道論》一直到現在都被斯里蘭卡、泰國、還有寮國、緬甸的佛教寺院，奉爲唯一必讀的經典。因爲讀不懂四阿含——南傳的阿含《尼科耶》，他們讀不懂，就專讀《清淨道論》。可是《清淨道論》的內涵無法使人證初果，因爲覺音論師自己都不知道怎麼斷三結、證初果了。從他那時到現在有幾年了？現在二〇一六年，已經過了一千五百多年，南洋的那些僧人、居士們，讀他的《清淨道論》能證初果嗎？不可能！

然後傳出來說有什麼阿羅漢，例如說阿迦曼是阿羅漢，又說阿姜查、阿姜通是三果人。可是問題來了，等到我把《阿含正義》寫了出來，三果要有哪些內涵，四果要有哪些內涵，他們讀完《阿含正義》就知道：那阿迦曼的我見都還在。你想，專修解脫道的南傳佛法，被尊崇爲阿羅漢的人，結果我見都還在。現在變成：聲聞法得要咱們正覺重新把它推出來，否則當代還眞沒有人知道。所以我們有些師姊，背包帶著《阿含正義》去南洋寺院發送，是有達到一些效果的。所以說，像法時期的南傳佛法同樣已經變成「生度」了，不是「滅度」，更何況是末法時期。

所以我常說 如來鐵口直斷，眞是不二語，因爲一定是像 如來所斷那樣，聲聞法到後來就是失傳了，要靠菩薩來延續聲聞法。這是由於菩薩通常不上生天界，不爲自己得安樂，但爲眾生得離苦，這就是菩薩，本來就應該這樣。那麼聲聞人就是害怕生死，所以一個個生到天界去，不然就入涅槃去了，人間的法如何能依靠聲聞人？諸位聽過《法華經》也瞭解了。所以得要是菩薩才有辦法住持三乘菩提，然後菩薩看看時節因緣允許了，出來弘法又把「滅度」的法重新講了出來。

當年我剛講出來時，佛教界都說：「**這蕭平實說法跟人家都不一樣，聽起來覺得有問題。**」但是，「不一樣」不等於創見，在佛法中不許有創見，一定要符合 如來的所說。但因為大家的法都弄錯了，突然間有一個人把正確的法講了出來，大家反而說我是異端邪說。所以我被罵了十幾年的邪魔外道，說起來也得感謝二〇〇三年那一批退轉者，讓我有機會把更勝妙的法寫在書中，否則我將是師出無名，人家會罵「你愛現」。但是我被逼到了就不得不回應，不然正法的未來該怎麼辦？所以我們回應了以後，大家就開始往前追溯，追溯到我們之前所講的「滅度」那個法，就接受了。

我們把「滅度」的道理用最強烈的方式講出來，就是《邪見與佛法》，直接就說了：「**阿羅漢沒有證涅槃。**」十幾年前，臺灣佛教界的知識水平還很低，和今天的大陸佛教界一樣。我這麼印出去，其實心裡有準備要挨罵的，但是因為我先設想好，先出了一本《宗通與說通》，於是臺灣想罵的人大概也就不罵了。這樣子衝擊就很小，否則：「你這個蕭平實名不見經傳，又不是大山頭，好大膽子，竟然敢說阿羅漢沒有證涅槃，你是在推翻佛陀的聖教。」他們一定會這樣罵。但是我說的有道理，我說 如來聖教中一向都說是要「滅度」，不是要生度。阿羅漢既然是「滅度」，把五蘊十八界都滅了，才能成為無餘涅槃；那無餘涅槃中既然沒有阿羅漢的五蘊十八界，全部滅盡了，還能有誰證涅槃？我就說他沒有證涅槃。

其實我這個說法，如果要從《般若經》去找，應該有很多地方都有，但我這一世並沒有去讀《般若經》。六百卷《大般若經》，我沒時間讀，那些內容我也不用讀，因為我親聞 如來講過了，都知道了，不需要再讀了！我直接就宣講一切種智，因為我出來弘法（我四十八歲退休，出來弘法時已經五十幾歲），如果要像 如來這樣從《阿含經》講到方廣唯識，沒那麼多時間。如來說這一些法就說了四十九年，我哪有四十九年？所以就跳過般若直接講種智，才會被那些六識論的法師們說瞎話：「這蕭平實雖然懂唯識，他不懂般若、不懂中觀。」

唉！被逼到沒辦法，所以我後來不是才講了《金剛經》嗎？本來《金剛經》是要留給會裡某一位法師來講的，但因爲他一直拖著不講，我看不是辦法，既然人家都這麼講我，那我就親自來講《金剛經》。那時我就想：「我《金剛經》要是平鋪直敘，人家會有興趣讀嗎？乾脆就來講『金剛經宗通』，講個不一樣的。」後來整理出書，果然銷量不錯！這《金剛經宗通》，算是讓他們知道這個蕭平實到底懂不懂般若中觀。於是現在好像蕭平實沒什麼可以被評論的了。以前說：「他懂顯教、不懂密教，他懂唯識、不懂般若，他懂禪、不懂阿含。」現在好像沒有什麼不懂的，除非有人再來評論說：「他不懂律學啦！」不然我就再來寫部跟律學有關的。

但我覺得末法時代的佛教界，再由我來爲他們寫戒律的書，其實沒有必要，因爲他們連基本的五戒都守不好了，談什麼律？聲聞律、菩薩律都不用提了！連出家人都沒辦法守住五戒，那種大山頭很多，你們去看啊！只要他們有跟密宗假藏傳佛教掛勾，常常有喇嘛往來的，他們的五戒必然都沒守好。所以現在想要找清淨的出家人，寧可小精舍、小廟裡去找，不然就偏僻的山上去找；他們就是看不慣那些人跟著密宗假藏傳佛教搞雙身法，只好離開。所以這個「滅度」的道理，他們是不懂的。「滅度」的道理要是懂了以後，他們還能搞什麼雙身法？

所以密宗假藏傳佛教從來不講《阿含經》，爲什麼呢？因爲跟他們最重要的法義相牴觸；從密宗假藏傳佛教所謂的生起次第、觀想、拙火開始練，以及中脈觀想等，這一些生起次第就已經違背阿含的聖教了，阿含部的經典都說這些是生滅法、是我所。所以去年，索達吉很努力在擺脫達賴的陰影，他想要顯示「**我不受你達賴控制，但我可以跟你一樣行**」，所以他開始講證初果、斷我見；可是當他整理好了貼上網，我們同修一看就說：「**這不是從《阿含正義》抄來的嗎？這要破他。**」我說：「**且慢，別動他，讓他去講，我正希望他把《阿含正義》的法義抄得越多越好，絕對不會跟他主張著作權。他如果想印，我還送給他印，我可以把大陸版權送給他。**」這一套《阿含正義》，他如果想印，我還願意送。我是不是怪人？不怪！因爲我看到那個背後的演變會變成怎麼樣；如果他很努力把《阿含正義》傳出去，結果就是一個又一個信徒跑掉，就回到純正的佛法中來。所以我當時預料，他再講不久，頂多再講個三年（我看是不太可能），如果他眞的講上三年阿含，我眞的要高興大呼一句：「**南無阿彌陀佛！**」因爲他等於在幫我復興傳統佛教，有什麼不好。

所以說「滅度」的道理其實並不難懂，在阿含的經典之中，處處都是這麼說，只是他們讀不懂，不是 如來沒講。譬如說，阿羅漢往往是聞 佛說法得法眼淨之後，當時就在 佛陀座下出家；那天晚上他得法眼淨很歡喜，睡不著覺，在山洞裡或者樹下坐，繼續思惟。初轉法輪初期，如來和弟子們還沒有精舍、園林，全都沒有，所以就在野外的山洞裡或者樹下坐；他就開始思惟整理，到天亮他發覺：「我已經可以出三界了，死後不會有中陰身了。」於是天亮時就去向 佛陀稟告：「弟子某某某，我生已盡，梵行已立，所作已辦，不受後有，我是阿羅漢。」佛陀就說：「如是！如是！你是阿羅漢。」於是就爲他授第一記。當 佛陀說「你是阿羅漢」時就是爲他授第一記，聲聞法中的第一記就是阿羅漢，最高的授記。

他們向 佛陀報告時，重點都有，一定是所作已辦，就是我該修的已經修好了。那就是說，前面次法完成了，該斷的五下分結與五上分結也都斷了，才能說「梵行已立」接著是「所作已辦」；但那些大師們讀不懂「梵行已立」，隨便亂講；可是它有一個很嚴謹的定義，就是離開了欲界，離開欲界才能叫作「梵行已立」。他的心境已離開欲界，伴隨著出現的很明確證據可以作爲檢驗的，就是發起初禪而不退失，這才是「梵行已立」。所以我《阿含正義》才寫：「有證得初禪的凡夫，沒有不證初禪的三果人與慧解脫阿羅漢。」我知道佛教界都不懂這個，故意用粗體字把它印在那一章的前面。因爲「梵行已立」就是已經出離欲界了，但出離欲界不是口說爲憑，而是實證爲憑，要有初禪的具足發起而不退失。

「梵行已立，所作已辦」之前，先得自稱「我生已盡」，最後則說「不受後有」，就是不再受生。「我生已盡」是已斷三縛結、證初果不退；那不再受生是什麼定義？就是欲界、色界、無色界等三界之中他都不去了，所以接著就說「不受後有」。那麼「不受後有」代表什麼？是沒有下一世的五蘊十八界了，這才是「不受後有」，那麼這不就是「滅度」嗎？

佛陀早就講「滅度」了，佛陀從來沒有講過生度。而「滅度」這兩個字，如果有智慧也就了然可知，就是五蘊十八界都滅了才能得度。可是你看，阿羅漢說的、佛陀授記的，都說「我生已盡」和「不受後有」，還有個「梵行已立」，顯然是十八界都滅盡才是得度，可爲什麼末法時代大師們都讀不懂？

即使像法時期，覺音論師都會糊塗了，何況是末法時代？而且是佛法中無法安住，一直生死流轉：從印度往北傳，走到西域，然後轉到中國；到日本發展不好，最後來到臺灣這個本來沒有佛法的地方，才又興盛起來。所以我們把這個道理講出來以後，臺灣以前的假阿羅漢們就個個「入」涅槃去了，對吧？現在再也看不到阿羅漢了。

惟覺法師走人了，他死前已經有六、七年都沒有出來弘法了吧？他有多久沒出來弘法了？差不多六、七年了吧？（有人回答說：十年。）喔！都十年了！所以我昨天看見三立電視臺，學者們和名嘴在評論他，江教授就講：「**他們現在各大山頭都在拼命轉型。**」我說：「**奇特呀！佛法可以轉型，佛教可以轉型喔！**」轉成什麼型？觀光，作生意啊！還有開那個像蒙古包類似清境農場那樣，專門賺錢，這就是佛教轉型。叫作什麼？叫作見□法師。諸位想想看，從聲聞戒來講，出家人可以營商嗎？（大眾回答：不行。）不過，我寧可他們這樣作，只要他們跟密宗假藏傳佛教不掛勾就行，因為現在是末法，咱也無可奈何啊！所以他們只要不跟密宗假藏傳佛教掛勾，不搞雙身法，回歸正統佛法，至少嘴巴裡說的是正統佛法，他經商就讓他經商去吧，我也不反對，我們就不要再評論他。

所以末法時代 佛陀授記的現象，現在正式出現了，依序是利養堅固、乖爭堅固、事業堅固、戲論堅固等。佛滅後九百年就開始經商，講的都是戲論而非佛法；所以現在臺灣佛教大山頭們講的都是戲論，並且眞的是投身於世俗人的經商賺錢投資了，一投下去就是幾十億元，然後一年賺個一、二十億，沒有信徒也沒關係。他們一定發覺：怎麼搞的？現在爲什麼信徒護持的款項越來越少。但他們能怪我嗎？就算心裡一直怪，嘴巴也不能講出來吧？因爲我不是把他們扭曲，我是提出他們的事實，也提出經教中的證據，也從理上講出證據來，他們不好怪我。可是想要去證三乘菩提之一都辦不到，辦不到就是死路一條，等於走到絕路了。走到絕路沒有前途時怎麼辦？只好往旁邊岔出去。早期他們往左邊岔出去是什麼？是密宗假藏傳佛教。密宗假藏傳佛教這條路，我把它砍了，現在只好往右邊岔出去，作生意。所以江教授說他們現在都在拼命轉型，還眞轉型成功了！

不過這樣也好，因爲畢竟現在是末法時期，我也不能苛求他們，只要把密宗假藏傳佛教趕出佛教就行，不然就是使密宗假藏傳佛教回歸正統佛教也行；他們作生意就去作吧，我沒有意見。那麼爲什麼有這樣的狀況快速的出現？因爲我們把「滅度」的道理講了，他們繼續以往的說法就沒有立足之處，於是拼轉型。不過我倒佩服他們應變很快，他們轉型一定是十年前就開始作了，大約是十年前，《人間福報》刊登一篇確實有阿賴耶識的文章時，那篇文章大概有幾年了？八、九年有了？當年佛光山的《福報》，以星雲法師的名義登了一篇文章，請校對傅老師查一下，將來幫我整理到這裡面來。（編案：是二〇〇八年八月十二日刊登的文章。）

他們應變很快，看到正覺的這一些書以後，可能是想到：繼續以佛法來弘揚的話，大概是沒什麼前途，所以拼轉型。這表示他們比我聰明，我出來弘法不收錢財、金銀……等供養，我還捐錢。他們藉著那一件僧衣，賣弄一點表皮的佛法而且是錯誤的，也可以搞到一片大山頭，顯然他們比我聰明，我就是笨。可我說了，我這個笨才是眞聰明，因爲我有很多福德，只是不想實現而已，就每一世花一點，同時種更多福田；下一世也一樣，花一點，再種更多福田，滾雪球。這樣成佛才會快，這才是聰明人。老是在凡夫位用佛法賺錢，賺了一世擁有很多錢財，留給子孫花，因爲他們都是子孫廟；留給子孫花，結果自己帶不去未來世。

除非他學得密宗假藏傳佛教奪舍法，把財產傳給徒弟，他死了以後再回來奪他那徒弟住持的身體，除非這樣。可是密宗的「奪舍」是一種妄想，事實上不可能實現，爲什麼呢？因爲如來藏有排他性，別的如來藏所生的色身，他這個如來藏無法去執取的。所以密宗假藏傳佛教的「奪舍」，誰曾經成功了？騙人！有眞正智慧的人、懂種智的人，絕不會上這個當。你看，我《狂密與眞密》寫了，他們敢出個……不要說出書，出一本口袋書好了，回應回應看。有沒有？沒有！所以看來，他們跟印順是一樣聰明的，就是不回應：「**打死，我也不回應，看你能怎麼辦？**」就是這個想法。那沒關係，總是會有讀者願意讀。

所以他們今天產生這個困窘的境界，是因爲我們把「**滅度**」的道理給說了，而且我們舉證了經教，並且把它演繹出來，而他們無法推翻。除非他們想要推翻如來，否則佛法義理就得聽我的。好了！當他們聽了我的，那他們怎麼辦？只好拼轉型啊！好在他們世智辯聰，轉型很快成功了。這一方面我們不如人家，我都無所謂；不如人家才好，表示我們在正道上走得很順利。

所以從來沒有想過說：我們去開什麼公司，經營某一種商品等。從來不起這個念頭，以前有人告訴我說：「現在有個新的科技，可以生產某種產品賺大錢，我們要不要參加看看？」我說：「免談！弘法就專心弘法，幹嘛還去弄那個！我四十八歲退休，就是不想賺錢，你還要來叫我賺錢？現在要賺的是法財，我不賺世間財。」

我把那些福德都實現而拿來用，下一輩子要幹啥？當個乞丐喔？哪有菩薩當乞丐的！所以不用賺錢就不用再賺，就這樣子繼續在法上、在護持正法上面努力。這種法財生生世世跟著咱們，永不喪失，誰也搶不走，是國王、水、火、強盜等都搶不走的，這才是堅固財。今天看來，我們是應該成功了吧？因爲他們轉型了，轉型就表示我們已經成功。所以「滅度」這個法還會繼續傳下去，只要「滅度」這個法繼續傳下去，佛教界就沒有理由詆毀正法。那麼你看《阿含正義》重要不重要？重要啊！這樣回來印證我以前說的「如」，沒有人可以指責　如來，無人能讓　如來說不一樣的法或者改變說法，絕不可能！

如來說阿羅漢時一定是「我生已盡，梵行已立，所作已辦，不受後有」。

如來這麼開示，以後就永遠都如此，沒有誰可以去逼迫 如來改個說法，或是去跟 如來辯論而使 如來改變說法。所以 如來永遠是不二語者、誠實語者。而這個「滅度」的道理，末法時代被大師們歪曲了，我們重新把它講出來以後，沒有人可以推翻。所以我認爲將來正覺這個佛法大纛，也就是佛法的大旗，我們已經很穩固的撐起來，繼續以堅定的步伐往前走。

所以你看，佛法三乘菩提可以缺得了哪一乘？一乘也不能缺！正因爲看準了密宗假藏傳佛教的法以阿含的法來對治最棒，所以我把《阿含正義》寫了出來，就是直截根源。你講如來藏，密宗假藏傳佛教也有如來藏；你的如來藏是能生名色的心，他也說他的如來藏是能生名色的心，全都跟你混淆。但你的如來藏無形無色，他的如來藏有形有色，是在觀想的中脈裡面一個小小的明點發光，有形有色。反正你佛法中有什麼，他就弄出另一個東西取代你佛法中的內容，名相則是完全一樣的套用。

「取代」這一招很惡毒，令你很難對治，當然我要對治他；我在那三個半月寫了《狂密與眞密》五十六萬字，弄到手指都腫了。可是那《狂密與眞密》出版效果不是很好，因爲學佛人認爲：「**那密宗假藏傳佛教的事情跟我**

無關，**我就不用讀它！**」可我《阿含正義》寫了出來，可就不是無關了，大家讀了以後發覺：「**那麼密宗假藏傳佛教的無上瑜伽、大樂光明，全都違背了《阿含經》解脫道，顯然密宗假藏傳佛教連《阿含經》說的二乘菩提都沒有實證。**」這一下密宗假藏傳佛教這禍根，不就從根剁了嗎？於是我們就開始成功了，所以阿含的法是很重要的。

那麼「**是中亦無有滅度者**」，其實以前那本《邪見與佛法》裡面我就講了，我說阿羅漢沒有證涅槃，正是講這個道理。如果有個「阿羅漢」說：「**我住在涅槃中，多寂靜！多快樂！**」你就一巴掌給他，看他怎麼辦？也許你打這一巴掌時，他覺得你好大膽子敢打他。打阿羅漢不得了的，供一缽飯給阿羅漢，福報就無量無邊，因爲他是人天應供，沒想到你竟然敢給他五爪金龍，那他一定要質問你，這時你就有話說了，就把《阿含經》中說的阿羅漢這些境界說明給他聽。這時你不用拿筆幫他畫，他自己額頭上就有三條線出現了。三條線，你們內地懂不懂？就是額頭冒汗了。所以「**滅度**」這個道理，以後假使有機會，我們還得繼續再講。

接下來，如來說：「**我所說法爲解脫故，是中亦無有解脫者。**」現在講這兩句就容易講了，因爲我在前面這一小段經文—四句、六句—之中已經解釋很清楚了，道理是一樣的。所謂解脫就是解脫於三界的生死諸苦，三界生死諸苦追究原因就是因爲有「生」；如果沒有出生就沒有五陰，沒有五陰就不必受苦，所以佛法中才說要斷我見、斷我執。可是世間人總是希望要有五陰，因此我常常講，我說很多人都很嚮往，希望證阿羅漢果，可是等你把阿羅漢的境界(眞實的境界)告訴他時，他卻不要阿羅漢果了。不論是大法師、大居士、小法師、小居士都一樣，他們都不要了；只有諸位要，可見你們還眞傻、眞笨，才會來要這個法。(有人答話，聽不清楚。)不傻不笨喔？這是眞智慧，豈不見說「**大智若愚**」？所以諸位是大智，才會接受這個法。

你看密宗假藏傳佛教有哪個喇嘛願意接受、有哪一個世俗人願意接受？如果是一般的菩薩，還會再考慮一點：「**我今得證解脫，可是還有佛菩提道，我得要去研究看看誰最究竟。**」菩薩是這樣啊！因爲菩薩不單是慈悲而已，菩薩的本質一面是慈悲、另一面是智慧。如果光有慈悲，這一輛大白牛車開不走的，因爲它右邊沒有輪子，只有左邊的輪子怎麼開？頂多是一直繞圈圈，不久就壞了。菩薩一定會去追究：到底解脫道是最究竟的，或者佛菩提道最究竟？如果他是菩薩種性，當他證了阿羅漢以後突然接觸到佛菩提道——我說的是正確的佛菩提道，他一定迴小向大，因爲這才是究竟法。依解脫道或佛菩提道而言，都會認爲二乘菩提不究竟，大乘菩提才究竟，所以維摩詰菩薩才講了《不可思議解脫經》。爲什麼是不可思議，咱們先別說，先來談談解脫。

解脫有兩種，一種叫作方便解脫，方便解脫是說他的解脫不究竟，在三界的生死輪迴中，他只是斷了現行；是把欲界貪、色界瞋、無色界癡的現行斷除，可以不再受分段生死，這樣叫作解脫。可是這樣的解脫不究竟，因爲還有許多的三界愛習氣種子尚未滅除，既然尚未滅除，就仍然有變易生死，除非他畏懼生死而入了無餘涅槃；但他還有那些種子繼續變異的生死存在，這樣的解脫就不究竟。可是菩薩道的解脫是證二乘解脫之後，進而把異熟生死也滅盡。這就是說，菩薩之所修，不但要證得二乘菩提的解脫果，還得要繼續努力，把三界愛的習氣種子滅盡，到達七地滿心滅盡習氣種子以後，進而把種子生滅的變易生死也全部滅盡；變易生死的隨眠全部都引生滅除之後才能成佛，這才是究竟的解脫。那麼究竟的解脫，不是要到三界外去；去三界外幹嘛？去三界外能有什麼境界呢？三界外沒境界，因為三界外無法。去到界外就表示五蘊的自己不存在了，這樣對自己有什麼利益？對眾生有什麼利益？兩者皆無！

就好像說，一個武學大師不一定是彪形大漢；一個武學大師不像練外功的人太陽穴鼓了起來，他總是斯斯文文的，看不出是個武學大師；可是那一些惡漢，總是無法打到他或者砍到他，他只要輕輕一撥就讓對方趴下了。眞正的武學大師是這個樣子，所謂眞人不露相，對吧？就像眞正有錢的人出門不帶錢，只帶著一本支票；零錢呢，由司機幫他帶著，付錢時由司機付錢。我們不是眞有錢，就得要把錢裝在口袋裡，每天花不到一百塊錢，就這樣過日子；可是誰知道我最有錢？我很有錢，只是沒有變現而已；你要不信，打明兒開始，我規定說：明心五百萬，見性三千萬，我開價賣了，一定賣得到錢。可是下輩子怎麼辦？這是要考慮的事啊！想來想去，我這個人吃得很簡單，味道太濃了我也不吃，太鹹我也不吃，什麼魚啊肉啊都跟我無緣，睡也就那麼一張床。

我也不是每天晚上睡十張床，飯就是那麼一碗，不可能一餐吃十碗，那我幹嘛弄那麼多錢在身上，讓未來世的自己淪落街頭，何必呢？法財是很好賣的，我如果要賣法財，保證大賺錢，但這樣就是愚癡了，有智慧的人幹嘛去幹愚癡的事？不可能！所以解脫就是要有解脫的實質，如果宣稱你解脫了，可是竟然被錢綁住、被名聲綁住了，那還能叫解脫啊？你看，阿修羅去跟釋提桓因打仗，那釋提桓因是用什麼綁他？（有人答話，聽不清楚。）對了！就是五欲之繩，用五欲之繩把他給綁了。因爲他貪欲很大，釋提桓因貪欲小，所以祭出了五欲之繩一下子就綁住他，因爲不必怎麼動手，那五欲之繩跟阿修羅總是相應，自己會黏在一起；只要丟出去就夠了，什麼都不用作就把他綁了，他就沒辦法，只好乖乖回家吃老米去，因爲他沒有辦法解脫於欲界。釋提桓因忉利天主雖然還沒有完全解脫欲界，但他比起阿修羅的欲小多了，所以就用這條繩索把他綁了，也就贏了。

這就是說，解脫的層次其實千差萬別，不說大乘解脫與二乘解脫的差異，單單是二乘菩提聲聞法中的三果人就分七品了，那不是差異很大嗎？即使三明六通大解脫的阿羅漢，要來跟　如來的不可思議解脫比，根本沒機會。有時我也說，假使哪天南洋眞有阿羅漢來了，他有膽量踏進正覺來，我也叫他開不了口。我是說眞阿羅漢，不是現在那些假阿羅漢；像阿迦曼、阿姜查、朗波田，全都別提，那些人都是凡夫。

爲什麼呢？眞阿羅漢一來，不要說我，我們親教師或增上班的同修們，當然得先供養種福田，供養完了下一句要問他：「是什麼？」對啊，他就倒了！他一定問：「你問我什麼？」「我問你剛才是什麼？」他抓不到頭緒：「你怎麼講話這麼奇怪，你又沒有拿什麼給我，怎麼問我是什麼，難道是這杯茶嗎？這包錢嗎？」菩薩說：「是茶我還要問你啊？是錢我還得問你喔？」跟著再下一句：「要不然你將來入了涅槃，涅槃裡面的境界你可知曉？」就問他這個，這時他也只好兩手一攤：「俺也不知道。」除此以外，他能說什麼。因爲他不知道，他只知道涅槃中有那個識眞實存在，是絕對寂滅的；但那個識，他又沒有所證。他如果證了就不會再自稱阿羅漢，就會改口說「我是菩薩」，但他是哪個階位的菩薩，到時候再跟他算。所以他們來到正覺時一定開不得口。

阿羅漢如果去到各大山頭都可以上座說法，就是正覺這個講座他們上不來，更何況南洋哪來的阿羅漢？因此解脫是否究竟，這不是阿羅漢能夠置喙，他們下不得嘴，除非在凡夫面前；可是解脫有分大乘、二乘，這其中單單大乘第七住位菩薩的本來自性清淨涅槃，阿羅漢已經不知了。我們增上班同修們所證的，現前就看到自己如來藏不生不死，可是阿羅漢看不見這個涅槃。而這個涅槃就叫作不可思議的解脫，因爲祂具有本來性，而且不是想像空無之法，因爲祂有自性，而這個自性能生萬法之外，還是本來就清淨性。這個清淨是本有的，與五陰的染著性並存；然後祂有不生不死之性，就叫作本來涅槃性，合稱爲本來自性清淨涅槃，而這個涅槃是菩薩現前可觀行的。

這涅槃是現觀的境界，每一位七住菩薩明心不退之後都可以現觀，證實爲眞非假。那麼如是現觀以後，善知識在說法時，講了一會兒就知道：「阿羅漢滅了五陰十八界以後，所謂入無餘涅槃，就是現前我這如來藏的境界，依舊不外於如來藏獨住的境界；而如來藏獨住的境界，是我現前可以觀行的，那我繼續當菩薩就行了，又何必捨離五蘊，又何必斷除五蘊去入涅槃？」於是人間再怎麼辛苦，生老病死、愛別離、求不得、怨憎會，就不當一回事了。「苦就苦吧！我來世繼續當個菩薩，將來可以成佛得不可思議的究竟解脫；因爲我現前就已經是不可思議的解脫，只是不像如來那樣究竟而已。」

於是菩薩種性發起了，永不入涅槃，生生世世自度度他直到成佛。

終於成佛了，是不是翹起二郎腿、拈著鬍鬚等著人家供養？不是啦！成佛以後更辛苦了。就好像自古以來好多人想當法主，想當頭頭；我都不跟人家爭這個，我寧可當老二，都不必跟人家應酬，儘管在法上努力用功就行了，儘管度化眾生。其實我最喜歡的佛教中的執事就是首座，當永遠的首座，千萬別當法主，累死人了！當首座不用這麼累，當法主可是累死人，而且諸事萬端，理之不盡。可是這一世沒辦法，我也不想當法主，本來想二〇〇一年就要退隱的，想要交出去，可交不了棒。後來有人自告奮勇說要起來接，卻沒有一位老師同意；少數同意他的老師就跟他走了。當時其他老師都不同意，少數服從多數，我一個人也得服從，因爲我是親教師中的一人。

所以他們剛離開時說我背信，說我沒有遵守諾言，因爲我沒有退下來把領導人的職務交給他。可是我們會裡沒有設領導人這個職務，一開始就沒有！我也不曾說過要讓他當法主。會裡最高的職事就是法主，我若把法主交給他，他又幹不了；因爲要上臺講經，當法主一定要上來這裡講經。且不說講經，坐在這裡盤兩個小時的腿，他也盤不了，因爲他不拜佛、也不打坐，怎麼辦？所以有人一提出來，當場就有親教師說：「那也要看他有沒有這個能力。」一句話，臉就黑掉了！我說：「那麼看來我沒辦法退休了。」我也跟著臉黑了。（大眾笑……。）

眞的啊！我在故鄉重劃區買了一塊住宅用地一百多坪，擺在那邊，那是退隱後要用的，想回鄉隱居啊；後來覺得那裡吵，又去我同修的故鄉，在明航寺隔著一塊稻田，買了八百多坪可以蓋農舍的田地；結果買了還是擺在那邊，因爲抽不了腿了。一直到後來看到密宗假藏傳佛教那樣搞，個個山頭都在攀緣密宗假藏傳佛教，都在跟達賴他們打交道，佛教岌岌可危，這一下，我不退了。以前是抱怨沒得退休，後來不退了，我要把這個事情作好，所以乾脆在臺北另外買房子，喧囂居不住了，太吵雜了，就買到山上去住，就是下定決心不退隱了。

所以，萬一現在誰要來跟我說：「老師！您七十好幾，可以退隱了。」我會說：「不退！」（大眾鼓掌…）因爲我們要把究竟解脫的道理講清楚，既然要把如來的家業重擔挑起來，那就要努力去作。不挑就算了，以前是想傳給別人，我可以退隱；現在想來還得要我繼續坐在這邊，即使沒力氣說法了，我不說法，換別人上來說法，拿張椅子坐在旁邊聽也行，這樣正法也有號召力吧？（大眾鼓掌…）那正法就可以再續萬年，這就是我的希望。我本來心量小，心想「再續三千年好了」，但我們親教師心量比我大：正法再續一萬年。好啊！（大眾鼓掌…）既然這樣，我可得要留著力氣住在這邊繼續說法才行。

這目的是爲什麼？要把佛法具足演繹出來，因爲原文經典翻譯得太簡潔、太洗鍊了，對現代人而言，那叫作有字天書：每個字都認得，就是不懂什麼意思。我們一一把它解釋出來，希望是講更多的經典；如果這一世沒有講完，我來世繼續把它講解出來。這個很重要，因爲如果不把它講解到很清楚，末法時代的大師、大居士們都讀不懂的，這個究竟解脫的道理就失傳了。

一般人都以爲禪宗最重要，但其實不然，反而是慈恩宗的法才重要。可是慈恩宗的法函蓋太廣，末法時代已經沒有人能夠加以宣揚了，好在又有正覺出來弘揚。你不能怪當年玄奘大師爲什麼沒有全部註解出來，因爲他回到長安時已經幾歲了，然後每天在那邊翻譯經典，那是很浩大的工程；他一面主持翻譯經典，一面要幫那些一起翻譯經典的人證悟，否則翻譯出來時往往會錯誤。若是翻錯的話，結論是他得不斷修改，還不如自己一個人直接翻譯；那要翻譯到什麼時候？翻上幾萬年了。所以教導那一些人實證，還得教導他們學梵文；當他們學好而可以翻譯了，他只要來潤飾修正就夠了，這樣才會快，否則哪能翻譯那麼多？但是他還能有時間註解經典嗎？所以註解經典就是現在我們來作，這很重要。以前我們講經前半個小時都是給大家當場提問，什麼人有問題就寫個條子遞上來；就是半小時專門在答覆提問，我沒有一次被問倒過，可是也無法眞正的攝受退轉的那些人，所以我們後來才取消講經前的提問。

後來我想這樣反而好，因爲講經的進度可以快一點，如果我這一生可以多講一、二部經就太棒了。但鐵定講不完的，你們看這《佛藏經》不是大部頭的經典，今天應該是一百十四講；由於前面講得很慢，有時一句四個字講兩個小時，也是不得不然。因爲將來假使有人讀這部《佛藏經講義》時，他對佛法知見若是完全付之闕如，我如果講得詳細一點，他只要讀我這一部講義就足夠他迴小向大，或者足夠他對大乘法生起信心，那就值了。所以寧可講詳細一點，否則到五百年後又覺得現在講得太深了。

對啊！你看我那《楞伽經詳解》，當時覺得已經講得夠淺白了，可是有很多老修行人抱怨說：「您怎麼都用文言文寫？」老天！我那些都是白話文，哪是文言文？他們竟說是文言文，我也沒辦法。就好像禪宗公案，那些公案裡的對話，古時全都是白話文，也有好多的俚語俗語，結果現在大家讀了說：「這些都是文言文。」那些哪是文言文？所以寧可講詳細一點，講白話一點，五百年後人家還可以讀得懂，那就不錯；否則你看我《楞伽經詳解》，好多人建議我重寫。但我如果重寫，大約要寫成二十冊，因為我若要用很多文字來說得很詳細，至少要增加一倍的份量；可是我現在沒時間，應該要來講更多的經典，那事就留給證悟的人去完成也不錯。

對了！我要問諸位：「你們讀完《楞伽經詳解》的人，請舉手！」好，謝謝！我告訴你們，《楞伽經詳解》一定要好好讀，特別是七種性自性，你們都得好好用心讀，否則去到禪三時保證考不過去；因為我們的勘驗標準不是禪宗的標準。禪宗的標準很浮濫，你看那臨濟義玄眞妄不分都被黃蘗授記，惹得玄沙師備等人都要拈提他。我們現在的標準是比當年克勤大師印證的標準更高，因為我們是在玄奘要求的標準之外，再加上保證不退轉的標準，所以想要考過去很難。人家說過五關斬六將，我告訴你來到我這裡是過七關，眞的不容易啦！所以七種性自性的註解得好好讀，準備去打三的人都得好好讀。

那麼從《楞伽經》的那一些內涵來看，顯然　如來的解脫絕對不等於阿羅漢的解脫，因爲阿羅漢的解脫並不知道第八識，更不知道七種性自性，至於一切種智就別提了。所以　如來說的解脫「是中亦無有解脫者」，因爲即使是最粗淺的解脫，例如阿羅漢入無餘涅槃就已經沒有解脫者，因爲解脫是如來藏的本來解脫，是回歸到如來藏的本來解脫。滅盡了五蘊十八界之後，剩下如來藏單獨存在，而如來藏離見聞覺知，也不再出生六根六塵六識，純然無我。這個境界中，哪能有誰是證得解脫者？如果將來成佛時，有沒有解脫者？有沒有解脫者？一樣沒有！想想看，阿羅漢的解脫是滅盡五蘊十八界，但他的解脫所斷的煩惱只及於三界愛煩惱的斷除，而且只是斷現行的部分，這就已經沒有解脫者了。那麼　如來的解脫是把三界愛的所有習氣種子全部滅盡，再把如來藏中所含藏還可以變異的一切種子全部都轉變純善，永遠不再變異時就度過變易生死，也就是無始無明的上煩惱全部都滅盡；那更加是無我，怎麼可能還有我呢？所以不論是 如來的解脫、菩薩的解脫、阿羅漢的解脫，其中都沒有所謂的解脫者，這樣的境界才是眞解脫。眞解脫以後，又無妨繼續依著入初地時所發的十大無盡願，利樂眾生永無止盡，永不入涅槃，而這樣子一世又一世不斷地利樂眾生，不斷地示現八相成道入涅槃。

可是問題來了，有一種凡夫說他已經成佛了，然後繼續在人間行菩薩道，這就是密宗假藏傳佛教，連我見都沒斷就宣稱他成佛了，說他也是倒駕慈航再來利樂眾生，這就是愚癡人。也有一種人不懂裝懂，然後批評說：「**那這樣如來不就跟眾生一樣輪轉生死了嗎？**」怎麼會一樣呢？譬如說，一個大富長者錢財無量、眷屬無量，他只是不忍心那一些貧窮人，所以他故意跑到貧窮人之間一起生活，住破爛的房子、穿破爛的衣服、吃粗糙的食物，但是他不斷地偷偷塞錢給那些窮人，每一個人塞個五十塊、一百塊錢，因爲不能給多，給多了，他們就造惡，所以不斷地給他們。看來他好像也沒什麼錢，可是他卻不斷地有二十塊、五十塊、一百塊錢給人家，這就是 如來。那不懂的人說：「**你不也跟我們一樣窮嗎？你怎麼可以宣稱你是大富長者？**」殊不知大富長者每天晚上有人送錢來給他，他只要下個命令就行了。但不可以擁有太多錢，因爲搞不好，那些窮人會因窮心起惡膽來殺害他，就不能夠繼續利樂更多人。

如來不就是這樣嗎？你看，如來初轉法輪時，有沒有宣稱說自己多行、智慧多高？都沒有。即使《長阿含》裡面講七佛的事，講了賢劫過去三佛的事，如來也不顯示自己證量多麼高。要何時才能講？要到三轉法輪完畢了，阿羅漢們學得、證得的已經是初地的境界了，那時才能講，否則誰懂？如果都沒有人聽懂，講了就是白講，也沒有用。

假使我一出來弘法就寫出《燈影》那一類的書，佛教界誰信我？沒有人信。我得要不斷度人開悟，見道報告寫了出來，我再出別的書，把幾篇見道報告附上去，讓它去流通，讓大家去檢驗；而且有這麼多的親教師跟上來弘法，同一鼻孔出氣。並且有的親教師們有時也會上網跟人家論法，人們一看說：「**不得了，他們這一位親教師，抵得過我們百萬大軍，如果哪天招惹蕭平實來找我，不倒楣了嗎？**」這樣就夠了。所以你們看 如來也不會一開始就把祂的境界講清楚，直到即將入滅時講《法華經》，大家終於恍然大悟，原來 如來不是這一世才成佛的，祂其實是古佛再來，而且是非常古了。

你們看，這眞是忍功了得。如果是半調子呢！早就一直宣揚：「**我是某某人再來，我就是某某人再來，你看我以前就多麼有名，你們現在還不信我？笨蛋！**」不能好好說法，只管要求人們信他。但 如來不這樣，就是以實質給大家來看。所以你看 如來入滅時，那些大阿羅漢們哪個不哭？甚至於有的阿羅漢還哭到撲倒地上，因爲太仰慕：這一別，還得多久以後才能再親見呢？難！這是因爲 如來不會在同一個地方繼續示現，這裡示現過了就到另一個地方去，要繼續利樂眾生，從來不喊苦；沒有誰聽過 如來講一句說：「**唉呀！度眾眞辛苦。**」我既然要當孝子，當然就不能講苦，所以你們常常說：「**老師！您很辛苦。**」我說：「**不苦，這是我的義務。**」就眞的不苦了。

本來就應該要這樣作，不然得了 如來那麼大的恩、那麼厚的德，如何回報？如來又不接受那些世間錢財的供養，最大的回報就是能作法供養。你把 如來傳的法繼續傳下去，令它發揚光大而不是單單存續而已，這樣才是最好的報恩，是我們應該作的。所以我沒什麼所求，只有一樣：將來走人時如來接見，面色和氣就夠了。不要像上一世捨報時，如來面色不是很好看。當然 如來不會起瞋，可是沒有笑容就糟糕死了。這事情我希望諸位要記著，

如何讓 如來歡喜是最重要的事，因爲這表示你這一世道業增長，而且還有護法的大福德成功了。如來會爲這個歡喜，從來不是爲了你多麼讚歎 如來、多麼巴結 如來而使祂歡喜，祂不會歡喜這個。

如今我們要把解脫的不同層次繼續講出來，我們能這樣講，佛教的整個基礎以及內涵更鞏固、更豐富，就可以再存續萬年。眞能使佛教繼續存續萬年，這要付出很大的心力與勞力；諸位既要跟著我走，就要先有心理準備，要很辛苦一萬年。不畏懼喔？眞不得了，今天晚上我可以疊三個枕頭睡覺了。對啊！我就希望是這樣，所以有時我是這麼想。有某個同修說：「**我家庭院只有種一棵果樹，收成不是很好，但是這幾天我一直等，等著一顆最好的水果供養老師。**」那我就收了，可是我說了這話又怕，怕下一週好多人也同樣送來，我又帶不走了，怎麼辦？

我的想法是，我藉機會跟這個人結了深的緣，然後投之以桃、報之以李。所以我有時送一顆李子給他，雖然顯然不相當，我也藉這個因緣，再把關係拉得更緊密一點。所以講經完下課了，同修們如果有人來供佛，因爲我們晚上講堂不許留食物，以免滋生蟑螂，那麼大家撤下來跟同修們結緣時，你們不要老是想說：「我被他供養了這一顆蘋果，我將來損了多少福德。」不要這樣想，要改個想法；你受了他供養一個水果，就跟他結了深緣，未來世你的法緣又多了一樁；多結交一個善緣就多一件法緣，未來世就可以盡早接觸到正法。那你可以怎麼辦呢？轉施給別的同修，又跟另一個人再結了緣。如果那一天你有供水果，贖下來時就故意找他，回送他一個。

這個關係要連結起來，因爲菩薩道得在人間行道，不可以獨善其身，所以不要老是記掛著：「我又欠了他的情，我又損了多少福德。」你眞的有損福德嗎？你其實是多了一個法緣，這也是福德呀！你若是怕損福德，可以轉施，那福德不是一樣又回來了？大家互相轉施，財物還是那麼多，可是大家的福德都大大增長。如來教我們這個法多棒！所以心態改一改，好不好？不要老是怕。看人家拿著供佛的水果要布施，轉頭就走，太無情了吧？只要他不是供養你五萬塊錢、十萬塊錢、金銀珠寶，那有什麼關係？不過是食物。這是身爲菩薩應該有的正確觀念，不要跟聲聞人一樣。

阿羅漢很怕多餘的供養，他怕哪一天突然一念生貪就退轉了，又退到三果去了。所以阿羅漢舉步遊行只看著前方地上，他們的心不是紅色的，是灰色的，他們是時時準備要入涅槃的；但菩薩不應該這樣，菩薩要有阿羅漢的心境，於世間法無貪無著；在無貪無著之中來示現福德，這才是菩薩；藉這樣的機會跟大眾不斷地結緣，緣結得越來越廣，將來成佛就越快，所以我還要繼續寫書，因爲送到各書店去，他們買了書就跟我結了緣。我賺他們錢還跟他們結緣，有什麼不好？

雖然我們的書一向都很便宜。你看密宗假藏傳佛教那一些言不及義的東西，一本都是六百、八百、一千二，完全言不及義。但我的構想是可以廣爲流通最重要，所以我們早期三百多頁，內容講得那麼好，從來沒有一個字編爲一行、五個字就是一行的，而我們才賣兩百塊錢，現在印刷和紙價成本都漲了才開始調價。這目的是什麼？是希望有更多的人讀。因爲那些找我碴的人或者信受我書中內涵的人，未來世都會投入正法中，因爲我已經把正法的種子種到他們心裡去了。他們讀到後來知道：「**原來如來藏才是正法，所以這人是個善知識，但我拉不下臉皮來。**」沒關係！他拉不下臉皮來，我等他下一輩子。終究等到他，逃不了，因爲他的種子已經在了。

就像那些不迴心的阿羅漢，他們要入涅槃時都會先向　佛稟告。佛從來沒有留人，佛從來都說「善哉！」就讓他入涅槃。可是 如來不擔心，因為可能幾萬大劫後、或幾千萬大劫後，他會從無餘涅槃中蹦了出來，又回到三界中來，因為已經把 如來的境界告訴他，也把諸佛的內涵告訴他了。那些阿羅漢此世雖然不迴心，卻也聽聞了那一些勝妙的大乘法，也曾經有過一念、五念、十念、百念的欣喜之心羨慕 如來，這個種子在他入無餘涅槃的期間，會在如來藏中自心流注，遲早有一天會發芽。

這一發芽，他會發覺：「我怎麼又在色界天了？」然後去推溯說：「我為什麼會生在色界天？原來以前聽聞某位如來說什麼法，當時心裡喜樂，所以我現在得當菩薩了。」他看清楚了，就會注意什麼時候人間有佛成佛，或者欲界天中現在有誰成佛了，就再也不會愛樂無餘涅槃，因為他知道自己的解脫不是究竟解脫，他知道了。既然 如來的解脫才是究竟解脫，如今都從無餘涅槃中出來了，不行菩薩道幹嘛？再進去也還是會出來的。

這是眞的啊！因為經過幾萬大劫、幾千萬大劫，都還會從涅槃中出來，現在重新再進無餘涅槃去，將來不也是要這樣？既然遲也要走這一條路，早也要走這一條路，何不早走。是不是？是啊！我相信你們一定也有許多人說：「解脫生死眞好，但是後來轉念一想，那不究竟，最後還是要走佛菩提道。」你們一定也有人這樣想過的，因爲我都把這道理詳盡告訴諸位了。我相信也有人想：「這佛菩提證悟了，我們正覺又不許人家用這個法來賺錢，不然我乾脆回去賺錢算了，不學了。」可是後來又轉念一想：「我賺了很多錢，也不能帶到未來世去；就算有宿命通，也得不到前世的錢財。」你總不能夠說：「我有宿命通，知道上輩子很有錢，現在要回去跟前世的孩子們講：『兒子們，這些錢財我要拿一半回來，一半留給你們。』」前世的兒子們答應嗎？一定開口就說：「神經病！根本不認識你。」

所以沒有任何一位菩薩離開胎昧之後，回去跟過去世兒子要錢的，因爲世間法只認這一世，要用錢財就得自己設法，福報在身還怕沒錢嗎？我這個從小撿石角、撿牛角、撿羊角的孩子（被人家罵撿角的人），沒想到出社會還能夠有錢用，不曾缺過錢。我又不是很努力賺錢，錢就自己送上門來，有什麼不好？這樣來行菩薩道也不賴，不必去跟過去世的兒子要錢。想一想他們也七老八十了，棺材本也得留給他們吧？所以菩薩道看清楚了，終究要走這一條路，遲走不如選擇早走；因爲你早走上這一條路便早成佛，不用在世間人那一邊勾心鬥角，很好啊！

所以說，爲了知道解脫層次差別的緣故，就要投入正法中好好去修學。能夠修學到整體的佛法，需要有很大的福報。你去看看任何道場，哪個道場能具足整體的佛法？都沒有！目前就是正覺才有。不說現在末法時期，就說古時好了，古時禪宗很多道場而且都是證悟者，其中有幾個道場有具足圓滿的佛法？也沒有！除了玄奘以外都是這樣。即使九百多年前，克勤圜悟大師涉獵的法極廣，但也不是像我這樣公開講經的演說，而只是針對入室弟子問到什麼法時，他私下演繹出來很多。就像你們問我一個法，我告訴你們很多的法一樣，也只是如此。可是我們這一世有計畫性的把它一一講出來，然後還故意整理成書，可以流之久遠。

這個最重要，這樣就保證我們下一世再來時有很多本書，隨便你接觸到哪一本，就會趕快尋找正覺在哪裡。我相信未來正覺還會存在，因爲我們不是子孫廟，我們有親教師的教團，只要這個教團延續下去，不斷地有新學補充進來，就可以永續存在，我們未來世回歸正法將很容易。而書是一個因緣，跟人家廣結善緣也是一個因緣，所以今晚看見有人拿供佛的水果要供養你時就不要逃，你可以轉施，也可以歡喜接受下來。千萬不要作一件事情，就是當他歡喜贈送給你，你當著他的面就轉施說：「某某人！我這水果請你。」千萬不要這樣作，因為你那個結緣的功德會因此損減的。他刻意選了你，就是要跟你結緣，你就用供佛的水果再還給他，這樣重複的結緣不是很好嗎？所以不要再讓我看到誰，看到人家拿到水果就一溜煙跑了。《佛藏經》今天就講到這裡。

兩個梯次的禪三熬過去了，是因為很潮濕的天氣又正逢感冒，所以得用熬的。第一個梯次第三天早上還發燒，所以血壓高到一百八十幾，不過觀世音菩薩照顧著也就過去了。第二個梯次第三天是傍晚喝了維他命Ｃ，因為我這是屬於寒性的咳嗽，所以就一發不可收拾。後來發覺不對，普說前趕快吃了一些燥性的東西，趕快多吃了一些中藥桂枝湯，那是熱性的，結果就一面咳一面講，講到一半咳嗽漸漸少了，因為藥性起來了。還眞是沒想到，這回本來以爲一個小小感冒混一混就過去了，沒想到還眞出問題。大概年歲也有一點了，所以兩個梯次下來，現在就是整個氣血往上衝，腦袋瓜明後天去處理處理就沒事了。

閒言表過，回到《佛藏經》，上一週講到二十三頁第六行，今天要說：「我所說法為諸智故，是中亦無有諸智者。」這都是 如來老婆，一一細說給我們，其實就是《心經》的境界。回想一下《心經》是不是什麼都沒有？什麼都沒有卻不是空、不是無，所以才叫作《心經》。換句話說，《心經》講的是心的境界，這心的境界中什麼都無。如果轉依成功了以後，什麼都無，留下這個五蘊，叫作「殼漏子」；只是個殼，是個有漏之法，所以稱為殼漏子。那就不需要去貪求世間的名聞財利等，因為眞實心第八識的境界中就是一切無；既然轉依一切無了，還要求什麼名利等？

這前提表述過了，接著來談這兩句聖教：「我所說的法是諸智的緣故，而諸智之中也沒有諸智者。」也就是眞實心「無名相法」的境界中是沒有智慧可說的，也沒有證得智慧者。但是 如來所說的法都是為了要讓大家實證三乘菩提具足圓滿，因此所說諸法全部都是智慧；既然所說的法全部都是智慧，證得這樣智慧的人，卻不可以說在他的智慧中，認為眞實的境界中還有一個實證智慧的人。因為當你從如來藏的智慧境界來看、來現觀時——以這個智慧來現觀自心如來的境界時，你發覺其中沒有智慧可言，也沒有證得智慧的人。有智慧的究竟是阿誰？就是大家的意識。那麼有了智慧以後，你憑這個智慧可以現前觀察到，你的如來藏的境界中並沒有智慧可說，更沒有一個誰是證得智慧的人。

我記得剛出來弘法時，有很多人私下裡抱怨：「這蕭老師的書中所講的那些道理，在邏輯上講不通，怎麼讀怎麼不懂。」因爲咱們說：「參禪是證得如來藏明心了，而如來藏的境界中沒有智慧，你證得那個沒有智慧的如來藏，你就有智慧了。」所以當時好多人私下抱怨：「這個邏輯不通，一定是找到一個有智慧的心，然後你越來越有智慧。但是你說找到的是沒有智慧的心，然後你會變得有智慧，這是怎麼講的？」他們都是這樣私下抱怨。「但是我說的是實相的境界，實相的境界既然不是用意識思惟所能通，怎麼可能他們沒有證悟的人用意識思惟可以通呢？」我這麼說了，他們又不敢說話了。

這一個實相心或者說祂的境界——實相的境界，如果是有智慧的，這境界中也有證得智慧的人，而你悟了也有智慧，也是個有智慧的人，那悟了不是要變成兩個智慧和兩個有智慧的人嗎？那還能講得通嗎？才怪！所以有時古人沒說過的，我把它說了，而我是憑現觀而講，不是讀來的。可是打從一開始到現在二十幾年，如果我所講的不是實相的智慧，不是實相的境界，那麼一定會紕漏百出。這時人家專門對我找茶喝的人，一定會找到很多茶，那都是下腳料的茶，不能喝的；可是爲什麼他們找到後來發覺這茶越來越清香，到最後就認同了？原因無他，因爲實相本然如是。

其實我這一世說的看來好像不合常理的話，古時潙山早就講過了，只是很少被記錄下來而已。但那些凡夫大師們心裡面想的都是：「我要變得有智慧，要變成一個有智慧的人；而我得到了智慧，我就可以到三界外去；可以到三界外以後，我不去三界外，在人間繼續修行，然後我覺知心就能變成眞如。」覺知心自己要變成第八識眞如，這就是六識論者必然會演變出來的結果。因爲六識論者不承認有個第八識是實相，只能夠把意識修行，最後依舊是意識的境界，是想要把第六識意識變成第八識眞如。

所以當我出來說：我們這個能分別的心，要努力修福德、修定力、修各種正知正見然後去參禪，要證得一個無分別的心。他們想：「怎麼會這樣？」因爲大家都是要把自己這個能分別的意識變成無分別。我們講的是這個意識繼續有分別，證得同時存在的另一個「無分別心」，他們也想不通怎麼會是這樣。只是因爲不斷找碴的結果，比對經典論典之後無法推翻。所以各大山頭所設的針對蕭平實的研究小組——這已經證實了，他們那些研究小組剛開始是找碴，到後來是要探求這蕭平實講的祕密到底是什麼；轉變了。但是，一個月又一個月過去，一年又一年過去，依然摸不著邊。因爲我遵照 如來的教誨，隱覆密意而說法，所說的密意只有用教外別傳的方式在禪三中傳授，所以他們研究的結果：「**看來蕭平實講的好像是這樣，可是他有時候又說不是這樣。**」於是沒辦法，就繼續研究吧，研究出來以前趕快拚轉型，不然沒辦法生存了。

今天來講堂的路上，我跟同修在聊這件事情，我說，他們現在雖然作生意依舊是犯戒，因爲出家人不可以作生意；但現在三大山頭都是在作生意，不曉得我們那個鄰居法鼓山現在有沒有作生意，不知道，我也不想去瞭解。我說，雖然他們作生意是違犯比丘戒、比丘尼戒，但是比以前好，因爲他們那一些地方，譬如其中的兩個大山頭，現在是陸客必到（據江燦騰教授說，有一個大山頭是每年陸客的人數有四百八十萬人，另一個大山頭的更多，有六百八十萬人），每一個人進去不必花個臺幣三千塊嗎？每人平均花三千塊，這生意大賺。但我說，這總比以前好，至少業不會那麼大，罪不會那麼重。因爲以前是騙佛弟子的錢財和光陰，而現在作生意，陸客來參觀給他們賺錢，他們是世俗人無所謂，罪總比以前輕吧！我們對這一點有共識。

至於後山那位比丘尼，聽說開了一百多家公司，都是她當董事長在作生意。好在這兩年內湖一塊地，由於釋昭慧強出頭給搞砸了。現在他們改口宣稱說那宇宙大覺者不是她，說那是 佛陀的雕像。私底下自然有很多的信徒不滿，爲什麼呢？因爲認爲說：「**原來上人以前都騙我們。**」她雖然沒有宣稱宇宙大覺者是她自己，可是那一尊像雕得和她一模一樣維妙維肖，根本不像 佛陀，像誰呢？像他們口中說的「上人」，所以大家理所當然就是拜「上人」，大家都認爲「上人」已經成佛了。可沒想到出了這麼件事，以前蕭平實書上說她是個凡夫，大家都不信，因爲他們認爲自己的信仰是正確的。現在被這事件一捅出來，佛教界高層的人們和佛教研究者出來質疑了，她不敢承認那尊雕像就是自己，只能推說那尊雕像是 如來的雕像。

我心裡面想：那也有可能是 如來的雕像，應該叫作證嚴如來。不然爲什麼雕得完全像她？因爲如果要雕 如來的像，有一定的規格：「**佛面猶如淨**

滿月。」可不是像她那尊雕像臉龐瘦瘦削削、胸膛扁扁的。那些信徒們如今看在眼裡：「原來以前我們被騙了。」可是那些信徒不能怪證嚴，要怪自己，人家證嚴也沒有說：「那尊雕像是我。」他們自己要認為是證嚴，是自己的事啊！對吧？對啊！是信徒自己笨。信徒就是看著那個模樣，心想：「這是上人，所以上人是宇宙大覺者，成佛了。」現在才終於願意面對現實。所以說，眾生愚癡很容易被騙。眞正的法要給他們，他們不要；只因為蕭平實剃了光頭卻沒有燙戒疤，蕭平實也沒有出家穿袈裟，就這樣不信。

可是以前 觀世音菩薩在佛世時也沒有剃光頭，為什麼他們信？文殊、普賢也沒有剃光頭，為什麼他們信？然後每天晚上求：「觀世音菩薩！拜託您指點我，讓我遇見善知識。」好了！菩薩安排有一天遇見了善知識，一看他沒有出家，頭上又沒有燙戒疤，也沒有穿僧服，就說：「我不要，我不要。」回家又抱怨：「觀世音菩薩！今天那個善知識又不是出家人，我不要啦！」他望著 觀世音菩薩，竟沒看見菩薩的頭髮那麼長，戴著寶冠，還胸佩瓔珞呢。所以很多人眞的愚癡。應該是從本質去看：那個本質到底是對或錯，有法或無法，在禪宗裡面說「有主或無主」。但他們不管這個，只看表相。哪一天，也許我乾脆退回凡夫位來講離念靈知，但我出了家，把戒疤燙起來，看他們信不信？保證信！可是那時要換你們不信了：「因為你蕭平實退回離念靈知，在搞意識境界了。」所以看來，我還是別出家去燙戒疤的好。

意思就是說，學佛人大部分是信位的多，賢位的少；至於在賢位中要進入七住以上，眞可叫作鳳毛麟角，眞不容易啊！所以我總是讚歎諸位、佩服諸位。有時想說，這好像還不太夠，應該要奉承諸位；因為在滾滾黃流之中要找到這麼一小股的清流，也眞的不容易！那眼光要夠銳利，當大家都在抵制正法的狀況下，諸位堅持要在這裡繼續學下去，確實不容易啊！而且老實說，有的人剛來聽經，前兩週、三週其實都聽不懂，只是看到及想到：「有時講到某個地方時，大家會心一笑，我為什麼聽不懂，我都笑不起來，一定有緣由。」所以繼續聽下去。後來漸漸的聽出一些味道了，再去聽外面那些大師說的法時，覺得沒滋沒味：「到底在講什麼？廢話連篇。」那時聽不下去了，為什麼？因為我這裡既香又甜又酸又辣，這重口味吃慣了，出去外面你吃不下去了。

所以談到法食，一定要到正覺來；縱使一時聽得不耐煩，因為心裡想：

「**老是說我師父不對。**」可是腳又走不開，就這樣留下來。留啊留的，留到最後不是留成仇，因爲不是女兒，不會留成仇，最後終於懂了：「**原來我師父是誤導我，蕭老師這麼講是在救我。**」於是一頭栽進來，開始奮發精進。也有的人是這樣當上親教師的，所以我都說，那些不讀我的書的人沒希望，我都不抱希望；願意從書中找碴的人就是我要度的人，我遲早會度到他；越認眞找碴，我越能度到他。縱使這一世度不了，下一世我也度到他，因爲這如來藏妙義的種子已經種到他心裡面去了。這一世拉不下臉皮來學，下一世是一個新的五陰，沒有面子的問題，一聽到如來藏、明心開悟：「**喔！這個就是我要的。**」那不就得度了嗎？所以對那一些人，我總是想：「**總有一世等到你。**」不是總有一天，因爲菩薩不看天、不看年，是看世；一世又一世，總會等到的。

這意思就是說，如來說的法其實就是各種的智慧；如來爲了讓大家證得智慧的緣故而說出來的法，證得智慧的人會發覺，他用現觀的智慧去看實相法界時，其中並沒有所謂的證得智慧的人。但是還沒有實證的人會覺得奇怪，認爲這道理好像不太通。但我說的是實相法界，等到未來有一天證得這個「無名相法」如來藏時，看看自己的智慧、所作的現觀，在那個實相法界中沒有智慧可言，也沒有所謂的證得智慧的人。突然間回心一想：《心經》說沒有十八界，沒有五蘊，沒有三十七道品，沒有無明，也沒有無明盡，乃至於沒有智慧，沒有所得。悟了以後竟然沒有智慧，豈有此理！不是啦！是說那個眞實心的境界中沒有智慧也沒有所得。這一現觀，果然如此！

這時佛法般若的智慧就好像開竅了一樣，這竅一開，如泉湧出，人家一看說：「這個人爲什麼最近開始說話都不一樣了？」然後就永遠是那樣子，跟以前都不同了，這就是智慧。你有智慧，因爲參禪的是你；你有智慧，因爲努力修行的是你；而你有智慧，是因爲你證得沒有智慧的如來藏；你證得祂以後，你有智慧，而祂依舊沒智慧。很怪呵！祂依舊沒智慧，可是你就變得很有智慧，出語不俗。因爲講的很多都是實相法界的事，三明六通大阿羅漢也聽不懂；可是家裡人都這樣說時，沒有證的人卻想不通：爲什麼去證得一個沒有智慧的心，這個本來沒有般若的心會變得很有智慧？什麼道理？百思不得其解，不斷地來請問，善知識就告訴他：「此法非耳眼所能到，非思惟所能解，故名不可思議。」那就合掌問：「那麼請問善知識，此法是什麼？」

善知識戳著鼻子就罵：「出去！」心想：「我才剛問到這個法，難道這個法都不可以問嗎？」沒奈何，人家都當面這樣，指著鼻子罵了，不出去還行嗎？別留下來自討沒趣吧！

可是過了好幾天，不甘心，想想：「這某某禪師以前是我的師兄弟，對師兄弟何需如此？」於是又來問，才剛剛開口說到「此法」，沒想到這禪師一棍就打來，只好逃了。不逃，難道要等身上生了幾個包才走？可是心裡面實在很不甘願，恨得不得了：「以前的師兄弟，如今竟然這麼無情。」於是去找別的禪師訴苦去。禪師好整以暇聽他說完了，撂下一句話說：「我眞沒想到那某甲禪師，對你這麼老婆心切！」是不是老婆？對啊，老婆心切啊！這下他知道：「壞了！壞了！原來我誤會他了。」於是乖乖回去，拜那以前的師兄爲師，就在他座下修學了。

古來一直都有這種事情重複的發生。你看這樣的人，最後悟得時，假使一世又一世乘願再來，來到今天聽我這麼說了，他心中不會覺得驚訝，然後過一段時間也會實證，把往世所證又找回來了。然後讀《佛藏經》到這裡：「我所說法爲諸智故，是中亦無有諸智者。」心想果然如是，於是跟著我一鼻孔出氣。人家問，他也跟著說：「對啊！就是要證得那個沒有智慧的，然後自己就變得很有智慧，而那個沒有智慧的繼續沒智慧。」人家請問說：「那個沒智慧的怎麼能使你有智慧？」他又說：「止！止！不須說，此法妙難言。」正是這樣啊！再要胡扯就把他打斷說：「此法非意識思量所能到。」

所以眞要講給大家聽：「爲什麼我所說法爲諸智故，是中亦無有諸智者？」乾脆拿了寒山子的偈中一首告訴他說：「叫我如何說？」他聽了依舊不會，那就告訴他：「三十年後，說與作家。」叫他三十年後去講給行家聽。因爲這樣已經夠老婆了，還要怎麼樣？如果是我，更老婆：「到禪三去吧，否則不可能的。」公開講經本來就是這樣，已經是特別老婆了。但是這個法正因爲如此，所以道「不可思議」。維摩詰大士說這個法，講完了那部經時才被叫作《不可思議解脫經》。

這樣，我這兩句經文到底解釋完了沒？解釋完了！好極了！那就再接下來：「我所說法爲淨垢故，是中亦無有淨垢者。」其實剛才那兩句，應該畫了龍以後點個睛吧，叫作離見聞覺知，亦不作主。回來這兩句經文，如來說：「我所說法都是屬於有淨有垢的法，而這些淨垢的法講完了之後，在這一切淨垢之法中卻沒有所謂的淨與垢者。」好像有點矛盾是吧？沒有矛盾。如來初轉法輪不是講一切三界汙垢之法嗎？叫大家要把我見斷了，要把我執斷了，在斷我見我執之前，先得要修種種的次法。那一些次法，譬如說「梵行已立」，不就是清淨法嗎？一定得要建立了清淨行，使心境離開欲界的境界，至少到達色界初禪的境界，然後「所作已辦」，該修的次法已經修了，這時才可以斷除我執，才能宣稱「我生已盡、不受後有」，這不就是講清淨法嗎？

教導大家要修學次法時，如來說了很多要對治的煩惱法，豈不是汙垢之法？譬如很多人要證初果之前，得先修五停心觀之一或其二。例如有的人，心掉散而沒有辦法專精思惟，於是叫他修數息觀；就像綁住猿猴一樣，綁在木樁上，綁久了，牠就乖乖停在木樁上了，這時才能修行；那心的掉散豈不是汙垢？有的人貪欲很重，叫他修學出家之法哪有可能，他連欲界境界都捨不掉，所以叫他修不淨觀。不淨觀修好了，他看見他那個美麗的老婆、妖嬌的小妾，心想：「唉！只是薄皮包著不淨的骨肉，都是髒東西，再也不要了。」於是他可以捨離了，那麼這不淨觀所對治的內容不就是汙垢法嗎？

有的人瞋恚心很重，跟人家無法相處，一天到晚老在記恨，每天都在思索著「某甲對我不好，某乙也對我不好，我要怎麼樣對付他們」，這樣的人心裡定不下來，便叫他修慈心觀，這個心就對治了，所對治的那個瞋恚不就是汙垢法嗎？所以 佛陀說明了很多的汙垢法。但是講了汙垢法之後，叫大家要努力修行清淨法，所以 佛說的法就是淨與垢，兩個法。那因緣觀何嘗不是？對名色的貪愛不就是汙垢之法？不懂得斷離名色的貪愛，那就是無明，無明也是汙垢之法，而這些汙垢之法對治了，成為出三界的清淨法。但如來初轉法輪時所說法固然有淨有垢，卻是依於第八識無淨無垢境界來說的，所以說「名色由識生」，那個識就是第八識，因為名色之中有色陰也有七轉識了，包括意根在內；那麼那個識的境界中，沒有所謂淨與垢可說。

因此，二轉法輪說般若，般若之中正是如此。很多人讀不懂般若，依文解義就說：般若講的是一切法空，所以純粹只有名相，其實就是初轉法輪講的緣起性空，不過是再從各種名相來說一切法空。所以釋印順把般若諸經判為性空唯名；但他不懂的是，如來說般若是依能生名色的實相心第八識如來藏的境界來說；他誤會了，於是跟日本人一唱一和，就這樣攪亂臺灣佛教界五十年。當年汐止慈航法師氣到不行，把他的《妙雲集》蒐集一整套來當眾焚燒，報紙還登了出來，不曉得有沒有人保存那個剪報。後來我出來弘法，聽到慈航法師這個故事，聽說慈航法師有撂下一句話：「將來自然會有人出來收拾他。」我想：「**我就來完成這件事，當作是被他授記的人吧！**」

因爲我當時其實是想到，被釋印順這樣弄下去，正統佛教沒有未來。我就下定決心要連續正式去作，是從《楞伽經詳解》第三輯出版時開始；但其實我以前就有先作了，《眞實如來藏》就是爲釋印順寫的。可是因我沒有指名道姓，寫歸寫，沒有用，後來乾脆就指名道姓，因爲隱其姓名而說，效果不彰。在《眞實如來藏》書中，我說歸說，人家不知道那是誰說的，結果就是釋印順錯誤的法繼續流行，而正法小小的微弱勢力繼續小小而微弱地弘傳。你不對治他們，他們反而要砍你腳後跟；後來我想清楚了，一不作二不休，乾脆指名道姓了。

就爲了我在書中指名道姓，當年有位羅老師不滿，離開了。離開就離開，我還是要作，因爲現在不作，以後還得作。我看清了這一點，所以反對歸反對，離開了歸離開，我繼續作。後來知道另一位在二〇〇三年發動法難事件的親教師，當面同意我的作法，私底下卻是和那位羅老師一樣的想法。如今想想，如果我當年沒有這樣作，現在也得作，因爲他們會永遠打壓如來藏正法。把他們指名道姓寫了評論——從理上、從教上把他們評論之後，他們都無法回覆、無法回應，聰明人一瞧就知道這個如來藏法是對的。所以我當年出了那些書以後，香港有一位法師專程來臺灣，那時我們還只有九樓講堂，他專程來了就問：「那釋印順有沒有回應？」我說：「你看有沒有呢？我這裡是沒有接到他的回應。」他就說：「喔！那我知道了，他就是錯了。」就是產生這個結果。

所以那一些汙垢不淨的心會有許多千奇百怪的想法，如來說的明明不是那樣，他們卻誣賴 如來是這樣講的，所以我說他們各個都是謗佛。如來說法的內容當然有淨有垢，可是有淨有垢的背後，顯示出來的是沒有淨垢的境界。如來藏本身沒有所謂清淨或汙垢可說，但對一般人而言非垢即淨、非淨即垢，修行就是要心淨，要把染汙的東西修除掉，那就是由染汙變清淨，爲什麼你說沒有垢淨？但其實是依沒有垢淨的法來說有垢淨，依沒有垢淨的法來說要除垢得淨，因爲垢淨的一切法都是生滅法，不能自己存在，所以一切汙垢清淨的法，同樣都依止於一個離開淨垢兩邊的法才可能存在。

清淨是善，汙垢是不善，這是有記之法；但是這些有記之法要依於非善非惡的無記之法，才能夠有善與惡的存在與定義。這樣講好像有點抽象。沒抽象喔？厲害！這表示你的智慧已經很好了。比如說，三界有情非善即惡，其實在人間也有人說：「**我從來不作善事，但我也絕對不幹惡事。**」他眞的沒幹惡事嗎？我不相信。他只是對人不幹惡事而已，他對其餘的眾生可是幹了很多惡事，因爲他每天非肉不飽，他吃了多少眾生？如果不是他吃，屠宰場何必殺？都是因他而殺。既然他非肉不飽，豈不是殺害了很多眾生，這還叫清淨？這還能稱之爲善？要稱之爲惡，所以他不能夠自稱無善無惡。

可是善之與惡，這兩個法是有記性的，卻同樣都要依於另一個無記性的法才能存在，無記性的法才可能是常住的。這個無記性的法從來無善與無惡，善與惡跟祂扯不上邊；假使這個法會跟善惡扯上邊，三界就不是現在這個模樣了；如果不是只有三惡道，那就是只有天，因爲祂如果是善，禁止五陰造惡，那全部有情都生天，祂就變成有記性了。因爲祂是善，既然能夠了別這是善、這是惡，祂的秉性又向善，那就會禁止五陰造惡，世界中就不會有三惡道有情。祂如果不許五陰造惡，五陰還能造惡嗎？不能。講一句悄悄話好了，祂如果有善，不許五陰造惡，而五陰偏偏要造惡時，祂一句話都不說就讓五陰癱軟在地，什麼也幹不了，祂有這個能力。

如果祂是惡性的，不是無記性的，那五陰說「我要修行，我偏偏要修行」，抵抗背後這個惡性的法，但祂不會讓你修行。你眞要修行，例如說「我要打坐修行」，祂就讓你倒下去，修不了行。但正因爲祂是無記性的，所以想要修善、造惡都隨你，祂不去了別善與惡；祂的境界中沒有善或惡的觀念，沒有善或惡的心性，沒有善或惡的了別，善惡跟祂扯不上邊，祂是無記性的。也正因爲祂是無記性的，才能收存各類種子，所以造惡的人去了三惡道，於是三惡道的世間出生而存在了；持五戒的人繼續生在人間，於是人間有人，人間就生成而成立了。

接著又加修十善，想過好一點的生活，好去欲界天；如果他不想生在欲界，覺得欲界不清淨，想去色界天獨自一個人多好，沒有家累。家是不是累？好像不是呵？可是對修行人來講，家就是累，所以叫作「家累」。如果人夠笨的話，弄兩個家、三個家、五個家，所以大老婆不夠，二房三房四房五房，那更累了，那還眞叫家累；因爲兩個老婆就夠糟了，他還弄五房，幾個老婆一吵起來你怎麼辦？你當夾心餅乾，這就是家累。有的人不想有家累，希望獨來獨往，也不想要欲界天的欲，所以修清淨行，發起了禪定，那色界天就出現了，乃至無色界亦復如是。但是背後這個眞實法叫作如來藏，在《佛藏經》中說是「**無分別法**」、「**無名相法**」，祂永遠是無記性，非善非惡；所以有情要造惡就由著有情去造惡，祂不會讓這個有情就死掉，繼續讓他活到夠，造惡造夠了，傷天害理的事作多了，下輩子去地獄也讓他活個夠，自作自受。

自作自受同時也是異作異受，那現在不講，因爲已經在《優婆塞戒經講記》中講過了。那麼想要造善業嗎？行！祂沒有意見，因爲祂不分別，祂跟一切名相不相應，所以祂是無記性的，無記性的心就不會有淨與垢可說。這個無記性而沒有淨垢可說的第八識心、這個如來藏，在祂的認知中（祂的認知中這句話是有一點語病的，因爲我說的是祂在六塵外的認知，不是六塵中的認知）；在祂的認知中沒有所謂離垢清淨的人，也沒有淨與垢這兩回事情。

那麼話頭拉回來說，如來教人家證這個沒有淨垢的境界，所以就不用爲人家說什麼是汙垢、什麼是清淨嗎？就可以不用解說嗎？不！還是要說，因爲如果沒有把汙垢清除掉而變成比較清淨的狀態，他想要證得這個無垢淨的實相心、想要現觀這個境界就不可能，所以 如來才需要說一些次法。因此想要實證初果的人，都先叫他修點次法，於是先爲求法的眾生講解「**施論**、**戒論**、**生天之論**」。布施之論，是捨棄了貪、捨棄了瞋、捨棄了愚癡，然後告訴大家布施的因果；對這個法信受了，瞭解布施的因果而無疑心了，然後告訴他要修行，在修行之前得要先把身心給清淨下來，所以要持戒。持戒就會有持戒的因果，講清楚了，願意持戒了，然後要說明三界的境界：天有什麼樣的天。解脫天、第一義天就不談，只說世間天，告訴大家欲界有六天，色界有十八天，無色界有四天。這樣自己修行以後將來證得阿羅漢果時，就能檢查自己的境界是不是超越了天的境界。一定要講生天之論，不然到時候都還在三界中就宣稱說他是阿羅漢了，豈不壞事？

所以我有時候想，這世界悉檀，我們還眞的需要有哪位老師趕快來寫，因爲這遲早都要寫，遲早都要印出來，爲了救一般的宗教信仰者，以及救護佛門中的大妄語人，這一定要。所以你們看有一些人我見都沒斷，卻自稱解脫了；或者他自以爲斷我見、證初禪了，可是他的所思、所行、所說都還落在欲界有中，卻向人宣稱他是阿羅漢，並且還公開要求說：「你們大家要供養我，福德無量。」然後要求供養時還指定物品或錢財；甚至也有許多凡夫法師也是這樣，人家要供養他，供養很多麵包或者供養飲食，或是買來一個盒餐供養，他說：「我不要吃這個，想要供養我就上餐館去。」是指定的，並且還指定某一家，別家的還不要。有的人說：「我買個僧袋供養師父吧！」他老人家臉一板：「我要僧袋幹嘛！」弟子心想，那大概想要包包，就去買個包包來；買來了依舊不想要，說這不是ＬＶ的。

有的人說：「我在山上有個舊房子供養師父。」去了一看說：「這屋子這麼舊，二十年了。起碼給我個五百平方米的地坪，三百平方米的房子，得是新房子才行。」就這樣開口，他宣稱是阿羅漢卻這樣開口，天下有這樣的阿羅漢？阿羅漢的作意是灰身泯智，在他的作意中是時時刻刻準備著要入涅槃的；入涅槃時是連五蘊都全捨的，十八界中再也沒有任何一界存在了；連五蘊十八界都要全捨的人，會跟你要求好的別墅、要名牌包、要好吃的餐廳？可是末法時代就有這樣的「阿羅漢」，那麼那一些所謂的聖人當然都是大妄語者。成為大妄語人是因為他們對三界境界不瞭解，無從檢查自己現在是什麼境界。

不過這兩三年「阿羅漢」少了，我說的是大陸，因為臺灣的「阿羅漢」七、八年前就消逝了，但大陸還有一些人讀了正覺幾本書就宣稱是阿羅漢，但他們都不知道阿羅漢的條件是什麼。成阿羅漢的條件是次法已信已修，布施之論、持戒之論、生天之論已信已修，然後斷我見成為「**我生已盡**」；繼續進修而「**梵行已立**」，他的心境是離開欲界的，才能成為三果人，怎會再貪欲界法？如果是心境已先到色界天的境界了，然後才斷我見我執，能夠確定自己死後不再有中陰身，才是眞的阿羅漢；這表示他在人間至少要有初禪的證境，並且是不退而圓滿的初禪，早就遠離欲界法了。再來看現在大陸那一些讀了我們幾本書就自稱阿羅漢的人，有沒有初禪？好可憐呵！眞的無知，而且眞的大膽。

那麼不管怎麼樣，這些人是有淨有垢，他們自以為清淨了，其實還是汙垢。可是這無淨垢的如來藏心不理會祂所生的五陰是淨是垢，祂可不會說：「**五陰啊！你可別造惡，造惡下了地獄，我得陪你下去。**」祂不管這回事，祂從來都不分別這件事。祂也不會幸災樂禍說：「**你造了惡，沒關係，下了**

地獄，我陪你去；受苦的是你，我不會受苦。」祂也不會幸災樂禍，因為祂不了別六塵境界；祂只是一味支援五陰，行善造惡都是你五陰自個兒的事，祂只負責你的生命；將來要享樂或者下地獄受苦，都由你五陰所造作的善惡業種來決定，將來你自己去承受。而如來藏是無記性的，祂本身非善非惡，正因為是無記性的，無有淨垢，才能夠平等受持一切業種，才會有三界六道有情不斷造因受果、造因受果而輪迴不斷。

如來就是要把這個無淨垢者說給大家聽，讓大家去實證。這得要從二乘菩提先開始，二乘菩提的法義說有淨有垢，可是這個淨與垢卻是依無淨垢的實相心「**無名相法**」來說的；等到大家證了以後繼續修行，發覺自己修行清淨了，可是如來藏依舊是無垢無淨，然後轉依如來藏，依如來藏的境界來看淨垢時，也沒有一個離垢得清淨者；再依如來藏來看那些造惡的凡夫，原來他們的如來藏也沒有汙垢可言。那造作垢業的人，他的如來藏境界中也沒有所謂的清淨或汙垢者可說，所以 如來這麼說：「**我所說法為淨垢故，是中亦無有淨垢者。**」

站在現象法界中來看實相法界，然後再從實相法界的境界回頭來看現象界，這些經典你都可以解釋；要是六識論者，只能站在現象法界裡面，想要演說這一些經典時，再怎麼強顏矯飾、再怎麼編造胡扯也扯不通，所以你們看釋印順他們，有哪個人敢註解《佛藏經》？都不敢。不說《佛藏經》，你們看他註解的《勝鬘經》，他註解的文字比經文的字數還少。有人是這樣註解經典的嗎？你們看我講《佛藏經》，今天講到第二十三頁已是一百十五講了，如果依他那種說法，要怎麼註解《佛藏經》？不管經文這一段是講什麼勝妙內容，他都是兩三句就講過去了，這還能叫註解喔？

為什麼釋印順他們不敢註解這種經典？因為他們想不通，怎麼想都沒辦法解釋經文中的道理，除非他公開講說：「**這一段佛是講錯了，那一句佛也是講錯了。**」可是他還不敢這麼大膽，你們看他否定大乘經典時，都是用非常隱晦的字句來講，都是用暗示的方式否定；他其實很想說「**一切大乘經典都是偽經**」，可他不敢這樣講，所以都是用暗示的。但我們出來說了，三乘經典都是如實的，而且前後一貫沒有矛盾，只有淺深廣狹的差別，他們也不敢出來反駁，所以我說他們不如哲學界聰明。

釋印順所主張的，正好被他所弘揚的《中論》所破，《中論》明明說：「諸

法不自生，亦不從他生，不共不無因，是故知無生。」而他講的是諸法共生，由根、塵兩個法就能出生識，不需要有如來藏，正是龍樹所破的共生。他說不需要有如來藏爲因就能生六識，這也是龍樹所破的無因生。再從現實來說，印順說的又成爲自生，因爲意識等六識明明睡著就斷了，斷了以後明天早上又自己生起，不是由如來藏生起的；那意識斷了就變成無，無還可以自己出生，那不就是自生嗎？所以他只有那個「不他生」沒有違犯《中論》，其他都犯了；那不是個佛門外道，還能叫什麼？

在這種情況下，他想要瞭解這個「**無名相法**」，永無因緣。只因爲不懂，乾脆就把祂否定了，心想：「**我把祂否定了，別人就不能夠說我有沒有實證這個法。**」他想這樣一勞永逸，沒想到出了個蕭平實，還眞讓他一勞永逸，因爲他永遠不必回應，這不是一勞永逸嗎？別人問他什麼，他總得要回應；但蕭平實講的，他永遠都不用回應，眞的一勞永逸。可是最後他應該是含恨而終，也許是抑鬱而終，但也有可能是迷迷糊糊離開了；因爲他們保密到家，咱們無從得知，或許過個二十年，有人終於忍不住了把內幕披露出來，不無可能。所以說雖然表面上看來是不合理的，可是 如來的說法永遠是誠實語；

誠就是不委曲，實就是眞正的究竟，是永不改易的道理。

所以「我所說法爲淨垢故，是中亦無有淨垢者」，是眞實語。從文字上看來，如來說的法是有淨有垢，因爲眾生不可能直接去實證那個無淨垢者，必須要先捨垢修淨，心地清淨無所執著以後，再來證這個無淨垢的「無名相法」如來藏，他才可能轉依成功。就好像我們現在要求大家，想要明心的人，先得斷了我見再說；誰要是在禪三裡面敢開口說一句「意識是不滅的」，我立刻把他踢出門，他沒有資格打三。所以一定要先把心修行清淨了，知見也不會落在外道法的那些混亂狀態中，然後幫他證悟了，才有可能如實轉依；否則疑根不斷，將來終究要退轉。退轉倒也罷了，問題是退轉後會否定正法。所以　如來一定要先說淨垢之法，淨垢之法說完了，大家努力除垢修淨，才有因緣證得實相法界，然後就會發覺：實相法界裡面沒有清淨汙垢這回事，也沒有一個所謂的誰離開淨垢，因爲如來藏自身不了知淨垢，更不了知誰離淨垢，祂從來不反觀自己。這樣子講了很多了，這都是實相相應法。

接著　如來又說：「舍利弗！如來爲天說法亦無有天，爲人說法亦無有人，爲眾生說法亦無有眾生。」釋印順的人間佛教信徒不相信有地獄，也不相信有天界，因爲釋印順在書中就是這麼說的。身爲一個佛教的法師，不相信有地獄，竟然還有人會信受他；什麼人會信受這樣的人？眞叫作愚癡人。因爲三界六道是佛門中的基本知見，但印順怎麼說？他說「**地獄只是如來的方便施設教化**」，背後的意思是什麼？就是沒有地獄存在。這樣講的人還可以穿著僧衣，繼續被佛教徒所推崇信仰崇拜，眞怪！

那麼他不信諸天的境界，所以他不相信天界有佛教；他認爲只有人間才有佛教，而人間的佛教就只有地球上有，並且 釋迦牟尼佛在人間成佛，是人類精神昇華中的一個「偶然」。他的《妙雲集》是這麼講的，這還能夠稱爲佛教中的法師？所以他壓根兒就不信三大阿僧祇劫的菩薩道，他認爲阿羅漢就是佛，佛也只是阿羅漢而已，所以沒有所謂大乘法可說，聲聞解脫道就是成佛之道。他的《妙雲集》講的，我把它歸結出來，就是剛剛說的那樣。

可憐的那些迷信者，只因爲他敢胡說八道，出了很多書，前言不對後語自生矛盾，所以大家讀不懂，讀不懂就相信：「**高啊！你看我都讀不懂。**」其實是他說的前後矛盾，人家都說秀才遇見兵，有理說不清。可是我這個秀才遇見印順這個兵，還眞把它說清楚，叫他無法回應。所以 如來說法，不是只有為人說法。他釋印順不是相信《阿含經》嗎？可是《阿含經》中常常記載，於某個地方某一天半夜裡，忽然大放光明，為什麼呢？因為有天人來請法，如來就為他們說法，而天人在天亮之前離去了；既然天人有在修學佛法，那就表示天界有佛法。

例如忉利天，釋提桓因常常在善法堂說法。又例如色究竟天，報身佛在那兒說法，怎麼會沒有佛教呢？難道只有人能修學佛法，而勝義根遠勝於人類的天人都不能學？那佛教還能叫作平等法嗎？沒這個道理啊！那麼諸天之中，是什麼地方沒有佛法？欲很強的四王天中的一般有情，例如須彌山腳下的羅刹一類就沒有佛法；或者意識無法正常運作的天就沒有佛法，那是什麼天？就是夜摩天中的一般天人，很討厭人間的不清淨法，又想要擁有欲樂，他們就不會跟佛法相應，猶如現今人間的一般人，所以只有少數善根深厚的天人與佛法相應。又例如兜率陀天五欲勝妙，所以他們不修佛法，除非進入彌勒內院。

不是有個典故嗎？說大目犍連有一天想到：「我有個徒弟生到忉利天去了，我去看看他。」去到那邊，結果那徒弟駕著寶車遠遠而來，大目犍連看見了他，但那個徒弟揮揮手一晃過去了，他只好用神通把他堵住：「師父我要跟你說話，爲什麼你不停下來？」他說：「師父啊！我要享樂去了，哪有時間跟您談話。」他們是「生天以著樂深，心不得自在」，又走了。那就不可能有佛法了，可是彌勒內院有佛法。如果生到四空天，連色陰都沒有，就住在四空定的離念靈知境界中，那能夠有佛法嗎？你我都到四空天去時，根本就不相見，哪來的佛法？可是四王天、忉利天也如人間可以有佛法，就像臺灣的正覺同修會有佛法。回想一下《楞伽經》，如來是在哪一天說《楞伽經》的深妙法？楞伽山是在哪裡？是四王天的境界啊！都忘了？還是沒有讀我的書？

那麼天界不就是有佛法嗎？怎麼能說天界沒有佛法！他把大乘經典否定，不信大乘經，可是我們證得「無名相法」如來藏時，還得用《楞伽經》來印證，還得用《解深密經》來印證。達摩大師爲二祖慧可印證時交給他什麼經？是《楞伽經》，但這釋印順竟然一竹篙全部打翻；他既然把大乘經典否定了，而大乘經典都是在講第八識，無怪乎他一生要奉行六識論，因爲他如果要改修八識論的正知正見，就得把他所有的書全部燒掉，還得公開聲明

「我的書全部講錯了」。但這個人好名，好名的人不可能不要面子，你要他承認自己那些書都寫錯了，那是不可能的事，太陽打西邊出來也不可能。所以我說天界也有佛教，不單單人間。

《阿含經》記載常常有天人半夜來向 如來請法。有一段時間 如來上忉利天爲祂的生母摩耶夫人說法，所以人間三個月沒看見 如來，優塡王思念如來思念到很厲害，因此他找了一塊很好的香木，一塊很大的木頭，就像一個人那麼大，要找工匠雕刻 如來的形像，他就可以每天繼續瞻仰禮拜，這樣覺得心比較安，結果沒有人敢雕；後來釋提桓因的臣下毘首羯磨天，化作工匠來幫他雕，這就是人間第一次有佛像出現，是 如來還沒有示現涅槃就出現的。如來那三個月在天上說法，表示天上有佛教徒，有佛教徒就是有佛教。假使末法最後那五十二年的最後一天，還有一個佛教徒在，那就是還有佛教，那個人死了才叫作沒有佛教，那釋印順怎麼可以說天上沒有佛教？

至於《法華經》講的，以及授記佛弟子將來會如何成佛，說明他們未來世成佛時的世界，有一些人在人間，有一些人在欲界天中示現成佛等，證明天界也有佛教。那《法華經》他不信，咱們就不提，但《阿含經》他信，同樣說天界有佛教；而他主張的人間佛教是說天界沒有佛教，是錯誤的說法，所以我們出了一本書說明：人間佛教是以人間爲主，但天界也有佛教。我們是要扭轉他那個錯誤的觀念。既然天界也有佛教，所以 如來有時爲天人說法，有時爲天主說法，但所說的法中沒有天可說。

例如有的菩薩死後生爲天人而不忘初衷，知道 如來還在人間，特地來人間請益。當 如來爲他們說法時，當然不會只爲他們說天界的法，一定也講三乘菩提，特別是佛菩提，因爲他們是菩薩。既然講佛菩提，這佛菩提的中心內容就是「**無名相法**」如來藏，而這一個「**無名相法**」的境界中是沒有天可言的。其實《華嚴經》也是講這個道理，「三界唯心」是唯哪個心？對啊！是如來藏。那麼如來藏生了天人、生了天主、生了人、生了畜生、生了餓鬼、生了地獄等，如來藏卻不是天、不是人，也不是餓鬼、畜生、地獄，祂並不了別這一些，所以祂的境界中沒有天等有情可說。如來爲天上來的這些菩薩們說法，不會只爲他們說如何保住天壽的法，因爲他們是來求佛法，不是來求天法，天法早已得了，所以 如來得要爲他們說佛菩提。那麼講到實相法界這個「**無分別法**」如來藏時，幫助這些弟子們實證了，他們自然也

認同 如來爲他們諸天天人所說的眞如法之中沒有天。

世尊又說：「**爲人說法亦無有人，**」如來爲人間的菩薩們說法，教導菩薩們實證這個「**無名相法**」如來藏，大家得以現觀這個實相法界。如來爲了讓大家實證這個實相法界，一定要演說很多法；說了很多法以後，以教外別傳的機鋒讓大家實證了；證了以後，大家來觀察這個實相法界中，一個人也無；連一法都無，何況有人？所以「**爲人說法亦無有人**」。

就好像我主持禪三，普說也說了很多，有時過堂機鋒也夾雜了不少普說。普說時、過堂時，諸位歷歷分明，而你們看我也是歷歷分明，你、我、他都是具足圓滿的；可是我所說的法之中，無我、無你、無他，拿到我的金剛寶印以後一看，什麼都沒有。那不懂的人誤以爲是斷滅空，就說：「**奇怪了！什麼都沒有，你們在高興什麼？**」你就回答他說：「**正因爲無所得，所以高興。**」如果是那一些外行人，例如四大山頭那些信徒們聽了就說：「**簡直是個神經病。**」好在這十年來，他們不罵我神經病了。

而這個實相境界中完全無所有，等你實證了以後，把自己五陰十八界擺在一邊，看看如來藏的境界中有什麼？連一法不立的法都沒有，就別說一法不立，眞的全部都沒有。這時看來，我不存在，你也不存在，所以沒有人。沒有人之中，無妨諸位繼續有人聽法，我繼續有人說法，這麼奇妙！所以無人跟有人是可以並存的，無我跟有我是可以並存的，這樣子左右逢源兩邊通吃，所以你遇到那些沒有悟的人，他們都拿你沒輒。

因此　如來說的是誠實語，「**爲天說法亦無有天**」也是如此，「**爲眾生說法亦無有眾生**」也是如此。因爲來請求　如來說法的人，不是只有人類、天，有時鬼王等有情也會來，有時夜叉、有時阿修羅不等，那都叫作眾生。非人也不是人，摩睺羅伽也不是人，他們有神通，可以來請　佛說法。可是　如來爲這一些眾生說法時，這些眾生會是普通的眾生嗎？這些眾生可是一般的人—特別是民間信仰的那一些人—非常崇拜的。這一些眾生都有神通，在民間信仰中或在外道的修行人中都可以看得見；但這一些眾生來求法的一定是菩薩，如來不可能不爲他們說菩薩法，那　如來會怎麼爲他們演說？游老師告訴我時間到了，只好下回分解。

上週四早晨六點，作了個很奇特的夢，夢見　如來般涅槃，大部分人都在我身後。當時　如來吉祥臥，我就趴在地上，在　如來面前一直哭，哭個不停；如來面前，那時就只有我一個人。其他人大概都是在我身後跪在地上頂禮，大概是一個人的距離之外，其他人都在後面。哭到後來實在是傷心，忍不住伸了左手出去，輕輕地觸摸 如來左眼下方的臉頰，大概摸不到一秒鐘吧；就是很傷心，一直哭，趴在地上就這樣去摸了一下，如來左眼突然張開看了我一眼；都已經入涅槃了，突然又張開了，就那個慈愛的眼神看了我一眼，然後又闔起來。當時感受到 如來的憐憫慈悲，於是哭得更厲害，哭到全身顫抖抽搐。

然後被我同修搖醒了，原來我同修輕輕的把我搖醒：「你在哭喔？」我想，我是不論什麼打擊都不會哭的人，這一回哭得唏哩嘩啦，哭到渾身顫抖。人家問了，我說：「是啊！我夢見如來涅槃，心裡很難過。」可是我心裡面另一句話沒跟她講，我心裡想：「寧可在夢裡面繼續痛哭，也不要被人家叫醒，妳幹嘛把我叫醒。」但我沒講出來，現在當著她的面講出來。

然後我想，睡不著了，去洗手吧。洗手時發覺我的眼睛是乾的，我並沒有流淚；但我哭得那麼厲害，怎麼會沒有淚？好奇怪！然後想那是以前的事，就是過去世的場景重新再現前；可是奇怪沒看見阿難，他可能躲到旁邊哭去了，大概是這樣。經上沒有記載說祂眼睛又張開，有記載大迦葉來不及見佛，立即趕回來時已經慢了七、八天，當他去禮拜時很傷心，於是 如來腳伸出來給他看。你們也許想說：「**你都七老八十了，跟人家哭什麼？**」但是長年跟在 如來身邊的人，那個感受是非常強烈的。所以不只是大迦葉，不論哪個阿羅漢，當時都是哭得唏哩嘩啦，沒有人不哭的。

我說父母死了也沒哭到那麼傷心。我父親死了，我趕路下去，一路上為他持佛名號；那個晚上我就坐在他身邊，為他念佛念到天亮，也不過滴了一滴眼淚而已。那為什麼 佛涅槃，我哭成那個樣子？想不透。後來想，那就是 如來慈悲，總是眷顧這一些弟子們。那你想，都已經入涅槃了，我就這麼左手輕輕地摸了，印象中摸著不到一秒鐘，還把左眼睜開看我，那個感受又更強，就這樣哭得更厲害。

這時想起那一些外道講什麼「釋迦如來不是歷史上存在過的人物」，眞不曉得該怎麼說他們才好。我之所以把這個夢見往世的事情告訴諸位，是說有的人沒有親自與 如來親近過，沒有親在 如來座下修學也就不懂了。因為往昔在天竺只是像現在跟著親教師學一樣——就是跟著阿羅漢們學，距離如來總是滿遠的，所以有些人可能無法體會當時阿羅漢們跟 如來之間很深厚的道情，那個道情遠遠超乎於一切世間的情分。我告訴諸位這件事情，是希望增加諸位對 如來的孺慕之情，因為 如來確實是不捨一切人。

即使像提婆達多那樣，都還派阿難尊者去地獄看他。所以 如來那個慈悲，我希望諸位藉這個境界來嘗試體會看看。都已經般涅槃了，為了不捨弟子，所以眼睛又張開，讓你感受到祂總是在攝受你。大迦葉遲了七天，好像第八天才到，他也是很難過，所以 如來安慰他，於是兩腳又從金棺中示現出來給他看，迦葉看了當然哭得更厲害，一定都是這樣。這也就是說，釋迦如來雖然是古佛再來，可是一直都是不捨眾生，所以我也發了個願說：將來如果成佛了之後，釋迦如來又在什麼地方示現，我也去那邊受生，就像 觀世音菩薩那樣再去跟隨祂；說是報恩也好，說是思慕也好，其實都應該要這樣作，這是我個人的認知。至於諸位怎麼樣認知，那就由諸位自己慢慢去體會 如來的大慈大悲。也許有人覺得現在好像還不太能體會到，但是未來總是會有機會讓諸位體會到的。

言歸正傳，《佛藏經》上週講到二十三頁第八行：「為眾生說法亦無有眾生。」「**為眾生說法**」我們上週說完了，如來為各種不同的眾生有不同的說法，假如談到為神通眾生究竟該說什麼法？為那些有神通的眾生一開始就講三乘菩提不是很恰當，而是應該先為他們說明三界的不同層次，讓他們瞭解各自的神通是在什麼樣的層次，然後瞭解到超過什麼境界才是出離生死；所以為神通眾生所應該說的法，最主要的還是要偏重在世界悉檀上面，避免他們由於神通而產生了慢心，藉著神通去造作惡業。也許有人想：「**有神通會造作惡業嗎？應該不至於吧？**」其實有不少人是這樣想的。最小的惡業是利用神通收受錢財廣收供養，但是他捨報以後到下輩子，神通以及福報都會大大損減，往往出生在鬼道中去保有神通，但是神通力已經損減很多，那福報就非常差了，只好用他在鬼道僅有的神通為無福眾生辦事情，博取些微的供養；所以他們以神通造惡業而有的果報，也是很正常的事。

你們看那些鬼神的廟，世俗人來到廟裡，一長條豬肉、一隻雞、一條魚，市場買來的，臺幣不超過五百塊錢。他來求什麼？求保佑他今年賺大錢，要賺一千萬元。這比例要怎麼講？花五百塊錢臺幣要得一千萬元，那鬼神還不能拒絕幫忙，一千萬元弄不到，幫他弄個一百萬元吧，但一百萬元和五百元的比例也是相差很大；他只爲了博取那麼一點香火和那些食物的氣味供養，爲了存活，得要爲那個人去作那麼多事情，代價顯然不相當。可是沒辦法，他的生活資源就是要藉著人們供養才有，他若不這樣作，香火不盛，他的日子就很難過；爲了香火鼎盛，他就要非常辛苦，這就是往世藉神通大受供養的惡業造成的結果。

爲了這一類眾生，還得要告訴他們：「**在人間千萬不要去推廣無上瑜伽，那些雙身法都不要修，修了以後你的神通就會失去了。**」要告訴他們，因爲他們看重神通，讓他們瞭解貪愛於種種欲以後，他的神通就會失去；這就是爲神通眾生所說的。可是當他們聽懂了，得要再演說次法，接著要演說二乘菩提，然後爲他說大乘菩提。但 如來不論是爲哪一些有情宣說佛法，佛法永遠都是前後一味，其味不變，沒有第四種菩提，並且佛法也不會隨著時間的過去而逐漸演變。所以凡是主張佛法有演變的人，你可以確認他就是一個凡夫，完全是依意識思惟來說的；你也可以確認他在佛學學術的考證上，是完全取材錯誤或者被別人誤導。

因爲事實上，佛教傳承了兩千五百多年，實證的佛法一向沒有演變。直到今天，我們正覺所證、所傳揚的佛法，還是跟兩千五百多年前如來所傳的一模一樣。因爲佛法所說的是宇宙萬有的本源，是一切有情眾生生命的根源，就是萬法的實相，而這樣的根本法是不會演變的，因爲它是實相界與現象界的一個事實。凡是會演變的都是因爲沒有實證，而純憑意識層面的思惟想像而理解，說出來時就會有過失，會被一般人、更會被實證的人檢點，然後他不得不加以修飾改變。但是不管怎麼修飾、怎麼改變，一定都還會有漏洞，一定都還會有自相矛盾或違背實相的地方，不免還會有人繼續指正。因爲實證的菩薩會一世一世來人間，就一世一世指正，他們就一世一世轉變，成爲演變的「佛法」。可是菩薩所證的法一直都是不變的，始終如一。

我們也證明自古以來如來傳承下來的法，接著再從馬鳴、龍樹、提婆、無著、世親，以及護法、戒賢、玄奘、溈山、克勤、大慧、篤補巴、多羅那他，延續到今天並沒有轉變過，還是同樣一味；而這一些善知識，從來都不屬於部派佛教等聲聞法，因爲他們本來就是跟上座部平行存在的，甚至於比上座部更早存在，後來也不跟上座部分裂出來的部派佛教同屬一個道場，更不是傳承於部派佛教，一直都是在部派佛教之外綿延傳承下來，所以這一些善知識們從來不屬於部派佛教。部派佛教那一些聲聞人妄想理解的大乘佛法，一代一代不斷的演變，終究還是聲聞人之中的事，與實證的大乘菩薩們無關，怎麼能夠把聲聞人臆測大乘佛法而不斷演變的事情，扣到菩薩頭上來說菩薩所證的大乘法有演變？

所以釋印順講了佛法的「演變說」，我把他推翻以後，十幾年他沒有出來抗爭過一句話，爲什麼呢？因爲我說的是事實，不論他怎麼考證都無法證明這一些善知識是源自於聲聞部派佛教。所以應該說他們是「惡人」，把別人幹的惡事都套到菩薩頭上來，說菩薩宣揚的佛法有演變，再來主張：「**不是演變到最後的是最好，例如密宗藏傳佛教的樂空雙運就不對。**」他說密宗假藏傳佛教的法義不對，卻又說意識是常住的，爲密宗假藏傳佛教的雙身法開了一條活路。於是密宗假藏傳佛教抓著這一點，又可以繼續生存了，所以我說：印順其人，他的一生，過遠大於功。這就留待未來給研究佛教的學者們去論定，我先把話講到這裡。他只是一個未斷我見的凡夫，我來幫他作一生的總結是沒有必要的，因爲我針對法義來說明他的錯誤，就已經足夠佛教研究學者們去論定了。

如來說法不會只說解脫道，如來大慈大悲，那麼辛苦來示現在人間，不會吝嗇的把佛菩提一直保留著不教，而只教給大眾那小法二乘菩提，一切如來都不可能這樣。因爲以我這樣的境界都不會這樣作，何況大慈大悲的釋迦如來，怎有可能只給大家二乘小法而不給大家最好、最圓滿的佛菩提；沒有這個道理，所以到最後一定會講到佛菩提。

那密宗假藏傳佛教瞎扯說：「**我們密宗藏傳佛教的法是釋迦牟尼佛不曾說的法，後來是由一個金剛持佛來人間再來演說。**」但咱們要考證一下，這個金剛持佛是不是 如來授記的？不是啊！是他們自己編造的。如來授記的下一尊佛是 彌勒尊佛，沒有所謂的金剛持佛。而金剛持佛講出來的法，那是叫人家在欲界作更深的沉淪，因爲密宗那些僞經中記載的金剛持佛，連我見都沒斷，而且還貪愛我所。那男女之欲不是我所嗎？對啊！正是我所。他連這個五陰我的內涵都還觸不到，都只在我所上面用心，連斷我見的資格都沒有，天下有這樣的佛嗎？才怪！可是密宗假藏傳佛教的信徒和喇嘛們，他們知見欠缺太嚴重，所以全都見怪不怪；而且他們是越怪越好，就是要標新立異，譁眾取寵，能使貪淫之徒趨之若鶩。

到了這個年代，一場文化大革命以後，破四舊時佛教也在所破之列；然後達賴又流亡到印度去，全球四處遊走，把邪法四處擴散；他傳法最成功的地方是哪裡？Hollywood，對不對？好萊塢那些電影明星，他們最喜歡一夫多妻、一妻多夫的淫亂貪欲。說一句難聽的，那些電影明星們，大部分（少數人除外）男的是人盡可妻，女的是人盡可夫，不是這樣嗎？所以達賴去那裡傳雙身法恰到好處，正是投其所好。因爲他們想：「**我們可以成爲佛教裡面最尊貴的佛，還可以擁有好多老婆**（或丈夫）。」最著名的是誰？李察吉爾。包括專拍武打電影的那一位也是一樣，還有那位莎朗史東，全都是一樣。所以達賴去那裡「弘法」如魚得水，於是美國人說：「**佛教就是密宗。**」反而不懂傳統佛教，那你說美國人的福德好不好？差遠了！

眞的差很遠，他們連二乘菩提都聽不到，所以密宗假藏傳佛教說：「**這是釋迦牟尼佛不曾說的。**」向他們炫耀。然而，不是 釋迦牟尼佛說的，當然就不是佛法，這是很簡單的道理；一定是 釋迦如來說的才是佛法，因爲佛教教主就是 釋迦如來。他們不管怎麼狡辯，總算給他們狡辯了一千來年，沒關係，咱們這回一次把它總整理，就提出教證與理證，公開說明密宗假藏傳佛教不是佛教。所以現在他們慌了手腳，不知道該怎麼回應，因爲他們的教義全面違背三乘菩提，可以說密宗假藏傳佛教現在遇到的是，自有密宗假藏傳佛教歷史以來最大的危機；可是也無可奈何，因爲他們碰上了我，就是死路一條；我要逼得他們回歸正統佛法，把外道法給擯棄，否則他們將來還會繼續籠罩佛弟子們。

話說回來，如來爲有緣的眾生說法，不會單講二乘菩提，也不會演說非佛法；像密宗假藏傳佛教那種就是非佛法，密宗假藏傳佛教那一些法，如來在世一破、再破、三破，因爲初轉法輪破過了，二轉法輪、三轉法輪也都加以破斥，怎麼可能是佛法！但是　如來說法就像《法華經》講的，「**以一大事因緣故出現於世**」，那個大事因緣講的就是「此經」、就是「眞如」與「佛性」；以這眞如、佛性作爲依憑，才有可能得到實相般若，否則所謂的證般若都只是笑話。可是到末法時代來，你說這是笑話嗎？不！這是事實。我們正覺弘法之前，大家談到般若時都是怎麼說呢？「把《般若經》好好讀一讀，思惟理解了就是證般若。」有一天我們說：「你得要證得如來藏了，才會有實相般若智慧生起；所謂的實相般若，講的是如來藏境界的智慧；所謂的中道，講的是如來藏不墮兩邊境界的自性。」臺灣佛教界才終於懂得：原來實證般若是要悟得如來藏；然而大陸佛教界至今仍然迷糊於這個道理。但並不是悟得如來藏就可以成佛了，因為悟後不過是三賢位中的第七住而已，距離成佛（且不說成佛，離初地就好）還遠著呢！還得要繼續在人間聽雞啼聽多久？

所以亂演變的結果，不管怎麼演變或演變多久，全都是假的；可是印順所謂佛法的演變，他總是曲解了無著兄弟所說的法，然後再指稱無著怎麼說；其實無著並不是如他這樣說的，他是把無著說的佛法曲解以後，再說後代的佛法改變了。他是不敢扯到我，否則有可能會說：「**佛法傳到二十世紀末時，後代的蕭平實又把它演變了。**」其實都沒有演變，就是跟馬鳴那個時候以及龍樹、提婆、無著等菩薩們都是一樣的法，何曾演變呢？如果我已經死了一百年，而他後生正當道，搞不好他就會說：「**你們看，蕭平實在二十世紀末、二十一世紀初，把佛法演變成這個樣子。**」他將會這樣講，可是我想他未來世沒機會來評我，因為以他的那個惡業來說，他的來世不可能在人間了。

所以 如來說法，就像在《法華經》中告訴我們的，過無量無邊百千萬億那由他劫之前，祂成佛時所說的法，以及這一回來人間與以前那些兄弟們共同實現往劫的承諾，來一起示現成佛所弘揚的法，還是同樣的法，不會有所改變；因爲實相是不可能演變的，它是一種事實。會演變的只有意識思惟的境界，例如哲學家史賓諾沙、笛卡兒、歌德……等人（我現在差不多把他們忘光光了，高中時最喜歡讀那一些人的著作），那一些東西就是一天一天、一代一代不斷去演變的。因爲他們所講生命的本源、或者唯一的神、或者叫作造物主等，他們的說法也是一代一代演變，但終究不符事實；如果是事實，就是現量，是不可能被演變的，既然不可能演變，它就是最終極的法、最究竟的法。

所以　如來以這個大事因緣特地來到人間，不會不傳這個如來藏法而只給弟子們二乘菩提，最終一定要講到佛菩提。講到佛菩提時一定要談到如來藏的境界，那麼如來藏的境界中有眾生嗎？諸位證得如來藏的同修們現前觀照一下，從你如來藏的境界來看，沒有眾生可得啊！所以　如來說般若時，講到無佛、無法、無僧；因爲有佛、有法、有僧，那是你意識的事情，可是從你的如來藏境界來看，沒有這一些；連佛法都不存在，根本不可能有眾生。

所以 如來爲眾生說法時，說到最後也是沒有眾生，那 如來自己所住的境界也正是如此。

所以禪宗祖師有時會罵人打人，時時刻刻要管帶自己意識心依於如來藏無一切法的境界而住，只要有誰跟禪師應對之時一不留神，落入意識境界，禪師一棍就打來了，就說你沒有管帶好。所以有的禪師在這個部分要求到很強烈、很嚴格時，他們的心境會趣向解脫。我不贊成這樣的作法，我贊成的是轉依如來藏以後，把如來藏擺下來，把自己也擺下來，爲正法、爲眾生該作的就去作，把自己給忘了，連自己所證的如來藏都給忘了，這樣你智慧增長就快，福德增長也快，成佛當然就快了。

所以轉依如來藏之後無一切法可言，但是無一切法之中又無妨諸事萬法歷歷分明，而你在這樣歷歷分明的境界中看待這一切法生滅無常，唯有眞如、唯有佛性眞實，這樣來修一切福德時，這個福德最大；這樣來增長智慧，這個智慧最勝妙；結果是不但沒有佛法、沒有眾生，什麼都無，卻不是斷滅空。這時重新再來背一次《心經》，背著背著說：「**我怎麼忘了？**」眞的忘了，把《心經》給忘了，背不起來了。可是不論誰來問你哪一句，你都可以爲他講到非常勝妙，讓他聽得滿心歡喜。正應該如此啊！

也許有人說：「連《心經》我都忘了，這還得了！」沒有什麼不得了，這樣是好的，因爲你成佛的過程就應當如此。有一句成語不是說「得魚忘筌」？那捕魚的竹籠（筌），從水裡提了上來，有三條大魚；把三條大魚抓起來，你就把捕魚的筌往旁邊一丟，再也不理它了，不是嗎？難道你一手拿著魚，一手還要抱著筌不放嗎？對吧？對！沒有人是這樣的。

也就是說，你如實轉依之後，就把祂忘了，就完全依著如來藏的本來自性清淨涅槃作你的所思所言所爲的依止，這樣智慧增長快速，福德的修集也非常廣大。因爲以你現在的功德來修福德，跟一般人在凡夫的境界來修福德，同樣的一件事，結果福德大不同；因爲你是無我無眾生的，你是無佛無法亦無僧的三輪體空來修福德，而眾生是有我有人有眾生，心裡面也是有佛有法有僧來修福德，所以他們始終跟實相不相應。

如來從來不跟人家說：你修證佛法以後可別把佛給忘了。如來不會這樣。教你念佛法門是爲了讓你增長福德，以便未來有機會證悟，不是要你證悟以後一天到晚想著祂。你把祂忘了，如來也不會說：「這好小子把我給忘了。」這就是佛法與外道特別不同之處，因爲修的是無我法；既然無我就無有一法可得，何況還有眾生。

如來接著說：「**舍利弗！如來說明及與解脫，是中無明及與解脫。**」如來爲大眾解說「明」，「明」就是智慧，「明」是無明的對立面。爲眾生說要有智慧才能夠得解脫三界生死，爲眾生說要有智慧才能夠成佛。如果要得到究竟的解脫也得要有智慧，因爲要具足三乘菩提的智慧而且要到圓滿的地步。可是在大乘佛法所實證的智慧以及解脫之中，並沒有智慧以及解脫可說。

我們也講過很多遍了，我已記不清講過多少遍：二乘聖者所得的解脫，當他滅了五蘊十八界之後，剩下如來藏獨存，那叫作無餘涅槃；可是無餘涅槃的境界，是阿羅漢沒有入涅槃之前，在凡夫身上就可以看得見。所以當你看見一隻蟑螂、一條蜈蚣爬來爬去，你一看就說是本來自性清淨涅槃；這蜈蚣假使把牠的見惑、思惑滅了入無餘涅槃，仍然是牠現前活著的這個涅槃，無二無差別。菩薩從這裡看時，不需要去入無餘涅槃，何妨一世又一世繼續有五蘊活蹦亂跳卻是涅槃。那麼看這個涅槃境界之中，也就是說任何一個有情存在的當下，已經就是涅槃；因爲本來自性清淨涅槃是本來就存在的，不是修來的，不是變化所成。

菩薩把他現前存在的五蘊十八界抽開，看看他的如來藏自身的境界，那就是無餘涅槃；在那個無餘涅槃裡面，沒有解脫智慧，沒有實相智慧，沒有道種智、一切種智，也沒有解脫可說，因爲解脫者不了知解脫。假使誰今天晚上第一次來聽我說法，心裡一定想：「這蕭老師搞什麼鬼，繞口令吧！」不！我說的是第一義諦。將來你要眞正的證悟了，你重新再來回想我今晚說的這一段話，或者再去讀將來整理出書以後裡面的這一段話，那時你只好後腦勺一拍說：「我當時爲什麼那麼笨、聽不懂，本來就是這樣的。」知道責備自己當時那麼笨，表示那時已有實相般若了，才懂得這樣責備，否則想要責備自己還責備不來。

所以 如來告訴大家，修學佛法的過程中有解脫的智慧，有實相的智慧，有諸佛菩薩不可思議的解脫與智慧；可是眞正的解脫境界中，眞正的實相智慧中，其實沒有所謂的解脫與智慧。因爲解脫是如來藏將來獨存時的解脫，不再出生後世的五蘊，已經沒有生死了，說這樣得解脫。假使是滅盡了變易生死，以及滅盡了煩惱障的習氣種子，斷盡這二類種子或隨眠，成就如來地的不可思議解脫，而那個解脫的境界中，終究沒有解脫可言，也沒有智慧可言，因爲那是無垢識的境界。那樣的境界是 如來所說究竟的「明」、究竟的解脫，可是在這第八識的境界中，並沒有究竟的智慧、究竟的解脫可說。

世尊又開示說：「**我說念佛，佛不可念。**」談到念佛法門，我說學佛人還眞的千奇百怪，什麼人都有。例如有人想度人家念佛，偏偏他有些親朋好友永遠都告訴他：「**我不會念佛。**」他不信邪，每天纏著他說：「**念佛就是念阿彌陀佛，這樣你也不會？**」對方還是說不會，最後他老兄聰明想了一招，有一天冷不妨告訴那個朋友說：「**天下有一句話最難講，我料你無法講，我能講。**」對方不服氣：「**你口才又沒有比我好，憑什麼說我不會、你就會？你講講看哪一句話？**」結果他老哥就說：「**阿彌陀佛！**」對方說：「**這還不簡單，『阿彌陀佛』，怎麼不會？**」中了圈套了，這老哥告訴他：「**你看！你一直都說你不會念佛，你現在不就念了嗎？**」終於會念了：「**這樣就是念佛喔？這簡單，好，我念，我念。**」你看，費盡心思才度得他念佛。

可是你如果告訴他說可以證初果，才一談到初果，就像臺灣布袋戲講的「蹬、蹬、蹬」後退三步，然後就開口：「**你當我是哪根蔥？我哪有辦法？**」

後來想，那不然，我找一些老修行人來說吧。遇到老修行人就跟他說：「現代眞的還是可以證初果的。」他說：「你別太抬舉我了，人家說證初果的人，走路都要離地四吋。但是我看那一些什麼阿羅漢，沒有一個人離地四吋，你說容不容易？」眞的不容易啊！不然就退而求其次：「不然就念佛好了，念佛眞的可以念到一心不亂、可以淨念相繼。」他也不信，所以教人家念佛也不簡單。

後來眞的沒轍了，打定了主意，示現自己的境界，有一天告訴他：「我現在跟你在講話，心裡還是在念佛，你知道嗎？」「有這回事？你明明在講話啊！你什麼時候在念佛？」很多人都這樣不信，對吧？然後你得要一一告訴他，等到他聽完了，兩手一攤：「這我哪辦得到？」又退回去了。如果要講到「淨念相繼、都攝六根」，提都別提，你一開口他就跟你亂扣帽子，說你大妄語或者怎麼的。

這就像我以前講過的，弘法早期我是沒有想要當法主的，我只想找看看誰可以得這個法，去傳給他，我就可以回鄉，去過我的安養生活。結果人家推薦杭州南路有個法師不錯，叫作淨空，跟他接觸了以後才知道他所謂的淨與空是什麼。那時聽說他都不收供養等，有話直說，我想這樣的法師倒也少見，所以包了個小紅包，請張老師幫我寫了一幅字，我去玻璃行裱褙再裝了框帶去；去杭州南路找他，結果眞是話不投機三句多，我談到無相念佛，他就跟我扣帽子了；我不死心，繼續講，講到體究念佛，又扣我帽子；我說不只如此，還可以修到實相念佛的境界，他就諷刺我：「**那是大菩薩們的事，咱們算老幾，敢談什麼淨念相繼？你還談什麼實相念佛。**」

接著他講了一句我很不喜歡聽的話，很不中聽，他說：「**我這些出家弟子們只要有一個能下品下生，我就很歡喜了，談什麼實相念佛。**」我這一聽，心想不能不針砭了。我就請問了：「**師父啊！您這些出家徒弟，有幾個是殺人放火、無惡不作的？**」他聽我這麼一講，閉嘴了，因爲他講過《觀經》。我說：「**殺人越貨、放火擄掠、十逆五惡都造作了，但他不謗佛、不謗大乘法，這種人是可以下品下生的，你的出家徒弟們有哪一個殺人放火？**」他聽我這麼一講，馬上扯到旁邊去了。我等他扯，扯完了，我拉回來講下品中生。就這樣，他又扯開，我又拉回來講下品上生；他又扯開，我又拉回來中品下生，一直講到上品上生。

講完了，我故意問另外一位師兄：「現在幾點了？」他一看，現在五二十幾分了，我說：「我們該告辭了。」就向他供養了紅包，然後我有一點對不起張老師，我說：「這幅字，看哪裡牆壁髒了，您拿來補壁。」頂禮了他，我們就走了。我還跟他頂禮。現在看他後來的發展，特別是晚近這幾年，眞的邪門左道都弄上身了，他那念珠下面還掛個十字架；他愛寫書法，寫了經典也就罷了，還寫了一神教的《玫瑰經》裱起來掛在牆上，這還算是個佛教的法師嗎？這兩年他跟索達吉又和在一起，說佛教未來的希望只有一個人，叫作索達吉，他不知道索達吉弘揚雙身法嗎？知道！但他爲什麼這樣講？別有居心！

在以前那麼有名的專教念佛的大法師，我告訴他念佛法門，他都不信；至於其他人，等而下之，可想而知。可我沒料到，等而下之、可想而知之後，度了你們一大群人，叫作喜出望外。後來二〇〇三年法難以後，我想想那些大師們都不可靠，乾脆我自己來挑起 如來家業，再也不想退隱了。所以在故鄉買來要退隱用的重劃區住宅用地，現在鄰居都圈起來養雞。我又去同修故鄉明航寺旁買了農地，是預備隱居用的，暫時讓人家種稻去。但現在不退休了，不可能回去隱居了。

由此可見，這個念佛法門也不容易推廣，你只能告訴他持名唸佛的法門；講其他的，他就要罵你了，說你妄自尊大。不說別人，我二哥也一樣。有一次過新年，我全家去看他，因爲他跟我其他的兄弟們處不好，只有我這個從小被他虐待的兄弟還跟他來往。他質疑：「你們都說開悟了，有什麼根據？」我說：「有啊！現成的經典可以印證。」沒想到他老哥說：「那經典流傳兩千五百多年了，你怎麼知道它對或不對？」那時候還沒有流行三條線，那時就像人們說的臉都黑掉一半了，他接著說：「我啊！只要好好念佛能去極樂世界就好了。」我說：「你既然講念佛，那你念佛念得好吧？」「我念得很好啊！」我說：「你念得很好喔？那我跟你談談念佛好了。念佛門有一個法門叫一行三昧，那一行三昧說的是『隨佛方所，端身正向』持佛名號，就這樣子念佛念到後來，『即是念中能見過去未來現在諸佛』。那我請問你，你念佛很行，爲什麼持名唸佛時，比如念阿彌陀佛就面向西邊這樣端身正坐來念，念藥師佛就面向東邊端身正坐來念，就持佛名號一直念下去；爲什麼念到後來，在念佛的一念之中，每一念都能看見十方三世一切諸佛？我問你，未來諸佛還沒有成佛，怎麼看見？」他這下懵了。

內地人說「懵了」，就是不知道，所以不知該怎麼回答。我就告訴他：「持名唸佛只要有正知見，唸到最後一定可以在念念之中都看見十方三世一切諸佛，可有個前提：『當先學般若波羅蜜。』只要你先學了正確的般若波羅蜜，然後『隨佛方所，端身正向』，持佛名號，唸到後來一定會看見十方三世諸佛。」這下他終於閉嘴了。你看，他以念佛自豪，我跟他講念佛時都要這麼費脣舌，眞難！如果我再要跟他說，如來有說過「佛不可念」，那不完蛋了？對啊！因爲他的爲人一生好辯，而我這個弟弟，是從小被他敲腦袋敲大的，老是被他罵笨；但這個被他認爲最笨的弟弟寫出來的佛法書籍，他讀不懂。很難想像吧！

對啊！就像我高中時班上那位一下課就去操場打籃球，沒怎麼讀書的同學，常常都考第一名；後來去加拿大，他專門研究《楞嚴經》，還跟人家講《楞嚴經》，佛光山在當地寺院的法師還一直搶著要來聽他講《楞嚴經》。後來聽說我這個讀書最差的同學，有個正覺同修會在這邊弘法，他每次回來坐捷運就看見我們大樓的大型 LED 破密廣告，打電話給另一個同學說：「我告訴你，我們同學，有一個同學如何如何……」沒想到那位同學說：「你不用講，那就是某某人啦！」「你怎麼會知道？」「我早知道了！」爲什麼他早知道？因爲他是個逃兵，你們的會員編號是兩千多號、五千多號、八千多號，他是八十八號。當時因緣不成熟，他逃掉了，現在終於回來。

然後有一天，這位告知我的消息的人，介紹了另一個同學來找我，說到他在加拿大講《楞嚴經》。我說：「好！我送你一套《楞嚴經講記》。」叫書局準備一套十五冊來，我推到他面前說：「我把話講在前頭，你一定讀不懂。」同學間就是有話直講。他帶著疑惑的眼神回去，過幾個月又帶另一個同學來，還是在十樓小參室，他跟那個同學講：「我當時聽了很不服氣，我研究《楞嚴經》好多年了，怎麼可能讀不懂？結果沒想到我回去一讀，眞的不懂。」所以你看，這佛法八萬四千門，念佛門也只是其中一門，但這一門可深了，絕對不淺。話說回來，如果對我二哥，我一開始就跟他講「佛不可念」，那不是找罵挨嗎？

有一次跟郭前理事長去我二哥景美家裡，他講一句佛法錯了，我就提出來說：不對！這應該如何才對。我才不過講三句話，結果他整整講了十幾分鐘反駁我，我沒辦法插嘴。可是他講的實在是不對，怎麼辦？我就告訴他：「你這個地方這樣講，在什麼地方為什麼不對。」我才一講完他就開口了，我隨即躲進廁所洗手；當我出來時他還在講。所以我不喜歡跟他講話，因為他總認為他最厲害，也是因為我們五個兄弟中就是他最聰明。五個兄弟中我最笨，因為人家都懂得怎麼樣好好上課學習未來畢業好謀生，而我對謀生的那一些知識等等都沒興趣，我有興趣的都是不著邊際的東西，所以他認為我是最笨的弟弟；沒想到今天變這個樣子，當然很不服氣。可是我現在想想，當年其實就應該跟他講「**佛不可念**」，應該趁勢講——一行三昧講了就立即跟他講「**佛不可念**」。

現在一定有人心裡有個疑惑：為什麼「**佛不可念**」？這念佛法門，很多人以為說，這個是大乘經典，後來才有的，本來沒有，原始佛教中就沒有。錯了！四大部阿含諸經不就是最原始的佛法嗎？可是你看，那些不迴心的定性聲聞阿羅漢四十位，以及其他的三果、二果、初果與凡夫人等，結集起來的四大部阿含諸經，有好多部都在講六念法門，並且說明六念是念佛、念法、念僧、念施、念戒、念天。那請問：念佛法門豈不是原始佛法中就有的嗎？

所以釋印順他們都是胡扯，明明在最原始的經典裡面就談到念佛法門了。

到了方廣時期，如來大慈大悲，顧念末法時期最末後一百年、五十二年的佛弟子們，根器已經很差了，只能夠持唸 如來聖號，所以講了《大阿彌陀經》、《小阿彌陀經》；又因爲韋提希夫人遙空請求，所以又講了《觀無量壽佛經》。如來說正法到最後時期，《首楞嚴經、般舟三昧經》最先化去，爲什麼最先化去？沒有人要印啊！爲什麼沒有人要印？因爲沒有人要讀；爲什麼沒有人要讀？因爲讀不懂；所以最後沒有人願意印，以後接著就消失，不見了。那時只剩下《大阿彌陀經》、《小阿彌陀經》，大家只能持名唸佛，除此以外，於佛法中無所能爲，那就是爲最末後的年代根器最差的佛弟子講的。

但是 佛在世時講《佛藏經》，這是爲上上根器講的。我今天坐在這裡宣演《佛藏經》，就是爲上上根器講的。（大眾鼓掌…）對啊！應該爲自己鼓勵一下。老實講，我講這種經典，要是去外面講，每一次講完人家一定會罵：「**神經病！不曉得在講什麼，胡說八道！**」一定是這樣的，因爲他們用意識的層面來聽，聽起來就是不通。可是持唸佛名應該要有方便法，要有智慧轉易，可以把它轉爲心念心聽，從心念心聽再轉爲一心念佛；一心念佛功夫熟了之後可以把佛號捨了，因爲都已經一心了，那就是無相念佛。接著就要體究了，體究看諸佛的本際到底是什麼？「**我這麼努力念佛，我目的是什麼？而我所念的佛究竟又是什麼？**」應當這樣瞭解。

所以我這一世初歸依，去跟那個念佛會共修，參加過三次我就想：「**我這樣參加念佛共修，到底是爲什麼要唸佛？**」剛學佛，往世的知見都還沒回來，什麼都不懂。有一次故意提早去，在知客處看見一位法師，大家都很恭敬他，想來他修行很好，我來問他吧！我問了那一位法師，叫果煜法師，我請問說：「**我每週都來唸佛，回家又每天唸佛，這樣辛苦唸佛是爲什麼？我們到底是爲什麼要唸佛？**」他聽了以後，眼睛大大的看了我一下，轉頭走了，就像禪宗講的「休去」。後來我知道他不是休去，他是不知道該怎麼答。

所以講起來，我算是個異類，人家念佛就老老實實乖乖地念，也不問爲什麼；而我就是要問爲什麼，所以這個個性還眞怪。不怪喔？我知道了，因爲如果你們也認爲我怪，你們就沒有今天了，是不是？當時我自己也沒有覺得怪，因爲我認爲不論要作什麼，一定要知道作了這事的目的是什麼，不能唐捐其功。他沒有回答我，走了，我就留個問號。後來得到了一本書在講念佛，我才瞭解：原來念 阿彌陀佛就是要求生極樂世界。看看極樂世界，也不錯啊！去那邊也好，比這邊輕鬆，我就跟著念。

念佛念完了，過不到半年聽說週日下午有禪坐會，問我：「**你要不要參加？**」我說：「**好啊！我來試試看，禪坐有意思喔！**」結果去到那邊，坐在那邊數呼吸：一啊、二啊、三啊……。我又想：「**那我坐在這邊數息是幹嘛呀？得有個目的嘛！**」問來問去，大家講不出個所以然。後來有人說：「**在這邊數息，數到後來就會開悟。**」「**喔！可以開悟？那不錯，那麼請問：悟是悟個什麼？**」不知道。有一天遇到有一個被師父印證開悟的人，問他說開悟是悟個什麼，沒想到他轉身就走了，又來個「休去」。所以我根本就無處可問，就這樣混了將近五年。後來全部丟了，我自己來，反而省事，不過一、二十分鐘，我就把往世的證悟內容撿回來了，什麼事都解決了。

後來隨著弘法的日子漸漸過去，遇到同修們問問題的機會越來越多，大家問了什麼法，我總是脫口而出就答了；其實我沒讀過經論中的解答，很多人問的問題我都沒讀過，但都是脫口直接答了，就這樣子。到後來乾脆教無相念佛、體究念佛、實相念佛，後來還講禪門差別智，也講了《成唯識論》。

有好多同修、包括親教師們說：「以前聽《成唯識論》聽不懂，現在好期待再聽一次，能聽懂一定非常高興。」眞沒想到那是很難懂的深妙法，可是我就這樣講了，也沒有人教我。如果要說有人教，那就要往前追溯了，最後得追溯到 釋迦如來。

我是從念佛開始的，結果今天竟然要跟大家講「佛不可念」。咱們正覺是念佛起家的，是不是？我們是從無相念佛起家的，然後體究念佛，悟了才出來弘法；既是從念佛起家的，怎麼可以數典忘祖竟然說「佛不可念」？豈有此理！簡直是大逆不道！其實不然，這才是眞的荷擔如來家業。可是講了這麼久，剛剛說諸位心中的疑惑，我還是沒有解答，現在該講了吧？是該講了。

縱使你還沒有拿到我的金剛寶印，但是你已經找到如來藏了，這在古時算是開悟了，在正覺還不許說這叫開悟，因爲你現在就像古時臨濟義玄得了黃蘗希運的禪板出去開山時一樣，眞妄不分。但即使是眞妄不分，我說了，你也會懂，畢竟你找到如來藏了。念佛、念佛、念佛，大部分人都是嘴裡喃喃不絕的持唸佛名，可是你已經走過體究念佛的階段，能夠實相念佛了，那麼你來看看「佛」是什麼？你身上這個未來佛是如來藏，釋迦老爸已成之佛也是如來藏，改名叫作無垢識；那你念佛時是以什麼爲究竟？是念 應身如來那個五蘊身嗎？那不究竟，那會壞的；不然是念 如來的莊嚴報身嗎？不是！那也是有生之法，仍然不究竟。

而 如來的應身與報身都從哪來？無垢識！所以要念佛的第八識才是究竟念。所念的 佛最究竟的層次就是祂的第八識，那麼 佛的無垢識，我們的如來藏，不都一樣是第八識嗎？所以究竟的最高層次念佛，念的是自性佛。可是諸位反觀一下，當你念自性佛時，自性佛會跟你回應嗎？不跟你回應。既然不跟你回應，那你念個什麼佛？念佛的最大目的就是佛會跟我們感應道交，我念自性佛是最高層次，可是我念的自性佛不跟我回應。我念得再殷勤，祂也不會想或說：「**哇！你今天念我念得好殷勤，我跟你褒獎一句。**」祂依究是默然，都沒有回應；既然都沒有回應，你念這個佛到底是可念還不可念？眞的不可念。你如果要說可念，你要怎麼念？你是要每天坐著念：如來藏、如來藏、如來藏？或者「**南無如來藏、南無如來藏**」？是不是這樣？是這樣念佛嗎？人家大約要罵你神經病了。所以你找到祂以後不用念祂，把自己改變得像祂那樣無我無私就對了，所以「**不可念**」。諸佛如來也不會叫你說：「你**每天要坐在那邊念『南無如來藏』**。」不會的，佛眞的「**不可念**」。

話說回來，你悟了以後又無妨繼續持名唸佛——標準的一行三昧。可是你反觀一下：我在唸佛時，嘴裡一直唸著：南無阿彌陀佛、南無阿彌陀佛。有的人唸「**南無本師釋迦牟尼佛**」，就這樣一直唸，唸到最後突然醒覺：是佛在念我，不是我在念佛。不是我念佛，是佛念我，這樣你還有什麼念佛可說？既然是佛念你，你沒有念佛，那你念個什麼佛？結果竟然是「**佛不可念**」。你們好多人笑得這麼歡喜，因爲聽懂我在說什麼，可是有好多人苦笑。其實不用苦，要歡喜地笑，歡喜說：「**我將來也會這樣現觀：佛不可念，是佛念我，不是我念佛。**」這樣才是我在念佛。

似乎又是繞口令了，但是我告訴你，法界的實相確實如此，所以 如來不二語，別要求 如來說：「**世尊！您這句話這樣講不好，要改個說法。**」沒有誰有資格可以要求 如來改變說法。所以一般人不懂，讀了這兩句「**我說念佛，佛不可念**」，看來似乎是 如來在否定自己，從文字表義來看是這樣。因爲 如來講了很多的念佛方法或是法門，然後到了《佛藏經》告訴諸位說：

「**我告訴你們念佛，可是佛不可念。**」是不是以前講的念佛法門全部都要拉倒？從文字表義看來是這樣，有的人就會講：「**哎呀！佛之將死，其言也亂，你看竟然亂講一通。**」對啊！元覽居士就這樣罵過。

可是我說：如來講的是誠實語、不二語，因爲眞實佛不可念，可念的是莊嚴報身如來或者應身如來，眞實如來是不可念的。《佛藏經》講的是眞實如來，就是《法華經》、《金剛經》講的「此經」。所以「**佛不可念**」是個普天之下不可明傳的密意，這是唯證乃知，千萬不要自己讀不懂就說這句話可能是如來講錯了，連講「可能」二字都有罪。那麼想要現觀這個境界，自己親自來證實，只有一個辦法，讓自己具足實證的因緣，等實證了以後再來現觀。

接下來又說：「**我說空行，空不可行，亦不可念。**」「**空行**」，諸位聽密宗假藏傳佛教那些人講多了，對不對？密宗假藏傳佛教的「空行」有兩種，一個空行勇父，另一個空行母。陳履安的兒子去當空行勇父去了，娶了西藏一個空行母。那是什麼「空行」？一點兒都不空，全落在欲界有中；所以我說陳履安也是老胡塗了，沒辦法。一個學理工的人是很理智的，爲什麼偏偏遇到了密宗假藏傳佛教就迷信了？很奇怪！

「空行」顧名思義就是空的所行，那麼空究竟指什麼？如來藏。如來藏有兩個說法，叫作「空如來藏、不空如來藏」。但是為什麼多說空、不說不空呢？因為眾生多病在有，就不說那是不空。所以《解深密經》中 如來一開始就講：「阿陀那識甚深細，一切種子如瀑流，我於『凡、愚』不開演，恐彼分別執為我。」一定要在般若期以後才講不空如來藏。「凡」是指凡夫，「愚」是指二乘不迴心的聖者，他們雖然不是凡夫，在大乘法中猶名為愚，因為他們愚於實相。佛這首偈的意思簡單的說，就是講這個「無名相法」阿陀那識如來藏，如來說：「祂的行相很微細，可是祂含藏的一切種子就像瀑流一樣不曾終止過，不斷地流注，我釋迦牟尼佛在凡夫和二乘愚人面前，不為他們開示演說，因為恐怕他們聽了以後誤會，當作這個阿陀那識就是五蘊的我。」

這是事實，就好比以前昭慧法師寫了信來，我答覆了；然後她又來信說：「你主張如來藏眞實有，那你不就跟自性見外道一樣了嗎？」我說：「如來藏不墮於自性見外道所說的任何自性之中。」你看，那是玄奘大學宗教與文化系的專任老師？也許是佛學院的院長？還眞大，可是大到會誤會成自性見外道的法。所以 如來早就說了：「我於『凡、愚』不開演。」因爲確實容易誤會，只有實證者才爲他說。這個第八識既然叫作識，那麼識是什麼意思？就是了別；祂有了別的功能，不然就不能叫作識；可是祂了別時的運行過程是非常微細的，如果不懂就誤會了，以爲那就是我們這個覺知心或者離念靈知。正因爲如此，眾生聽了一定會把祂誤會是五蘊中的離念靈知、有念靈知，所以 如來就乾脆把它叫作「空性」。

可是這個「空性」不是一無所有，是空而有其法性，祂能生一切有，三界諸有都是從祂所生，怎麼能夠單純叫祂「空」？如果要講一個具足圓滿的名稱，應該叫作「空、有性」。可是這樣眾生聽起來難免誤會，一定會抗議說：「空就空、有就有，怎麼會叫作空、有性？」因爲眾生多病在有，眾生所有的煩惱病也都是因爲有；你要對治眾生這個三界有的病，得要告訴他「空」，又怕眾生誤會成一無所有，就告訴他「空性」，說這個空有自性，所以叫作空性。既然空，有自性，祂就一定會有運行的過程。可是這個空性運行的過程，是從證悟的菩薩們來說的，是從證悟菩薩的見地來說祂叫作「空行」。問題來了，假使不是有祂生的這個五陰，你要到哪裡去看見空的行？出三界去看嗎？

以前就有大師這樣講：「**空性是出三界的，所以你要看見空性就得要到三界外去看。**」一定有人聽過法師這麼開示啊！問題來了，不論有念或無念的靈知心，永遠都只能存在三界中，到不了三界外，那他要怎麼到三界外去看？到三界外時他不在了，還能有他看到「空行」喔？可是以前大家都理所當然的這樣想，大師們也理所當然這樣開示。

實際上，「空行」是證悟菩薩才有資格說的，但是證悟菩薩反過來還可以說「**空不可行**」。因爲菩薩會告訴你說：「**假使空可行，阿羅漢入了無餘涅槃時應該還有行，有行就不離生死。**」然後就反問：「**你憑什麼說空可行？**」等到哪天有人又來問說：「**那空既然不可行，如來爲什麼說『空行』？**」這時，很簡單就可以把他打發了，你只要講：「空行！空行！」假使他不懂，哪天又找上門來，你就拎著他的耳朵：「**我告訴你喔！不可以告訴別人。**」然後一把就把他推出門外去了。也許三十年後、也許五十年後，他遇到了一個證悟的菩薩，又問這問題，這時菩薩會告訴他說：「**哎呀！沒想到那某甲**

師兄這麼老婆為你，你還辜負了他。」如果他這麼聽完了還悟不了，一刀把他砍了算了。

所以空行、空行，到底是什麼道理？其實一切有情之所行莫非「空行」。我說這話一定不會改，未來世我將來成佛了，也不改這話：「一切莫非是空行。」好了，既然說是「空行」，「空行」有父有母有男有女嗎？如果有，那應該喇嘛們的「空行」要叫作「男空行」，密宗假藏傳佛教那一些女性行者要叫作「女空行」。男性信徒叫作「男空行」，女信徒叫作「女空行」，那背後的意思是說什麼？是說那些喇嘛們的如來藏要叫作男如來藏，那些女信徒的如來藏要叫作女如來藏。可是如來藏有分男女喔？所以他們沒有資格講「空行」，他們全都落在有中。

密宗假藏傳佛教他們一向就是這樣仿冒的，佛教中有什麼，他就有什麼；但是你這一個東西的內容是如實的、名符其實的，他那個東西是仿冒的。佛法很厲害，這一槍刺出去，邪見之師當下即死；密宗假藏傳佛教說：「我也有啊！」沒想到這一刺呢，斷成好幾截，因為他們是用蠟作的。人家笑話說「銀樣蠟槍頭」，有沒有聽過？有！所以他們沒有「空行」可言，真正的

「空行」在眞正的佛法中才有，是可以實證的。

可是等到有一天眞悟了，你說：「原來一切都是『空行』，不簡單，我被騙了九十年，如今悟了卻剩下沒幾年可活了。」眞的是好可憐，傷心得不得了，被自己給騙了九十年了。可是也許哪一天臨死時，他再觀察一下：「我死了以後，沒有這個五蘊身，這時『空行』還行個什麼？原來『空不可行』。」終於想通了。正是如此，沒有五蘊身在，空就不可行了，有五蘊身在時莫非「空行」。那麼當你現前觀察到這個事實，這就是現量，這時你說：「我來念『空』吧！」結果發覺「空不可念」。爲什麼「空不可念」？只好留到下週分解。

《佛藏經》上週講到二十三頁倒數第五行，今天要講第一句：「亦不可念」。有一個現象就是：凡是佛教有的，密宗假藏傳佛教都有；可是密宗假藏傳佛教所有的那一些佛法名詞、修證方法以及修行的結果和果位，都跟佛教不一樣。所以他們也有「空行」，但他們那個「空行」都是五陰行而不叫「空行」，因爲全部都落在五陰我裡面，沒有一個法曾經是離開過五陰的範疇。所以終日口說空行，不管他叫作空行勇父、空行母，但是所說的內容以及所修的法，乃至最後修證、所得的境界、所謂的果證，全部都落在五陰有裡面；這就是佛菩薩所斥責的：口說空而心是有。祖師也會罵說：「終日口便說空，而行在有中。」那根本不是空行，叫作有行。

所以假使以後遇到學密的人，或者一般的學佛人不懂，跟你講什麼空行勇父、空行母，你就告訴他：「你要改個詞兒，他們叫作『有行非勇父』，以及『有行世間母』。」就這樣跟他們講，眞的不是「空行」。既然佛法中有說「空行」，當然「空行」一定有它的定義。因此二乘聖者所說的「空行」，是現觀蘊處界緣起性空、如是而行，乃至最後要入無餘涅槃，這才是二乘法中的「空行」。落在有中的人沒資格說「空行」，因爲一切身口意行都落在有中。若是大乘法中，菩薩不但要證得二乘法的「空行」，還得要證得蘊處界之所從來的空性如來藏，然後依於如來藏這個「無分別法」、「無名相法」而行，所有人行菩薩道依此而行直至成佛，這樣的身口意行才能夠說是「空行」。所以菩薩「空行」有兩個意涵，就是聲聞法中也要有實證，大乘法中同樣要有實證，才能夠說「空行」。

然而 如來說：「我說空行，空不可行，亦不可念。」說「空行」是爲了還在修學的人而說「空行」，或者爲了還沒有成佛的人來說「空行」，對於已經入地、對於已經成佛的聖者而言不談「空行」，因爲如果這時還談「空行」，那就有空可念。有空可念就表示轉依還沒有完全成功，所以諸地菩薩心中依舊有空可念。例如初地菩薩還得要把習氣種子給滅除，心中念著要轉依空性如來藏而行，這就是念空；但是如果到達八地以後就沒有空可念，全部都是任運而行的純無相住，都依於空性而沒有一絲一毫相違背。

但七住位菩薩已經實證空性如來藏了，難道就沒有「空行」？難道全部都念著空嗎？也不盡然，因爲七住開始轉依了如來藏，所以有少分或者多分是依於空性如來藏而行，但是往往卻又依於所發的大願而行，因爲轉依於空還沒有究竟。因此在爲眾生作事時是一心一意爲眾生而爲，心中不起念去念於空。往往是在某一些事情，例如違心之境現前即將起瞋時，這時候才念空：依於空性不應該起瞋。這樣把瞋消除掉。或者在順心之境裡面產生了貪著，這時也許……比如在世間法上，一年結算下來說：「哇！我今年賺了十億元。」心生歡喜執著時突然一念醒覺：「我應該依於空性而行，不應該有所貪著。」所以這時才念空，否則的話，就是專心爲眾生去作事情，根本就不念空性是什麼；心中沒有空性這個法可念，就只是爲正法、爲眾生去作事，也有這樣的境界，所以念不念空，是要看什麼樣的層次，而有什麼樣的差異。

但只要實證了空性「無名相法」這個如來藏心之後，就一定會依於空性而觀察空性的本身不念空性，所以自己依如來藏也就不念空。因此雖然 如來告訴大家說有「空行」，然而「空不可行，亦不可念」。這就是佛法難可思議、無法思惟而知的地方。

接著 世尊又說：「舍利弗！是名如來所說經法章句，是中無有說者。」從「我知邪見而不爲邪見」開始，一直到「我說空行，空不可行，亦不可念」爲止，這一些就是 如來所說經法中的章句。爲什麼說是章、又是句呢？就是說，單獨針對某一個方面來說的，那就叫作句，如果同一個層面相關的諸法匯集在一起來講的便叫作章。如來說法都是有系統性的，除非是弟子請問一個單一的法，才會只說句，否則都是有章有句的。那麼前面所說的這一些，如來說「這就是如來所說的經法章句」。

如來講了這麼一小段，我們講了幾晚？一二三四五六，今天再講就是第七晚了。可見 如來所說法的章句不容易理解，因爲 如來說法的所有篇章以及字句都從「此經」來，因此說 如來講的「經法章句」雖然成篇累牘，然而 世尊加了個註腳說：「是中無有說者。」明明 如來示現應身在人間有所說法，而且說得很勝妙，讓不迴心的二乘聖者們都聽不懂，也令廣大的凡夫菩薩們聽不懂；可是爲什麼說得這麼多以後，竟然說「是中無有說者」？

就像有一些講經的大法師來向禪宗祖師挑戰，並且還是講過很多座《金剛經》的座主；那禪師就反問：「你講《金剛經》，《金剛經》中說如來無有說法，那請你講講看，《金剛經》是不是如來說的？究竟如來有沒有說法？」禪師這麼一問，大法師口掛壁上，嘴似扁擔，張不開了。對啊，如果要說《金剛經》是 佛說的，明明違背了《金剛經》中 如來說的「如來無所說法」，違背聖教時，還能稱爲法師嗎？如果反過來說：「那《金剛經》就不是佛講的。」那又成爲謗佛、謗法，因爲明明是 如來講的，這該如何是好？無法答覆了。所以佛法的深妙難解就在這個地方，導致善根不足、慢心深重的人讀不懂，乾脆把它否定，釋印順這一類人正是如此。

來到《佛藏經》中，世尊仍然這麼說：「是名如來所說經法章句，是中無有說者。」所以還沒有實證時，在了義法上可就開不得口了。如果不服善知識，硬要開口解說，遲早會出紕漏的。釋印順就是現成的例子，所以我們評論了他以後，終其一生的最後十幾年依舊耳聰目明，但他都無法回應。這就是說，如來明明說了這經裡面的很多法，有篇章也有字句，可是最後眞的叫作神來一筆；不叫神來一筆，叫作佛來一筆，神算什麼？來上這麼一筆說：

「是中無有說者。」

你如果證了「無名相法」如來藏，這都不是問題，因爲依你的現觀說本來如是，這也不需要思議；但是對於一般人來講，可就想不透了。想不透之後，他就會去把意識思惟可以想得透的四大部阿含諸經，當作是 如來說的唯一佛法，然後把第二轉法輪、第三轉法輪所有的大乘經一概否定。爲什麼我這樣說？因爲四阿含諸經講的是五蘊十二處十八界，大不了摻雜一些心所法，加上了世界悉檀、爲人悉檀，所說的法都是在現象界中可以驗證的，他們認爲自己讀懂了；因爲五陰十二處十八界，這都容易懂，意識思惟就可以懂；假使自己思惟還不懂，讀了善知識寫的這一類二乘菩提著作，也可以讀懂吧！

他們想：這個有條有理，我可以證明這是 如來講的。可是來到般若，來到唯識與方廣，經典請下來一翻開，那都是高來高去，就好像人家神仙乘著雲在天上來來去去，他們站在地上看著遙不可及，無法想像，乾脆否定說：「沒有神仙在雲上來來去去，我沒看見。」那就結了，這就是他們的作法。問題來了，那叫作鋸箭法；當他中了箭，心想：「我沒有辦法處理，乾脆把它鋸斷算了。」鋸斷了，跟皮膚平了，久了以後，皮膚就把它包住，外表上看不見了。中國佛教這樣相安無事了幾百年，臺灣佛教就這樣相安無事了幾十年；沒想到出了個蕭平實，清楚看見他這胸膛還有箭頭在，就一天到晚告訴他們：「你們這胸膛有箭頭，要趕快拿掉，不然再幾百年後你們就會死掉。」但他們充耳不聞，那我想要救他們，該怎麼辦？我就一天到晚去戳那個箭頭，他們就知道「果然有箭頭」。

咱們就這麼幹，這個惡人得要當，否則他們死前都不懂得懺悔，來世我也度不了他們。只要他們死前懂得懺悔，來世咱們這些親教師們都有機會度他們。四阿含被他們認爲是究竟的法，釋印順的這一些基層人到現在還在這樣講，甚至聽說他們有法師寫了一本書說：「般若、唯識都不究竟，只有阿含諸經講的才是究竟的。」這眞是病入脊髓，華佗來了也沒奈何她。因爲華佗最多只是刮骨療毒，那只到骨頭表面；而她那個毒已經深徹骨頭裡面去了，華佗來也無可奈何。但我們可以奈何，我們用這種藥，讓她們慢慢去吃，吃久了徹骨徹髓改變了，死前懺悔就夠了。

生前怎麼樣，我是在所不計，只要死前懂得如法懺悔，不墮三惡道，來世無妨成爲咱們的同修，這就是我的想法。所以我這筆鋒固然犀利，但是你在裡面找不到仇恨的語言，犀利是爲了讓他們死心說：「**我們根本沒辦法反駁蕭平實，他講的很多個層面都跟我們說明了，眞的有道理。**」我只要他們心服，口不服不打緊，捨報前懂得找來四個、五個、六個師兄弟們，在佛前懺悔就夠了。

他們認爲「**四大部阿含諸經就是究竟的佛法**」，到底有沒有道理，先從「**是中無有說者**」這一句來講，然後再引述聖教。四大部阿含諸經中，有沒有有爲人演說佛法的佛或者阿羅漢、菩薩們，有沒有？有啊！「**如是我聞一時佛在……**」，講的都是蘊處界的法，那不就是有佛、有菩薩們在說法嗎？四阿含諸經，你們有看到哪裡記載說 如來沒有說法？沒看到吧！那麼這樣看來，顯然所說的都是在現象界的範圍之內，沒有超脫於現象界之外。唯一超脫於現象界之外的就是講無餘涅槃，說無餘涅槃是「我生已盡，梵行已立，所作已辦，不受後有」；只有這個是超出三界的法，叫作無餘涅槃。

但是那些否定大乘經典的所謂已經成佛的釋印順、釋證嚴，他們讀懂了嗎？連這四阿含諸經都沒有讀懂，只是自以爲讀懂罷了。所以當我們《阿含正義》在某一章特地用粗體字把它寫在前頭說：「有證得初禪的凡夫，沒有不證初禪的三果與慧解脫阿羅漢。」這時他們心中一定大喊：「糟了！慘了！我們這些佛、這些阿羅漢怎麼辦？」一定是這樣想啊！所以你看，從我《阿含正義》流通以後，還有誰自稱阿羅漢的？全都沒了！所以我才打趣他們說：「那些阿羅漢們各個都入涅槃去了。」這是事實，他們也無法推翻這個事實。

我把阿含定義爲二乘菩提之法，但在阿含中有一部《央掘魔羅經》，那是他們聽聞了大乘法之後不得不結集下來的，當然有目的，是用來證明這四大部阿含諸經不是斷見法，也用來證明這四大部阿含諸經確實是 如來所說，他們不得不這樣列出來。既然阿羅漢們所結集的這部經已經有大乘法了，大乘經裡的種種法應該就不用重複結集了；但後來阿難和 文殊師利菩薩大眾在七葉窟外的千人大結集，還是結集了大乘經，你們可以看大乘經那一些經典，有沒有和四阿含重複的呢？沒有。可是二乘菩提四大部阿含裡面，有很多經典都是重複的，有時 佛在那裡講的結集起來，然後 佛到另一個地方爲不同的人講了同樣的法，又結集起來，那內容是重複的。但大乘經沒有一部重複，因爲重複了就不用結集。

那麼既然在四大部阿含諸經只說到一些大乘法的名相而沒有內涵，這代表結集四大部阿含諸經的那四十位不迴心阿羅漢以及其他的三果、二果、初果人和凡夫們，他們都有聽過大乘經，這是第一個證明。第二、他們不懂大乘經，所以四阿含諸經中也有大乘經，但結集出來的內容都沒有般若與唯識增上慧學的內涵，只剩下解脫道的內容，證明四大部阿含諸經確實是 佛說；其中有很多都是大乘經，他們聽了沒有勝解，所以沒有念心所，結集起來只針對他們聽懂的部分來結集，於是變成二乘菩提，但 如來說的三乘部眾等大乘法義的名詞卻依舊保留著。

既然阿含諸經裡面，阿羅漢們也承認有三乘部眾，也承認有如來藏，那阿含諸經裡面有什麼菩薩出來說法沒？少得可憐，大多是阿羅漢們說的，都

是 如來說的。四阿含諸經中 如來有說到菩薩的修行內容和次第是什麼嗎？也沒有啊！顯然四大部阿含諸經的內容不能稱爲成佛之道。所以阿含這個名詞用的有過失，因爲阿含的意思就是師師相傳的成佛之法，可是那些內容顯然無法使人成佛。假使阿含的內容是可以使人成佛的話，那簡單了，只要證得阿羅漢之後，接著又開悟明心了，證得如來藏了，那就是成佛了；因爲阿含講的最多就到這裡爲止——只到證如來藏爲止，也只有《央掘魔羅經》有說如來藏妙理，其他的經典都沒有講到證如來藏的事；而《央掘魔羅經》有說的，也只講到如來藏的總相，能說這樣就是成佛了嗎？假使可以這樣主張，好極了，那諸位增上班的同修們現在都已經成佛了；依照他們說法的邏輯應該如此，然而顯然不是。

當年我明心又見性了以後，我想：不是講見性成佛嗎？可我明知道現在的我還不是成佛。所以那時每天都要讀經，佛堂裡面放一個小方桌，盤起腿來一直讀，漸漸地瞭解原來成佛還需要這麼多知見。當年玄奘也如此，他恢復了慧解脫的實證以後又明心見性了，所以十幾歲就能夠爲人講論講經。但是問題來了，這樣算成佛嗎？顯然不是。所以他十幾歲《俱舍論》全部都通，因為他本來往世就是個阿羅漢，接著明心又見性以後這個般若也都懂，可是到底悟了以後怎麼樣才可以成佛，這一段在大唐國內沒有人知道，也沒有經典或者論典來說明這個部分。正因為如此，他才需要去天竺，取經的目的在此。

我們看見四大部阿含跟大乘有關的部分，就只有講到如來藏的實證，就是那一部《央掘魔羅經》，其他都沒有。如果這四大部阿含諸經可以眞的確定就是阿含——就是成佛之道，我們所有增上班的同修們就是已經成佛了；因為依他們的主張，假使有一天把五下、五上分結都斷盡，然後又證如來藏，那就是成佛了。可是哪一天把五下分結斷盡了，也不敢自稱成佛，因為顯然與佛的距離還很遙遠。所以四大部阿含諸經，那只是聲聞法，裡面也沒有講到般若所說的、或者《佛藏經》所說的「是中無有說者」，因為實證般若的人一定瞭解「是中無有說者」。所以對於四阿含的定義，我們作了這個說明。

接著再從聖教來說明，聖教上請看補充資料，我引述的是《佛說發菩提心破諸魔經》，在第二卷裡面的經文，先唸一遍：【「汝應當知，今此正法是廣大法門，總攝四種阿含。何等為四？所謂：雜阿含、長阿含、中阿含、增一阿含。如是等總攝一切聲聞藏法，諸聲聞人若於是中修學者即爲聲聞藏，而能出生聲聞乘果，亦攝聲聞菩提分法。又此經中攝彼一切最上所說菩薩藏法，是故得名諸法之母，所有毘奈耶藏、阿毘達磨藏亦於『此經』攝，乃至八萬四千法蘊，一一皆從『此經』中出。」】

請問諸位「此經」是哪一部經？（大眾回答：如來藏。）也是「金剛經」、「法華經」、「佛藏經」，亦名如來藏。如來示現入滅之前，阿難尊者請問：「將來應當如何結集法藏？」如來爲他作了一些指示，就是說一定要有聲聞藏、菩薩藏以及律藏，但是菩薩藏一定要分爲三乘菩提，而大乘菩提中一定有般若部以及方廣唯識部。如來這麼指示，阿難尊者最後問了說：「那結集完了，如果後代的人說這不是佛說的經典，那要怎麼辨？」所以 如來指示說：「你每一部經典前面都要這麼寫：如是我聞，一時佛在什麼處，與諸四眾，而說此經。」這是 如來的指示，所以結集出來以後，阿難是多聞第一，就由他來負責說：這是我結集出來的，這是我親耳所聞的，一時間 如來在什麼地方講的，現場有些什麼人。

這就是現代人們說的人、事、時、地具足。有什麼人在場，是什麼人作的、說的，作的什麼事或者說了什麼話，是在什麼時間、什麼地點。這叫作「證信」，以此爲證，來讓當代、後代的學人們足以信受。那麼聲聞經典的結集就是這樣定下來，你想要求那些聲聞阿羅漢們承認他們所結集的經典不是成佛之道，永不可得；因爲他們也親耳聽聞了 如來演述過成佛之道，只是他們結集的內容是缺漏的，所以我們還是得要承認他們所結集的叫作阿含，叫作成佛之道。但後來菩薩們讀了以後很不滿意，自己再去結集，才會有七葉窟外半年後開始的千人大結集，於是有了般若部以及方廣唯識部。那麼這一部《佛說發菩提心破諸魔經》，目的也眞是破諸魔，把當代諸魔以及後代諸魔胡說八道的言語都一概破了。

因此 世尊就開示說：「**你們大家應當要知道，如今我所演繹的這一個正法，是廣大的法門，不是狹隘的一生修證就可以完成的法門，而這個廣大法門總攝四種阿含。**」

換句話說，結集阿含時首先要作一個類似長行的結集，把 如來說的過去七佛的事情結集下來，那就成爲《長阿含》；《長阿含》結集完了，就是短一點的阿含，叫作《中阿含》；《中阿含》結集完了，就是《雜阿含》，《雜阿含》就是這一些不迴心的聲聞聖者們所聽過的有關全部經典都結集在那裡面，不管是大乘或什麼樣的種類都在這裡面。這三大部阿含結集完了，接著有人說：「**我還在什麼地方聽過如來說什麼法。**」那就另外再作結集，這是再增加出來的；於是大眾就憑著他們各自在不同的地方、不同的時間，聽到如來所說的二乘菩提就再誦出，一一結集。結集完了十部，又有人說「**我在什麼地方也有聽聞另一部經典**」，於是再增加一部；不斷地增加一部，於是叫作「增一」。由於增一之後，繼續有人繼續誦出，於是《增一阿含》就不是只有十一部，成爲很多部；就這樣一部再增一部又再增一部，不斷地增加，於是叫作《增一阿含》。

在經中也有解釋 世尊指示應該如何結集經典的事，有些差異；然而這些都是 如來預見的事情，首先說了；但是將來他們結集完成以後，要依此來結集而不能夠遺漏，結集完了以後這四大部阿含就是總攝一切聲聞藏法。所以如果另外有人發明什麼樣的方法，而跟四阿含講的成爲阿羅漢的法不同，那就不是佛法。舉凡成爲阿羅漢的方法，四阿含中全部都已經說了，沒有 佛所未說的。諸位看南洋那些阿羅漢們（現代的所謂阿羅漢們），或者說五世紀以後的所謂阿羅漢們，他們說的那些可以使人成爲阿羅漢的法，與佛所說都不同，不符合四阿含諸經，同時也違背了南傳的《尼科耶》，表示那不是 佛所說；因爲一切可以使人出離三界生死的證得阿羅漢果的法，在四大部阿含諸經中都已經說了。

如來也預先告訴他們：將來必須如是結集，結集完了之後爲了證信，得要加上這麼一句：「**如是我聞，一時佛在某某處，有什麼人同在一處。**」然後 如來規定後代阿羅漢們結集時，當然一定要依照這樣來結集。然後 如來說：「**像這樣的四大部阿含，總攝一切聲聞藏法。**」

如果所說的可以實證阿羅漢果的修行方法，是外於四大部阿含的所說，就表示那不是 如來所說。譬如密宗假藏傳佛教講的那一些成佛之道，例如大樂光明或《廣論》等，根本就不是 如來所說；但他們算聰明，從來都不主張說：「**我們密宗藏傳佛教的法可以使人幾天就證得阿羅漢果。**」因爲在 如來之世證阿羅漢都是一世可成，那他們證阿羅漢應該很簡單，就幾天的事。但他們從來不敢如是說，爲什麼呢？因爲他們所謂的成佛之法，完全違背了四大部阿含的正教。所以他們會冒充佛教，有時拿了大乘經典來亂說一氣，扭曲之後套到自己頭上去，可從來不拿阿含諸經來套。爲什麼呢？因爲阿含諸經講的是五蘊十二處十八界的法，這很明確的是人家意識思惟就可以懂的，他們套不上去，所以不套了。因此他們想要去南洋弘法，弘揚不起來，因爲他們的法義跟南傳佛法說的完全相違背。

話說回來，世尊又定義說：「**諸聲聞人若於是中修學者即爲聲聞藏。**」所以聲聞人在這裡面學的這些法就是聲聞藏。那可不可以說聲聞人如果於大乘經中修學者即爲大乘藏？不能。因爲他們無法修學，也讀不懂。如來又說：「**而能出生聲聞乘果，亦攝聲聞菩提分法。**」換句話說，聲聞人讀了四阿含諸經，心中會歡喜的，因爲可以思惟成功。只要他沒有先入爲主的觀念，具有基本的佛法正見，願意深入加以如理作意思惟，就會懂得如何可以證初果、二果、三果、四果，所以說「**能出生聲聞乘果**」。那就表示這四大部阿含諸經含攝了聲聞的菩提分法，因爲所說的內涵全部都是聲聞菩提的法。

然後把這四大部阿含該如何結集、該如何定位指示完了，如來又回到發菩提心的事情上來講：「**此經中攝彼一切最上所說菩薩藏法，是故得名諸法之母。**」這菩薩藏法既然稱爲菩薩藏而非聲聞藏，顯然是有所不同，不可能菩薩藏與聲聞藏的內容一樣。「菩薩藏」所說的法，如來稱之為「最上」；換句話說，四大部阿含諸經不可能上於「菩薩藏」，因為那只是聲聞藏。而且四大部阿含諸經所說，其中有沒有哪一個法是諸法之母？有！那個法叫作「識」，所以說「名色緣識生」，說名色是緣於那一個識而出生的；但只把祂叫作識。

在《尼科耶》裡面—也就是南傳阿含經裡面—才有說愛阿賴耶、樂阿賴耶、欣阿賴耶、喜阿賴耶。這四個好像不容易記，我告訴諸位很容易記：愛、樂、欣、喜。對於阿賴耶很愛，捨不掉祂當然愛。也許你現在還聽不懂，等你悟了就懂了：你愛死阿賴耶識了。愛死阿賴耶識就希望未來還會有阿賴耶識，這不就是樂嗎？樂應該讀作「一ㄠˋ」，仁者樂山那個樂；然後心裡面就想我未來繼續會有阿賴耶識，於是不就歡欣了嗎？我死了不會變成斷滅空，於是歡欣，接著心中就高興起來不就是喜嗎？喜阿賴耶。誰要一談到自己有阿賴耶，心中就高興起來，聽到別人說我也有阿賴耶，我也高興起來，這就是喜阿賴耶，所以不難記。

《尼科耶》講的阿賴耶就是愛、樂、欣、喜，你要唸作愛樂「一ㄠˋ」

欣喜。可是北傳的阿含諸經中只有講「識」，不講阿賴耶。那麼這個識當然不可能是意識，因爲意識含攝在名與色之中；既然意識含攝在名色之中，而「**名色緣識生**」，顯然那是另一個識，那個「識」出生了名色，有了名色然後才有一切法，這個阿賴耶識不就是諸法之母了嗎？阿含諸經最多就講到「**名色緣識生**」，就只有講這個，可是這個識到底有什麼自性、有什麼功能，都沒有說；如果這要叫作成佛之道的話，那表示缺漏很大。

在五百結集時，那四十位不迴心阿羅漢以及其他的三果、二果、初果和聲聞凡夫們，他們不證不知此「識」，所以他們聽了 佛講的成佛之道以後，結集出來的結果一定會是聲聞乘的法，這一定是 如來早就知道的。不說 如來早就知道，連我都是早就知道了，還不必講到 佛；諸大菩薩當然更知道，所以我把這個道理講在《阿含正義》中，他們誰來反對過了？一個也無。因爲後來想一想、思惟思惟，或者大家聚頭來討論，結果依舊是如此而不可推翻。

所以四大部阿含諸經，並沒有明說這一個識是諸法之母，只有一個地方講到「**諸法本母**」。但是在大乘經中，或者般若、或者唯識諸經，都有提到這個第八識是諸法之母。因此 如來在這裡就重新宣示一遍：「這一部經中含攝了一切最上所說的菩薩藏法，可以稱爲諸法之母，這一部經就是如來藏；而這一部經只要你實證了，都可以現觀，不論是聲聞法所說的一切聲聞藏，以及在成佛之道裡面所說的一切菩薩藏，莫非從『此經』出。」既然是如此，當然此經可以稱之爲諸法之母。

聲聞藏、菩薩藏說了，還有律藏與論藏。譬如說《阿毘達磨藏》，也是屬於論藏，如來把它加以演繹，以論的方式來說就叫作論，但它是 如來所說，所以也叫作經。菩薩們寫的論，例如《瑜伽師地論》、《攝大乘論》、《起信論》、《成唯識論》等，也都叫阿毘達磨，所以《大藏經》越結集就越多了。但是到末法時代繼續結集《大藏經》時，應該要有資格限制——沒有實證的人沒有資格結集《大藏經》。例如《乾隆藏》、日本的《大正藏》，把密宗假藏傳佛教那一些外道法都放進來，讓後代的人去傳揚那一些外道法時還可以振振有詞：「你看！這是經中說的，《大正藏》裡面有，《龍藏》裡面也有。」但是那一些編輯者都只是凡夫，能懂什麼？特別是乾隆，他專門修雙身法，因爲他老爸就是專修雙身法的，那樣的人把密宗假藏傳佛教外道那些法當作佛法而放進《大藏經》裡面來，也就勢所必然。但我們就得要重新整理，把那一些僞經要全部擯棄掉，所以將來《大正藏》都重新斷句編輯好了，最後會有一部叫作「僞經部」，不是叫作疑僞部。

以前的《大藏經》裡面有疑僞部，就是懷疑它們是僞經，只是懷疑而不敢說它是僞經；因爲他們沒有法眼、慧眼，只是疑心爲僞經，但是不敢確定。可是密宗假藏傳佛教那些經典沒有被他們叫作「疑僞」，我們現在明確定出來應列入僞經部，說這些密典都叫作僞經。所以將來要在《正覺藏》中把它們重新印出來，並在每一部僞經的後面加以說明，要把理由列出來。不能夠罵人家：「**你殺人，你殺人，你是殺人犯。**」卻沒有舉出人事時地，那可不行，沒有說服力。我們將來會在最後一「部」中，把考證確定的密續列爲「僞經部」，也將理由列出來；這樣才能夠連根斷除，否則將來密宗假藏傳佛教還會在佛教裡面死灰復燃。

他們的作法一向不變，每一代都一樣，只要有善知識出來指正他們那個不是佛法，他們就開始講大乘顯教的經典，顯示回歸正統佛教，從表面上看起來，他們是回歸佛法了；等善知識走了，沒有人再說他們不對，又開始把那些外道的東西廣大的推廣起來。這是他們千年來一向的策略與作法，因爲善知識沒有把它說明什麼緣故是僞經而以文字留傳下來。我們不能再像以前的人走那樣的老路子，我們要把它們明列爲「僞經」，並在每一部僞經後面都要列出很多理由，證明它們根本不是佛經。後代的人一看就明白，密宗假藏傳佛教再要死灰復燃也不容易。所以他們未來就叫作喇嘛教，不是藏傳佛教，更不會成爲中國密宗假藏傳佛教，因爲他們沒有眞密可言，有的只是不可告人的世間淫人妻女之祕密。

也就是說，他們所說的那一些外道法、他們創造的那一些僞經的內容，既不符合毘奈耶藏，也不符合阿毘達磨藏，因爲他們都經不起實證者的論議。密宗假藏傳佛教不是有很有名的辯經法嗎？他們還設有辯經院，一、二十年來培養了很多辯經的人才，爲什麼沒有一個人敢踏進正覺來？以前有一個□振仁波切，他在密宗假藏傳佛教不是很有名嗎？說好了要來正覺談論法義，那時楊先生還沒有退轉，我指定他等候他們來談；只要他出面對談就夠了，不必派更好的老師。結果等了半天終究沒來，也不打一通電話說有事不能來，就這樣爽約，這叫什麼仁波切？

仁波切的意思叫作人中之寶，那樣還叫作寶？連人的格都沒有了。跟人家約好的時地而不來赴約，至少要打個招呼致歉說：「**抱歉！我今天有事沒辦法來，改天再說。**」別讓人家老等著吧！你看，密宗假藏傳佛教那一些法，什麼時候符合過 如來所施設的毘奈耶？從來沒有，他們什麼時候可以經得起菩薩們的論議呢？全都經不起！所以我這《狂密與眞密》說五十六萬字，其實後來檢查好像共有六十幾萬字，從根把密教挖了。把密宗假藏傳佛教的根挖出來一一數落，是數落到它的根柢，而且把主幹、枝幹、莖、枝、葉、花、果、實，一一都論議過了。有史以來沒有這麼深入而且廣泛的加以評論，但我作得這麼嚴重了，他們都能修忍，各個道場、連達賴法王都能無動於衷，那忍功了得啊！

這種忍功，連我都沒有；只要誰說如來藏是邪見、如來藏是自性見，我可忍不住了，一定要跟他論議，講個清楚明白。但我把他們的法，連根連本都給刨了，他們竟然都可以忍住，厲害！有佛教史以來，忍功最好的就是密宗假藏傳佛教，沒有一位菩薩及得上他們。世俗話說「**是可忍，孰不可忍？**」假使他們法義的根本被挖壞、被否定了，而且是全面的否定而不是局部否定，這樣也可以忍的話，我哪一天要是站出來罵他們忘八，或者罵他們四缺一（只有禮義廉，缺了後面那個字），想來他們一樣可以忍。因爲連法義根本的大事都可以忍了，那人身攻擊還算什麼？可他們不瞭解，毘奈耶藏以及一切的論藏都從「此經」出，你要跟他們談到這一點，他們一樣弄不懂。

那麼 如來施設的毘奈耶，爲什麼也從「此經」出？這就是 如來所說的轉依而修行的道理。如來施設的聲聞律、菩薩律，規定的好多，不許這樣，不許那樣；可是這些都不許作以後會像什麼？像「此經」啊！不正是像「此經」了嗎？「此經」從來不與貪瞋癡相應，「此經」從來不妄語、不兩舌、不綺語也不惡口，「此經」從來不殺人、不殺生、不竊盜。「此經」有沒有邪淫過？從來都沒有啊，你依祂而行，不就等於受持了 如來所施設的十重戒了嗎？至於其餘的輕戒也就不必談論了。因爲「此經」從來不造一切業，造業的是五蘊，而五蘊想要成佛就得要依止「此經」。如來施設的聲聞律、菩薩律，是依「此經」而施設的，所以說「此經」含攝了所有的毘奈耶藏。

接下來說，《阿毘達磨藏》論議的都是大乘法。大乘法所說的佛法，在《阿毘達磨藏》裡面論議非常多，可是論議了那麼多以後，究竟在講什麼？

無非是講「此經」的內容：「此經」出生了五陰以後，「此經」有些什麼自性和功能差別，有些什麼種子——有哪些界；然後說明出生了蘊處界以後，蘊處界又怎麼回事，這就含攝《聲聞藏》了，所以連聲聞法的論藏也函蓋進來，這樣「此經」就含攝所有的《阿毘達磨藏》了。

所以 如來說：「**所有毘奈耶藏、阿毘達磨藏亦於『此經』攝。**」這些道理在四大部阿含諸經有說到嗎？沒有啊！《阿含》從來沒有講到。《阿含》裡面有說「識」出生了名色——「名色緣識生」，但這個識有哪一些自性或功德等，都沒有說；然後悟得這個如來藏阿賴耶識以後要怎麼樣修行成佛，也付之闕如，完全沒有說。所以四大部《阿含經》不含攝大乘法，而大乘法含攝了四大部《阿含經》所有的法義。雖然「此經」所含攝的法是那麼甚深微妙廣大而難思難解，乃至於難修難證，以至於不迴心的聲聞羅漢們都還無法產生勝解，使得他們閱讀時、聽聞時不能理解；而凡夫們讀來好像跟聲聞藏是有衝突、有矛盾；可是當你實證了「此經」以後來看聲聞藏，卻跟菩薩藏完全沒有矛盾、完全沒有牴觸。因此聲聞藏就是聲聞藏，四大部《阿含》，終究不可能因為有人出來解釋，或者堅持說《阿含》是菩薩藏就會變成菩薩藏，它的本質依舊是聲聞藏。當你悟得菩薩藏以後來讀如是，悟前聽聞善知識所說亦復如是，因為這是事實而不可改變。所以「此經含攝一切法」，不是虛假之說，因此 如來最後說：「乃至八萬四千法蘊，一一皆從『此經』中出。」

諸位都知道「此經」就是「無名相法」、「無分別法」如來藏，又名阿賴耶識、異熟識、無垢識……等，其名無量。我們還可以說「此經」就是外道說的上帝——「此經」就是耶和華，「此經」就是阿拉，「此經」就是造物主等；因為他們說的上帝的本質是能生萬物者，其實就是「此經」，是創造山河大地、創造一切有情的心。他們說的上帝有能力創造嗎？他連自己的五陰從哪裡來的都不知道，還有能力創造別人的五陰？所以他們所說上帝的本質其實就是「此經」。

你如果遇到哪一個基督教的朋友，某一天聚餐然後分手了，就跟他祝福：「願上帝與你同在。」他回頭問你：「你也信上帝喔？」你說：「對啊！我信上帝，我每天跟上帝在一起。」「你可以每天跟上帝在一起？那上帝在哪裡？」你就告訴他：「在這裡啊！你沒看見嗎？」有因緣時再跟他解釋：

上帝就是如來藏，如來藏才是造物主。如果遇到只吃特種牛肉的朋友，特種牛肉知道嗎？就是阿訇祝福過而且親手殺的，那才叫作特種牛肉，普通牛肉他們也不能吃的，當然他們更不吃豬肉。遇到那樣的朋友，哪一天聚餐分手了，你也可以跟他講：「**願阿拉與你同在。**」道理是一樣的。

所以在《楞伽經》裡面 世尊開示說，這個阿賴耶識有無量名，有的人把祂叫作大自在天，叫作祖父，叫作大梵天王，說大眾都是由祂所生。那祂是誰？就是如來藏「此經」，道理一樣。當你悟後在增上班修學《瑜伽師地論》，聽久了就知道：原來我們上課十幾年，所說的還是從「此經」出，不外於「此經」。所以 如來永遠都是實語者、不二語者，從來沒有欺誑語。如來說出來的話，任何人不可以要求祂改變，因爲一定是事實。所以 如來說：「**乃至八萬四千法蘊，一一皆從『此經』出。**」你悟後慢慢去觀察體會，自然會證實這一點。

那麼補充資料的這一段經文說完了，要請問諸位：二乘聖者阿羅漢們來到了大乘法中，是不是聖人？你們爲什麼搖頭？因爲大乘法中的聖人得要入地才算數；入地之前，三賢位裡面的第七住位就得要證悟「此經」——要悟得如來藏；他們都還沒有實證，表示他們還進不了第七住位，頂多是在六住位。這還有可能抬舉了他們，因為那一個慧解脫阿羅漢，如果是修行以來不過一劫、兩劫、三劫，在這一世剛剛成為阿羅漢，他那麼多劫之中沒有修過六度萬行；當這個阿羅漢迴小向大，他還得要從六度中的布施開始修，所以他只是初住位而已。

當他把該修的布施都修完了，才算初住滿心；接著他還得要去受菩薩戒，才能進入第二住。受了菩薩戒以後，也許他一天到晚心中叨叨唸著：「這菩薩戒裡面叫我不許歸依聲聞法，叫我不許認定聲聞法為究竟法，這有沒有道理呢？」他菩薩戒篤定是持不好的，所以他這時最多只是第二住菩薩的初心而已。所以，不是所有慧解脫阿羅漢來到大乘法中迴小向大就算是六住滿心了，還早哩！假使他把布施、持戒、忍辱、精進、靜慮都修好了，他還得要再修學般若；剛開始修學般若，也只不過是第六住菩薩的初住心。

所以，不是所有阿羅漢迴小向大都算是六住滿心菩薩；假使他們在六住位修學般若很久了，最後得要再修四加行。四加行的目的，是在於讓他認定：能取的這個心、以及所取的六塵境界等，全部都是空性如來藏。他得要修到信等五根都具足而發起一分五力了，才算六住滿心位；而且得要觀行內容足夠，否則還滿不了六住心。想要到第七住位常住不退，那可就難了。所以 如來所說三乘菩提，下至人、天善法等次法，莫非是從「此經」出。但是諸位看看四阿含諸經，全部修證完成，成爲三明六通大解脫了，畢竟不知不證「此經」，就不是大乘法中的賢聖了。

回到《佛藏經》的經文來。這就是說，成爲大乘菩薩法中的眾僧之數，才能知道爲何 世尊說「**是中無有說者**」；當然這裡講的是勝義僧之數，這是有一定的定義的，你得要實證了才算是勝義僧，否則就只是一般所說的僧眾之數中。但也還有前提，就是心中必須要認定有一部經叫作如來藏，含攝了三乘菩提，這樣才能夠算是大乘菩薩僧中的一分子，也還只是凡夫僧。這時也許心裡面想：「**那看來，我要成爲大乘法中的菩薩僧而且是勝義僧，好像很難。**」難嗎？因人而異。其實也不難，只要你因緣夠了，這麼一腳踩進去就是了；看你願不願意抬腳踩進去，其實也不難。所以成爲大乘菩薩僧中勝義僧的一分子，還是回到龐蘊女兒那句話：不難也不易。

眞的不難也不易。龐翁跟龐婆，一個說很難、一個說很容易，龐女卻說不難也不易。說難也眞的難，所以你看末法時代那麼多佛門的大師們，竟然沒有一個實證的，當然是難啊！但眞的難嗎？問問你們身邊已經實證的比丘、比丘尼、優婆塞、優婆夷等勝義僧，看看到底難不難？他們可能先告訴你難，然後告訴你很容易，最後結論是不難也不易，就把龐蘊他們一家子講的全都搬給你。

所以，在大乘法中很多時候所說的「**僧數**」，指的是一群實證 如來聖教的聖眾。因此「聖眾」的定義有二乘菩提中的聖眾，也有大乘菩提中的聖眾，不能混同。那麼 如來到這裡所說的：「**是中無有說者。**」只要你成爲大乘法中僧數裡的一分子——成爲 如來法中的聖眾，自然有這個智慧功德可以判定：果然 如來說了這麼多法以後，如來其實連一句話都沒有講過。如來沒有講過一句話，《金剛經》中 如來也這麼告訴你。所以讀到這裡時到底該怎麼辦？如果要依文解義說：「**如來眞的沒有說過法。**」因爲《金剛經》是這麼講啊！可是當人家一問：「**那《金剛經》是誰講的？**」又完了！不知道該怎麼辦了。

但是等你悟了以後，人家來問你說：「**《金剛經》中說如來不說法，那《金**

剛經》到底是誰講的？」你竟然告訴他說：「如來講的。」他可能很不服氣：「明明《金剛經》中說如來不說法，你爲什麼說是如來講的？」這時候你一拳往他的胸膛狠狠地打過去，就說：「笨蛋！如來什麼時候說過法？」很可笑呵？眞的很好笑，但不是可笑。他當然不服氣：「你剛剛明明跟我說如來講的，爲什麼你現在還打了我，還說如來沒有講。」你就告訴他：「你提出的這個問題，我剛剛已經答覆了，好好去參禪，三十年後再來跟我講。」就把這樁現成公案了結了。「那到底如來有沒有說法？唉唷！我今晚聽了老半天，你蕭老師還是沒有告訴我啊！」可是你要是在增上班上課，或者說你觸證到了，還沒有被我印證，那時你聽了，一定會跟那個人講：「蕭老師講得夠明白了，你爲什麼還聽不懂？」

所以「是中無有說者」，但是一切說者其實都是如來。就這麼怪，你聽起來絕對不合邏輯。但這是正常的，因爲邏輯是世間法，如來說的不是世間法，怎麼會合邏輯？邏輯不是實相，邏輯是相對待的法，但「如來」絕待。不是相對待的法，怎麼會是合乎邏輯的？那麼這樣看來，大乘「此經」的一切篇章字句，每一個部分都是非常的勝妙，難可思議！於是有的人就喜歡拿來賣弄。這很正常，就拿來籠罩別人；雖然他講出來的，自己也不知所云，但人家不曉得內裡的情況，以爲說：「這善知識很厲害，他說的我都聽不懂，所以他證量好高。」其實「善知識」他自己也不懂，因爲他自己眞的不懂。那麼有這樣的「善知識」會籠罩天下人，這是正常的，因爲 如來早就說了，預記在這邊了：

「**諸惡人等得此章句爲他人說，亦復以我爲師；無有如來聖眾功德，而自爲僧數。**」有不少惡人，「諸惡人」說的不是只有一個人，他們得到了如來諸經中所說的篇章字句，全都屬於了義法第一義諦，他們拿來爲人解說，同樣的也自稱是 如來的弟子。你們有沒有看見過哪一個大法師說他不是如來弟子？有沒有？沒有啊！可是有一個大法師從來不說自己是 釋迦如來的弟子。有沒有這種人？有啊！釋印順不是這樣嗎？你有聽他自稱是 釋迦如來的弟子嗎？我讀了他的《妙雲集》沒讀到這句話，因爲他自認爲成佛了。

我把他批判了以後，讓他們師徒都不敢回應，可是我卻自稱是 如來弟子。而他們無法回應的人，有時還說不屑於回應，卻不說他們是 如來弟子，而自稱他們成佛了，這也不合邏輯啊！但不合邏輯的，應該只有絕對待的如來藏法吧？是不是呢？但他們又不是，他們全部都落在現象界五蘊諸法裡面，所以眞的一言難盡啊！我說了這些人也讀不懂。

他們也都沒有 如來聖眾的功德，卻又自稱是勝義僧中的一分子。諸位去檢查看看，正覺出來弘法以前，很多大法師們不都是這樣嗎？他們有時候自稱成佛，有時自稱是阿羅漢，也有人自稱是 釋迦如來的弟子，甚至於還有個大法師開口說：「**善知識說法是不打誑語的，聖人說法是不打誑語的。**」然後就告訴諸位說：「**所以你們現前聽法的一念心，師父我說法的一念心就是眞如佛性。**」那不是自居爲聖人嗎？證明他們自認爲是勝義僧。可是這些假勝義僧們所說的法，卻在跟 如來打對臺，都在扯 如來的後腿。

我記得十幾年前，臺灣南部還有一個法師，故意發行了他講的錄音帶，意思是說：「**法師說的任何法義是不可以被評論的，誰要是評論了法師就會下地獄。**」有人拿給我，我一看馬上知道他的目的所在。既然知道了，又何必拆開來聽？所以那個玻璃紙的塑膠封套都還好好的，現在不曉得擺在哪裡了，仔細找一找，可能還找得到。他這樣到底是幹嘛？目的是說：你蕭平實不許再評論我，否則你就是謗僧，你會下地獄。問題是：我謗了哪個僧？依

《佛藏經》中 如來所定義的，說這一類人「不在僧數」，也說這一類人「說法時都違背如來」。這一類法師們既不在僧眾之數，所以他們都不是僧，那我縱使無根誹謗也不算謗僧，何況我是有根而說明法義，根本不是誹謗；我是如實說，如實說者即非誹謗。我想，他大概發行後等了半年看看說：「唉！蕭平實還是繼續在說我不對，看來這錄音帶好像沒有用。」

也就是說，想要成爲 如來所承認的僧眾中的一分子——「在眾僧數中」，必須要有「聖眾功德」。「聖眾功德」，比如說至少要斷三縛結，對凡夫而言這就是「聖眾」。大乘僧至少要有明心的功德，對二乘聖者來講，這是不可思議的本來自性清淨涅槃的解脫，這也算是「聖眾」。雖然這在大乘法中只在三賢位，但對二乘以及對凡夫來講，這也是「聖眾」。那麼有了 如來所說的這一些法中的「聖眾功德」，當然可以勝義僧自居。所以你們別瞧著某人禪三剛回來就想：才剛剛拿到蕭老師的金剛寶印，我看他還是西裝頭吹得很工整，西裝還穿得很莊嚴，皮鞋還是雪亮雪亮的，這還能叫作僧嗎？但我告訴你：那還叫作僧，因爲他有「聖眾功德」。連三明六通大解脫阿羅漢都不敢跟他對話，你怎能夠說他沒有「聖眾功德」？所以他還是僧。

如果等而上之眼見佛性了，或再等而上之到了十行位、十迴向位、初地、二地、五地、八地，那當然更是僧了，因爲「聖眾功德」更多了。所以普賢菩薩自東方而來，來到 釋迦如來的法華會上，他有沒有髮髻？有沒有寶冠？身上穿的是不是天衣？很莊嚴很華麗。不然看看倒駕慈航的 觀世音菩薩、文殊師利菩薩，或是維摩詰菩薩，他們當年在 如來座下也都是長髮飄逸、頭戴寶冠、胸佩瓔珞、臂有寶釧，穿的也是天衣，他們是不是僧？是！那麼當來下生 彌勒尊佛現在於兜率天中，他在寶座上一樣長髮飄逸，頭戴寶冠、胸佩瓔珞等莊嚴，也是僧。只有愚癡人或單看表相的人，不承認他是僧。

例如古時有個凡夫比丘，一直央求天軍阿羅漢帶他去見 彌勒菩薩，這天軍阿羅漢經他不斷的請求，只好帶他去；到了兜率天上見了 彌勒菩薩，他一看就說：「**這不是出家人。**」所以他長揖不拜，只是來論議。這樣子他有辦法證悟明心嗎？乃至連斷三縛結都辦不到。彌勒菩薩不會幫他斷三縛結，因爲這個人證果的因緣還不具足，回來人間之時當然空無所得。第二次又央求天軍阿羅漢帶他上去，第三次又上去，每次去天上下來都沒得利，因爲三次都不禮拜勝義僧，慢心深重，結果就是繼續當凡夫，表示他完全不懂

「僧」的道理。

世尊說：「**無有如來聖眾功德，而自為僧數。**」意謂佛法中眞正的僧，一定要有「**聖眾功德**」；所以想要「**自為僧數**」，一定要確定自己有一分「**聖眾功德**」；沒有百分，至少要有一分。有一分「**聖眾功德**」就可以「**自為僧數**」，否則全都是凡夫僧，有時甚至成為大妄語人。那《佛藏經》中 如來說的僧眾有特殊的定義，也就是「**聖眾**」的意思，道理在此。好，今天講到這裡。假使我不在諸位悟後講經，那諸位就少了很多法樂，當然智慧增長也會比較慢，但我講的是法樂。當外道們都聽不懂，你聽得津津有味，這就是法樂；有法樂，心中就充滿了歡喜，這樣才叫作法喜充滿。如果沒有法樂而說他法喜充滿，那該叫作什麼？叫作誤會一場。

《佛藏經》今天是一百一十八講，我們上週講到二十三頁倒數第四行，上週最後講到：「**無有如來聖眾功德，而自為僧數。**」世尊這一句話，兩千五百多年前預記在那裡，現在還是只能證明 如來所說不二。如今放眼全世界佛教，完全「**無有如來聖眾功德**」；連斷三縛結都辦不到的那些大師們都自稱是僧寶，而且自稱是阿羅漢，但本質都是凡夫。這一些凡夫僧們造作了許多誹謗正法的事情，都還說他們是僧寶，不許證悟者評論他們妄說的法義；這種事情一直到現在還存在，只是我們不斷地演述佛法的眞實義之後，他們不再自稱阿羅漢了，私底下承認自己是個凡夫僧，說來倒是有一點進步了。（誰的手機沒關？把它關一下，請法師關一下。）那麼 世尊對這樣的人有什麼樣的定位或者評語？我們就看下一句。

世尊說：「舍利弗！譬如獼猴群不似忉利天，如是眾惡人不似我聖眾；舍利弗！是諸惡人，但以音聲語言自謂沙門，似如癡人見獼猴群謂忉利天。」如來舉了那個愚癡人看見獼猴時以爲就是忉利天人，來說明末法時會有的現象。如來講了許多末法時代的假名僧眾之後，說到這裡作個結論說：「就好像獼猴群完全不像忉利天人，同樣的道理，這一些依文解義的惡人也不像是我佛門中已經證聖的大眾，而自稱是出家人。」這就說明那些惡人們只是以音聲語言來自己稱說是出家人，就好像那愚癡人看見了獼猴群，竟然跟人家說他看見的就是忉利天人。

記得我剛出世弘法，有許多出家眾指責我，說我都在罵人，然後說 如來從來不罵人。但是我現在倒要請問他們說：我有沒有罵過他們是惡人？有沒有罵過他們惡說法就是地獄種性？從來沒有啊！我只是就法論法，佛法是怎麼回事，我就說佛法；他們錯在何處，我就說他們何處錯了；我沒有作人身攻擊，從來沒罵過他們是惡人、獼猴、畜生，更沒有罵過是餓鬼、地獄。他們說　如來沒有罵人，諸位請看　如來說「**是諸惡人**」，說這一些人都是壞人，可是我從來沒有講過誰是壞人。

所以說，某些出家人不在法義上用心，而專在我有沒有罵人上面來著眼，也眞是奇哉怪哉！他們應該想一想：出家所爲何事？他們應該想想自己究竟是爲了什麼而出家，難道不是爲了法的修證嗎？既然是爲法而出家，如今這蕭平實把法說了出來，講了他的師父什麼地方錯了，也沒有講錯；並且舉出現量、聖教量、比量來說明他的師父錯在何處，也說明　如來講的如來藏八識論才是正確的，那到底什麼地方是蕭平實講錯了？如果沒講錯，那正好是救了他，讓他懂得回歸正道，應該是這樣想才對。他的師父誤導他大妄語，我來指稱他師父錯在何處，這是救了他，有恩於他；沒想到他竟然恩將仇報，也是無可奈何。

可我從來不怨不怪，因爲我一向都認爲：末法時代的眾生本來如是。早知道末法時代的眾生是這樣的，又有什麼好怪的呢？我早就接受了。但是 如來說這一些人叫作「惡人」，因爲他們依文解義用相似法來取代佛法，看起來是佛法，因爲他講的都是佛法的名相，但實際上內容都是外道法，不是常見便是斷見。那就是把 如來的法轉變成外道法的內涵，這樣一來，眾生的法身慧命就被葬送了。因此 如來說「是諸惡人」，還眞是「惡人」；但這兩個字不曾從我口裡講出來，這只有 如來能講，我已經很守本分了。

接著 如來又開示說：「舍利弗！中有出家人喜樂問難，得值善師爲說名色寂滅語言道斷，無起無失，通達無相。」如來又呼喚舍利弗說：「但是這些人之中有一些出家人，他們喜歡並且愛樂於互相問難，」關於「問難」，在中國禪門中一向維持這個古風；一直來到今天的正覺，我們還是維持這個古風，這其實是自古就傳下來的門風。也就是說，大家對於所學的法，如果心中有所疑惑，就應該提出來請問，乃至質問都行。所以我弘法以來，我們同修會裡面從很早期開始，一直就都有問難，甚至於有質難的事情存在。（編案：以前每次講經前都先用半小時給大家當場提問。）

但我不曾爲這種事情起過一念瞋心，因爲我認爲：既然出來當善知識，四眾弟子有疑提出來請問，那是他們的權利，當師父的人有義務要為他們解惑釋疑。包括人家質問，我都不把它當作質問，一向如此。從同修會還沒有成立前的上課，一直到成立以後，然後又到了二〇〇三年退轉的那一批人不斷地質問，我都是在講經前給與當場提問和答覆。我一向都這樣，從來不起一念瞋，因為我都不把他們當作是質問。

這樣作有兩個好處：我自己不會起瞋，保存很多細胞不會死掉；並且就算人家是質問，質問的人因為我不當他是質問，所以把他的疑惑詳細解開，使他故意提出來的問難質難失去了合理性。但我不當他是質問，所以詳細而委婉為他解答，他心中也就釋然而沒有不愉快，雙方都好。那麼這一種「問難」的事情，其實是 如來在世就已經存在的門風。在天竺，馬鳴、龍樹、提婆、無著、世親、護法、戒賢一直都是這樣的，然後玄奘去天竺接續了過來也還是這樣；在玄奘譯經後，幾乎是同一時期，不過差了十幾年、二十年，南宗（也就是六祖開始弘法之後）也都是如此。

只是因為實證的人漸漸少了，末法時代又因政治因素——皇帝都信密宗假藏傳佛教的無上瑜伽，正法沒辦法弘揚了，所以這「問難」的風氣也就消失了；消失了幾百年後，到二十世紀末，我們又恢復了起來，當然要把這個門風繼續撐持下去。可是末法時代，這一些不懂佛教門風的僧人就很生氣，認爲蕭平實一天到晚罵人；可是我從來沒罵過人，我都只作法義辨正。等到他們知道什麼是法義辨正、什麼是罵人時，那已經是正覺同修會成立而且弘法二十年後的事了。

教育佛教徒眞的很不容易，但今天總算教育成功了。除了達賴的信徒以外，沒有人會再指責我在罵人了；這算是佛教界的進步，大家的知見水平都提高了。所以出家人如果「喜樂問難」才是好事，因爲「喜樂問難」表示他心中有疑就會提出來問。咱們弘法最怕的是悶葫蘆，像楊先生他們那樣老是當悶葫蘆，一直悶在心裡面都不問，然後有一天爆發起來而認爲自己成佛了（證佛地眞如了）；在爆發前，我們那時正講《楞嚴經》，剛好講到「十習因」，那時我們的規矩是講經前接受大家提問，所以一張一張的紙條遞上來，我就當場回答。那時他們每週都提問，我也都當場解答了，但解答之後沒有效果。當時我有沒有解答錯呢？後來證實都沒有；原來是他們自己橫生邪見，導致走上歧路退轉而自以爲是增上，問題就在這裡。後來他們離開了，我們親教師會議開了個會，討論要不要繼續接受現場的問答，當時大家認為沒有用，我們就因此取消了。這樣一來，我講經講得多，對大家反而更有利。

所以說，身為出家人而厭惡佛法上的「問難」，這才是個大問題。如果問題不出在他身上，而是出在他的師父身上，那是師父的過失；如果師父准許「問難」，但徒弟們都不問，那是徒弟們的過失，表示這個道場不會興盛。所以出家人應該「喜樂問難」，因為只有在「問難」當中進步才會快速，否則道業想要增長就很困難。我以前也跟諸位報告過，說我剛破參兩、三年，那時為了一個問題，一個人獨自想了兩個多鐘頭，腦袋都快破了，鬧到頭昏腦脹也搞不清楚為什麼；後來把問題丟在一邊，我繼續弘法讀經很多年後，有一天突然又想起這個問題來，我說：這個問題很簡單啊！為什麼當年想了兩個多鐘頭想不通呢？你看，沒有師父就是這麼辛苦，那是兩、三年後才突然通的。可是如果有師父可以問，不用等兩、三年，問的當下就解答了。當然前提是師父一定是善知識，如果是瞎眼阿師，那問了也是白問。

言歸正傳，如來說：「中有出家人喜樂問難，」表示這是個好的出家人；而他的因緣果報也很好，可以「得值善師」。如果是亂說法或者依文解義的師父，如來前面已經說那叫作「惡人」。既然「得值善師」，這個善師一定是善知識而有所實證；爲他演說什麼法呢？這個法可深可妙了，「爲說名色寂滅語言道斷」。一般學佛人自以爲懂佛法，無非是將二乘菩提當作大乘佛法，學上一、兩年就說：「佛法我都知道了，就是這樣而已。」這就是佛教界普遍的現象，末法時代一直都是這樣。

直到我們出來宣講第八識如來藏妙眞如性以後，大家都是聞所未聞：「佛教怎麼從來都沒有在講這個如來藏的妙眞如性？怎麼只有你一個蕭平實講？好奇怪！你的法義有問題吧？」而且我是以實證佛教的立場來講的，我們講的「名色寂滅語言道斷」的內容講得可多了。當年佛教界都聽不懂、讀不懂，所以爲了名聞利養，也爲了面子，當然要否定正覺的法義。可是從《般若經》以及第三轉法輪的唯識諸經來比對，卻又證明蕭平實講的是正確的，完全符合聖教量。所以他們眞的心裡很悶，悶了很久，因爲永遠無法推翻。

好在他們很聰明，想到了一個出路，叫作轉型——搞觀光，現在不是成爲陸客必到的地方了嗎？轉型很成功了，從那時以後，他們都不談佛法了。那倒也好，我寧可他們不談佛法，賺錢去，因爲至少不會誤導眾生，不會害眾生跟著大妄語。賺錢違背了比丘戒，那畢竟是比較輕的戒；誤導眾生犯大妄語，犯那個戒可是極重的。那麼他們不談佛法，讓給我們來講，多棒！所以這大乘般若就是我們的專利了，因爲他們退出了！

但爲什麼說「**名色寂滅語言道斷**」呢？他們以前都把二乘法緣起性空當作是大乘佛法來解釋，那在二乘法中，名與色合起來就是五陰，五陰從來不停的講話，只要醒來心裡就開始講話，嘴巴先不講，心裡先講了：「**哎呀！我怎麼睡到現在才起床！今天還好多事情要作。**」然後一咕嚕就爬了起來，手腳好快，一面洗臉一面想事情，那不就是語言一直在講個不停嗎？接著臉都還沒有洗好，已經在那邊呼喚家人幫他幹嘛的，不斷地呼喚，那都是語言了，所以名色從來跟語言相應。二乘法裡面也說覺觀也是屬於口行，雖然只是在心裡面不動語言文字，只要有了覺觀能夠了別，那也算是口行。連《阿含經》都這麼定義了，何況是心裡面出現了語言文字，何況是從嘴裡講了出來，當然都是語言；所以名色一定和語言道相應，這是學二乘菩提的人都知道的事情。

可是來到第二轉法輪，這《般若經》竟然告訴我們說：「**名色寂滅語言**

道斷，」這下不懂了，他們就想：「咱家身爲大法師，我這山頭一兩百公頃，徒眾少說一兩百萬，最少也有幾十萬，是大師，怎麼我會讀不懂？不可能啦！我讀起來，這《般若經》講的跟《阿含經》就是不一樣，牴觸很多，所以這一定是僞經。」乾脆罵是僞經，說是後人寫的。釋印順不就這樣罵嗎？被他的門徒尊稱爲導師，他就說：「這大乘經典都是如來入滅以後，佛弟子們因爲對佛陀的永恆懷念，所以長期撰寫編造出來的，因此才會跟阿含諸經互相矛盾。」這謗法的話只有他說嗎？不然！達賴那個糊塗人也是這麼講的，所以他在書裡面公開講：如來三轉法輪前後所說自相矛盾。

但我們讀起來都沒矛盾，你們看，我把《阿含經》註解了，出了七本《阿含正義》；我也針對識蘊寫了一本書《識蘊眞義》，推翻了安慧的《大乘廣五蘊論》；而我也講眞如佛性，也講唯識種智，可全都沒有矛盾，爲什麼他們讀起來矛盾？因爲他們落在外道的六識論裡面，以意識爲中心，以意識的境界來閱讀第二、第三轉法輪諸經時，他讀不通，因爲他只能依文解義，依文解義的結果就會覺得矛盾。可我們一點矛盾都沒有，完全相通，差別只是淺深與廣狹不同罷了。也就是說，二乘菩提裡面講的名色和語言道相應，名色是緣生法，其性無常故空；可是《般若經》裡面說的是第八識如來藏的妙眞如性，這個妙眞如性可以出生名色，所以有情的五陰十八界就這樣出生了，都是各自唯我獨尊的第八識如來藏來出生了他們的色身和覺知心等，而如來藏的境界中沒有任何一法存在，名色轉依如來藏後就等於寂滅而沒有語言道了。

《般若經》講的是實相法界，《阿含經》說的是現象法界的名色五陰。他們沒有弄清楚這一點，因爲他們從來沒聽過大乘法，一向把二乘法當作大乘法，而且他們的二乘法還是錯誤的；就因爲這個緣故，他們認爲 如來講的三轉法輪諸經前後牴觸矛盾。但阿含講的是世俗法，是要把世俗法的蘊處界滅除而不再受生，就沒有下一世，於是成爲無餘涅槃，留下了本識如來藏獨存；所以蘊處界當然必須全部滅除，而蘊處界滅除的過程中，必須把語言道先滅除。那麼來到般若期時講的是實相法界，說的是宇宙萬有背後的眞相：有情生命的生滅和始終，究竟是什麼？那就是第八識如來藏，講的是第八識實相法界的事，而這實相法界是離語言道的。

所以正覺同修會每一位增上班的同修們都可以這樣現觀：自己的如來

藏、有情的如來藏，打從無始劫以來就是離語言道，因爲從來不起覺觀，從來不對六塵作任何了知；但眾生都是生活在各自本來寂滅的如來藏中，而眾生所生活的境界，無非就是色聲香味觸法這六塵，卻是由如來藏出生這六塵給有情的「名」七轉識去了別，但祂自己不了別，這樣一來，祂當然是語言道斷；而且語言道斷的現象，不是修行以後才開始，而是無始劫以來本就如是。在實相般若裡面，說有情的名色從來都活在自己的如來藏中，是歸各自的如來藏所含攝的，但如來藏從來不作六塵中的分別，從來不作主，只是背後默默地支持著有情的五陰身心去運作，有語言的名色既然都存在寂滅的如來藏中，當然 世尊要說「名色寂滅語言道斷」。

所以有情都把祂給忽略了，不知道自己的如來藏何在，這就是禪宗祖師罵人說的「日用而不知」。這句話是罵得很重，意思是說：「你每天吃飯竟然說你沒吃飯，你每天沒吃到飯竟然都不知道；你是個渾蛋，每天都在運用祂，竟然都不知道，還說你沒有在運用祂，這不是忘恩負義嗎？」所以「日用而不知」這句話，到末法時代好像成爲一個平常用語了，其實是罵得很重的話，等於是罵人忘恩負義了。但是大家都不知道名色五陰都歸如來藏所攝受，既然名色五陰歸如來藏攝受，證悟了以後現前觀察確實如此；所以這個和語言道相應的名色歸於如來藏攝受，那如來藏是寂滅的、是語言道斷的，那名色由如來藏攝受以後當然就變成寂滅的、語言道斷的。

這證明 世尊說「**名色寂滅語言道斷**」也是不二語，不論哪個菩薩證悟以後都無法推翻 世尊這一句話。不但我證悟後不能推翻它，我們所有親教師也不能推翻 如來這句聖教。不但親教師們如此，增上班每一位同修，不論是初悟的或者已經悟了二十年的同修都一樣，都無法推翻 如來這句話。因為從實相法界如來藏妙眞如性來看名色時，是把名色攝歸如來藏來看的，這時當然名色是寂滅的，因名色歸如來藏所有，而如來藏寂滅所以名色寂滅；名色歸如來藏所有，而如來藏語言道斷，所以名色就是語言道斷。

所以如果人家來跟禪師質難：「**禪師！你不是說你證得語言道斷的境界了嗎？為什麼你一天到晚在那邊開示講個不停？**」沒想到禪師答覆說：「**我正講話時也是語言道斷，會麼？**」接著就問：「會麼？」換句話說，禪師要他正在回答這一句話時就體會出來。這個學人來質難，假使他聰明，一溜煙趕快溜了好；他假使答個不會，禪師一拳就捏過去，把他打到地上了。為什麼這樣？因爲眞悟的禪師不二語；禪師這一句話，不管誰悟了都無法要求他改變，因爲他正當說話時是沒有說話的。

你如果還沒有實證，質問說：「怎麼可能如此？」可是等你哪天悟了，不會來說什麼，你心裡只能說：「唉呀！早該知道如此。」因爲本來就是這樣的，能夠這樣爲人說法的才能說是「善師」。那麼這一位出家人平常「喜樂問難」，一定風聲早就傳開了，而且他「喜樂問難」當然就會找善知識問東問西，因此就有因緣「得值善師爲說名色寂滅語言道斷」。「喜樂問難」的人比較有智慧，才容易遇到眞正的「善師」。這個善知識又爲他說「名色」「無起無失」。「名色」在阿含諸經裡面分明說有生有滅，爲什麼來到《般若經》和唯識諸經竟然又說這名色「無起無失」？好奇怪！是有點奇怪，其實是大大的奇怪，可是證悟以後完全不奇怪，因爲本來如此。

「名色」從二乘菩提來看、從世間相來看，例如前世當天人，天福享盡下來人間，遇到了善法、究竟法，但他心中生疑，於是出言毀謗；這一世死後下墮惡道成了一條狗，每次看見善知識就狂吠不止。那麼上一世是欲界天人，這一世當人，下一世當狗去了，三世的「名色」各不相同，而且世世都有起滅。譬如有的人生天，生到最高的層次去，成爲非想非非想天，如果不中夭，壽命八萬大劫，那是非常長遠的；但他終究還是會死滅，於是又下墮人間。如果一個人世世受持五戒從來不犯，每一世都保住人身，前世是張三，今世名爲李四，下一世叫作王五，下下世叫作趙六，就這樣一世又一世都有「名色」，都是有生起然後壞滅。

「名色」確實是有生起壞滅，一世又一世的五陰「名色」—包括每一世的意識—每一世都不一樣，都不是同一個意識，當然是有起滅。可是等到你證悟這個「無名相法」如來藏以後，把「名色」收歸於如來藏來看時，這「名色」就只是在如來藏中生起而又消失，再次生起又消失，就好像明珠表面的影像來了又去、去了又來，就好像明鏡裡面的影像不斷地有來去，可是明珠或者明鏡始終常住，不來不去，不生也不滅。當你從明鏡來看影像、當你從明珠來看明珠表面的影像時，就好比如來藏寶珠表面有「名色」來了又去一樣；當你從如來藏來看名色時，「名色」就無起無滅了。

既然「名色」出生是在如來藏中出生，你就不能夠說名色有出生；「名色」死後壞滅了，也是在如來藏裡面壞滅，並沒有離開如來藏。這時也許有人想：「蕭老師！您這話有語病吧？『名色』固然是在如來藏裡面出生的，可是死了以後，如來藏又沒有把『名色』收回去。」有沒有人這樣想？一定有。可是我要請問了：名—受、想、行、識—死後歸於哪裡？回到哪裡去？（大眾回答：如來藏。）對啊！不會外露，也不會被人搶去當孩子或是被人搶去當婆婆，都不會，還是在如來藏裡面成爲種子，也就是由如來藏含藏著這些功能差別，所以消失了還是在如來藏裡面。

至於色陰，例如色陰裡面的六塵，這六塵滅了還歸如來藏中，沒有在外面。那色身這五根呢？這五根，如來藏沒有收回去吧？對吧？是沒有收回去，從表面來說是「對」，但從實際理地、從增上慧學來說就「不對」；因爲你這個色身是如來藏吸取了母親血液中的地水火風物質製造出來的，等你出生以後，還繼續吃各種食物，吃了食物以後還是如來藏幫你攝取地水火風而成長，當你變老時也是如來藏幫你變老。你可別說：「蕭老師！您別詛咒我，我才二十郎當。」可是我說了，二十郎當的歲月我也曾經有過，但今天七十幾了，還是我的如來藏幫我老了。老了之後呢？這整個的五根色身都是如來藏攝取來的，死了以後當然如來藏就不執持了。

但不執持只是從一個層面來講，可是到另一個層面來說還是執持的，因爲這個色身開始毀壞，最後又歸於地水火風。歸地水火風時當然一定有風大先散掉……等，我們不談它；但歸於地水火風之後，又回歸到宇宙中，那宇宙中的四大是由誰所執持？（大眾回答：如來藏。）對了！就變成共業有情的如來藏共同執受了。這樣看來，這個色身毀壞了以後，不還是在如來藏裡面嗎？顯然欲界中的人間山河大地、欲界天、色界天的色法，包括三惡道的色法，莫非都在如來藏境界中，何曾外於如來藏？

整個山河大地一切物質不是無因而有，一切物的存在必有其因；這山河大地之所以能形成是因爲宇宙中有地水火風，那都是如來藏變生的。然後這些共業有情需要一起來受報、以及造業來生存、來生死時，這些共業有情的如來藏就把宇宙中的地水火風聚集起來，形成這樣一個世界，那還是如來藏所執持，不也還是在如來藏中嗎？既然外四大、內四大都是在如來藏中，那麼這個五陰在如來藏中生起，捨壽以後，如來藏棄捨了這個色陰，當這色陰毀壞了，也還是在共業有情的如來藏中，不外於如來藏；所以你也不能夠說這個色陰有起有失，因此名色眞的「無起無失」。

就好像明鏡，當某甲來了，它就顯現某甲的形像；某甲在這個明鏡裡面生活了八九十年、一百來年，然後死了離開了，過一會兒又有個某乙在明鏡裡出現成爲一個小嬰兒，然後在這裡面成長、學習、長大、創業，然後年老死了又離開，接著再來一個某丙；這三世的五陰與名字都不相同，但不曾外於這個明鏡，明鏡就譬喻如來藏。那麼，那鏡子裡面的某甲、某乙、某丙，出生後剛開始只會哭，討著要吃，尿片濕了就哭；到長大了之後，過完榮華的一生，黃粱一夢過去了，到底他有沒有外於如來藏？都沒有！所以他眞的「無起無失」。

每一個人都生活在如來藏中，可是禪師問：「你的如來藏何在？」「我的如來藏？我哪有如來藏？我沒有啊！」各個都是這樣。學習正法後知道說：「原來我自己有如來藏，我證得如來藏就有智慧、就得解脫，所以我要找如來藏。」下定決心，乃至於像古人千里跋涉喝掉了多少漿水錢，走壞了多少草鞋錢，終於遇到一位有緣的善知識幫助證悟了，那時只好承認說：「吾師不我欺也。」就說：「原來我師父沒有欺騙我。」這時依如來藏來看「名色」時，世世的「名色」何嘗有起、何曾有失？這時就是「通達無相」時。

從此，當人家說「無相」時，他不會再像以前那樣錯會而說：「一切都空，無常，空掉，磨滅了，所以什麼都沒有，叫作『無相』。」不再如此了。所以他的「無相」不同於斷見外道的無相，而是因爲現見自己的眞如本性，也就是自己的「無名相法」如來藏，從來沒有眾生相，從來沒有我相、世間相。所以這時他就通達了：「啊！原來『無相』不是空無，『無相』是如來藏的事情，不是意識的境界。」這時他把《般若經》重新讀完了，回頭再把以前讀的《阿含經》請了出來，這一讀：「原來我以前自以爲懂《阿含經》，其實當時沒眞的懂；但現在讀起來是互相通達的，一點牴觸都沒有。」

能如此現觀的人到底聽了這樣的妙法以後信不信？如果不信，就是個無福之人，就會像無量劫前的淨目天子等人一樣壞法、墮落。如果他信（怎麼樣才叫作信？這一點要先界定好，不是意識層面說信就算是信了，而是要眞的實證了才是具足信），所以 如來說了：「得聞如是無生無滅無相之法，不驚畏者，當知是人已曾供養無量諸佛，能知我法，可名聖眾。」你們看 如來的定義是這樣的，所以「聖眾」這兩個字，不是可以自己隨隨便便戴在頭上的。

前些時候過世的那位惟覺大法師，以前閉關六個月以後出關了，在師大的大禮堂演講，那時他說：「諸位在下面聽法的一念心，就是眞如佛性，是常住不壞的；師父我在上面說法的一念心，就是眞如佛性，是常住不壞的。」他老兄怕人家不信，還故意點了一下說：「聖人說話是不打誑語的。」他讀了我的書一定很受刺激，所以去閉關半年。大法師宣稱證悟很久了，竟然讀不懂蕭平實的書，那是多大的刺激！所以你要他去閉關修行，三天都難了，不要說半年；沒想到他眞的去閉關了半年，出來還講這個話，眞不長進！可是打從那一次以後，沒看他再講過什麼「聖人說話是不打誑語的」，因爲我讀到他們的月刊登出他這一段話以後，上課或講經時就拈出來講明，不是嗎？一定有人把話傳過去了，他就不再公開自稱「聖人」了。

那你們看，如來對「聖眾」的定義是什麼？「得聞如是無生無滅無相之法，不驚畏者」，這個「不驚畏」大有文章，一般人聽聞到善知識說「名色寂滅語言道斷，無起無失」，他心中一定驚慌恐懼，接著誹謗：「這個人是邪魔外道，跟如來講的不同。」因爲他心中的想法，是對四阿含諸經依文解義的結果。是因爲四阿含諸經都說：名色一天到晚都有覺觀，都跟語言相應，從來不寂滅。而名色是生滅法，所以教導阿羅漢要斷除我見、我執，才能出離三界生死。他所知的佛法是這樣狹隘而粗淺的。

但般若這個實相無相的智慧，對他而言是聞所未聞；因爲聞所未聞，所以他聽了驚懼，接著心中害怕：「**我是不是遇到邪魔外道了？所說的法竟然跟如來不一樣。**」他以爲是不一樣。如果另外有一個人他聽懂了，心想：「**原來這是實相法界的事。**」他有宿世善根因緣，這一下會了，當下會得「**無名相法**」如來藏，於是他現前作觀，證明「**名色**」眞的「**無生無滅無相**」，因爲「**名色**」是由「**無名相法**」如來藏所攝受，本該歸於如來藏，本來就「**無生無滅無相**」，所以他心中「**不驚畏**」。

然而這樣的人難得呀！我出來弘法到現在二十幾年了，從一九八九年初我就開始弘法了；其實還要早一年，因爲我證悟之前就已經在弘法了，只是我不敢誤導別人，有一說一，有二說二，沒有三就不說三；後來停頓了不說法，專心參禪，不想說食數寶。然後出來說法時一開始，我就是講眞如佛性的，那時臺灣佛教界沒有聽過誰在講眞如佛性，所以對他們而言，那是聞所未聞法；好多大法師們聽在耳裡，那就像有人拿著大聲公在他耳邊不停地大聲講著，不只是刺耳。所以當年大小山頭都罵：正覺是邪魔外道！我可是聽多了，也很習慣，從來不以爲意，第一次聽到人家轉述罵我的話，我也不以爲意。我想大概也是往世被凡夫大師們罵慣了，覺得稀鬆平常。

可是聽聞如是妙法之後能夠隨即了知實相，所以心中「不驚畏」，這不是簡單的事。如來授記說：「當知是人已曾供養無量諸佛，」我們是五、六年前吧？那時開講《金剛經》，說到有人聽聞《金剛經》的字句，不把它當作是虛法而當作實法，「以此爲實」，如來說：「當知是人不於一佛二佛三四五佛而種善根，已於無量千萬佛所種諸善根。」所以聽聞到《金剛經》時，不把它當作是在講虛相，而知道那是在講實相，這個人已經是追隨過很多佛的人，曾經聽聞過《般若》，也聽聞過《唯識》增上慧學等法，知道《金剛經》講的是眞實法，不是說虛相法。正因如此，所以 如來說：「聞是章句，乃至一念生淨信者，須菩提！如來悉知悉見是諸眾生得如是無量福德。」看來諸位的福德無量啊！

一樣的道理，如來在這裡說：「當知是人已曾供養無量諸佛，」因爲一般人讀了《金剛經》時依文解義，一定會說「那就是講一切法空」，這很正常。可是 如來說的不是在講一切法空，而是在講空性如來藏心，就是這部

《佛藏經》講的「無名相法」、「無分別法」。所以你們有時遇到親朋好友，熱心轉告他們說：「正覺這個法大啊！聖啊！妙啊！高啊！廣啊！」你講一大堆的形容詞都沒用，他也知道辯不過你，可是就不聽你的，因爲他不接受「名色是寂滅法」，不接受「名色離語言道」，爲什麼呢？因爲他依文解義。

但他爲什麼不能接受？因爲他往世沒有熏習過，或者他往世曾經跟過一佛二佛三四五佛熏習過，可是心中仍然不太信受。如果他已經是在「無量千萬佛所」熏習過了，聽了就會歡喜信受，然後就會想方設法求證；求證了以後，自己現觀果然如是。所以當他下一世重新再聽聞之後很快就又契入，由於他當時的現觀就是如此，當然心中「不驚畏」。所以 如來說「當知是人已曾供養無量諸佛」，這眞是不二語。一般世俗人讀了大概都說：「唉呀！釋迦牟尼佛講話都好誇大，隨便一個人聽了、讀了相信，就是曾經供養無量無數諸佛。哪有可能？想要遇到一尊佛都那麼難了，何況是無量無數諸佛？」世俗人大約是這樣想的。可是諸位對這一點都不懷疑，所以諸位才能坐在這裡聽我演說這樣的法。

我這樣說法，外面的人來聽了大概都想：「你這蕭平實說法好誇大。」

可是等你實證了以後，會依現觀的結果說：「不誇大，那根本都是如實語，沒有一絲一毫增添。」所以 如來說的都是不二語，包括以前我自己那樣針對「明心見性」四字隨便整理整理，明心見性的法全都回來了，我當時想：「這個開悟很簡單啊！」後來讀到《大般涅槃經》說：「要眼見佛性，必須具備三個條件：定力、慧力、福德三種莊嚴。」我說定力、慧力這兩個條件我信，可是爲什麼眼見佛性要有福德呢？我想：「我這一世跟著聖嚴法師作義工，現金的護持也不過一百多萬元，不算什麼大福德，就可以見到佛性，這有什麼難？」所以我對福德莊嚴的條件不太信，以前認爲只要定力跟慧力夠了就可以看見佛性。可等到我度眾時，發覺有好多同修定力很好、慧力很好，但他們就是看不見佛性。這種情況一而再、再而三、三而四，我就不能不信了：「哎呀！果然要福德莊嚴。」因爲他們除了欠缺福德，沒有別的理由可說了。定力、慧力都很好，爲什麼看不見？就是福德缺了。

那福德就有區分護法上的福德以及性障修除的福德。所以後來我相信，我也觀察：「果然如此，這些人是福德有所欠缺。」有的人不是性障方面的問題，而是往世護持正法作得不夠；有的人往世護持正法的福德累積很多，可是性障修除這部分的福德還不夠，都各有所欠。後來我終於全信了，因此以後讀到經中 如來怎麼說，我就怎麼信。就從那時候開始我全信了：如來確實是不二語者。如來說：「**是人已曾供養無量諸佛，所以能知道我釋迦牟尼所說的法，**」知道，當然是要實證才能知道，總不能單靠意識思惟研究就說他知道了。這樣子實證而能夠知道 如來所說的這個「**無名相法**」的境界中，確實「**名色寂滅語言道斷，無起無失**」，如來說這樣實證而了知的人「**可以稱為聖眾**」。

請諸位來看看，我剛剛舉例，那個前不久才離開人間的「聖人」大法師，算不算「聖眾」？諸位都知道了，不用我再多講；因為他講的眞如佛性是六識的見聞知覺性，把識陰六識的見聞知覺性當作眞如佛性，那是落在五蘊中的識蘊裡面的「我所」；還談不到識蘊，只是識蘊的我所。這樣的人，三縛結未斷，不證初果，如何能夠是實證佛菩提的菩薩呢？而自稱爲聖人，有大過焉！

你們看，如來對「聖眾」的定義，是對這個「**無名相法**」第八識如來藏的境界有所實證而得了知，了知的緣故能夠現觀實相法界確實「**無相**」，所以他心中「不驚畏」，這樣的人才可以說是已經知道 釋迦如來所說的法，才是眞懂佛法的人，才可以名之爲佛教中的「聖眾」。假使不符合這樣的定義，但卻向大眾或佛教界宣稱自己是聖人、是證悟者，即是大妄語人，不離異生性，來世墮落有分。

這一品到這裡講完，接下來都會比較快，從今天開始就已經很快了，再也不會像前面一句四個字得講解兩個鐘頭，因爲接下來這些都很快。接著要進入〈淨戒品〉第五之一。

《佛藏經》

〈淨戒品〉第五之一

經文：【佛告舍利弗：「破戒比丘有十憂惱箭，難可堪忍。比丘成就十憂惱箭，則於佛法不得滋味，憎說法者，不樂親近。何等爲十？舍利弗！破戒比丘見僧和合不生喜心，何以故？『和合布薩必驅我出』，是惡比丘自知有過，常懷憂惱，於持戒者瞋恨不喜。舍利弗！是名破戒比丘初憂惱箭，必墮惡道。」】

語譯：接著來進入〈淨戒品〉，這已經是第五品了。【佛陀告訴舍利弗說：「破戒的比丘有十根憂惱箭在身上，很難堪於容忍。比丘身上成就了這十支憂惱箭，就會在佛法上得不到滋味，他會憎厭說法者，不樂於親近。是哪十根憂惱箭呢？舍利弗！破戒比丘看見僧眾和合時不會生起歡喜心，爲什麼如此呢？因爲『僧眾和合布薩時必定會把我驅逐出眾』，這個惡比丘自己知道有過失，心中永遠都懷著這樣的憂惱，所以他對持戒的比丘心中有所瞋恨而

不喜歡。舍利弗！這就是我說的破戒比丘的第一支憂惱箭，死後必墮惡道。」】

講義：如來在前面不斷地解說什麼是佛、什麼是法、什麼是僧，也為大家說明怎麼樣是真正的「**聖眾**」，希望僧眾可以越來越清淨；想要使僧眾清淨，第一個方法當然就是要讓大家持戒清淨。如果戒律持得不如法、不清淨，僧眾一定會越來越腐敗，所以 如來講了這一品〈淨戒品〉。這裡面說破戒的比丘身上中了十支憂惱箭，只要中一支箭就痛苦難忍了，這破戒比丘竟然中十支箭。

第一支箭到底是怎麼回事？如來當然也得要告訴我們。可是有一個前提必須先說明的是，比丘身上如果中了這十支憂惱箭，他每天課誦時有沒有接觸到佛法？有！可是「**不得滋味**」。他每天趕經懺時有沒有接觸佛法？有！可是他於佛法「**不得滋味**」。想想看，佛教界這樣的比丘或者比丘尼到底多不多？諸位說「多」，我沒有說多，都是諸位講的；但諸位既然說「多」了，我就來舉例，來證明諸位講得對。

例如每一座寺廟或每一家精舍，比丘、比丘尼早上起板後盥洗完了，第一件事情就是要上殿作早課。早課時唱不唱《心經》？唱得滾瓜爛熟！可是他們在唱誦《心經》時有沒有嘗到《心經》的法味？爲什麼你們說他們沒有？因爲他們把它當作是一件事情在辦而已，沒有當作那是佛法。他們把它當作一件事情在辦時，就是把那個聲音唸過去罷了，對於《心經》的內涵完全無所觸知。其實每天早上課誦《心經》很重要，但他們都不知道。假使他們有好好修學般若波羅蜜，而不是依文解義或者跟著惡知識亂解釋一通，眞的有好好修學的話，每天早上課誦《心經》，二十年後保他一定開悟。

我保他一定開悟，只要他不是把課誦《心經》當作是一件事情，而是把它當作佛法；所以他一開口唱起來「般若波羅蜜多心經……」，唱起來都很好聽，但他一開口唱起來就開始起疑了：「《心經》到底講什麼？」這經題剛唱完，接著「觀自在菩薩」，才剛唱完這五字，他就想：「爲什麼是觀自在而不是觀世音？」「行深般若波羅蜜多時」，「深般若波羅蜜」有什麼道理而說「深」？這些疑情一直帶下去，「無眼耳鼻舌身意」，「我明明有眼耳鼻舌身意，怎麼沒有？」「無色聲香味觸法」，我明明有色聲香味觸法，爲什麼說沒有？我爲什麼每天就這樣誦？「無眼界乃至無意識界」，「明明就有眼根也有眼識界，乃至明明都有意根也有意識界，爲什麼沒有眼界乃至無意識界？」

他只要這樣疑情輕輕帶著，每天早課都這樣作（但有個前提是，他有學過眞正的般若波羅蜜多），我保他二十年後一定開悟。

這樣誦二十年，如果還悟不了，還來找我質疑，我一刀把他殺了，留著他幹嘛？眞是這樣啊！假使學了錯誤的「**般若波羅蜜多**」，那我沒話講，因爲他再誦上一百劫也沒用；可是他若眞學過正確的「**般若波羅蜜多**」以後，這樣每天早上誦《心經》，誦上二十年，保他必悟，哪有不悟的道理。正因爲他們只把它當作一件事情來誦，不當作是佛法修行，所以「**觀自在菩薩**」就這樣唱過去，「**行深般若波羅蜜多時**」，他也不管「**深般若波羅蜜多**」是怎麼「**行**」的，全都不管，就這樣誦過去；誦到最後：「**揭諦，揭諦，波羅揭諦，波羅僧揭諦，菩提薩婆訶。**」聽說人家翻譯過來就是：「**去吧，去吧，趕快去吧，去到沒有生死的彼岸吧，覺悟解脫了。**」聽說人家這個咒是這樣譯的，那爲什麼是這樣？他從來不想。從來不想，那他要怎麼悟入？所以我說他再誦上一百劫也悟不了，因爲他只當作一件事情在辦，不把它當作佛法。

其實在課誦《心經》時，就已經是完完整整的佛法，但他們把它忽略了，所以「**於佛法不得滋味**」，這就是破戒比丘。也許有人想：「**人家早上誦《心**

經》不把它當作佛法，也沒那麼可惡吧，爲什麼你說他是破戒比丘？」因爲如來這麼說，說他「於佛法不得滋味」，一定會厭憎說眞實法的人，那就是破戒比丘。這是因果相應，果上說他「於佛法不得滋味」，他的因就是成就十憂惱箭而討厭演說眞實法的人。把《心經》當作是一件事情來課誦，這樣的人有不少人犯了戒，有好多人公開講：「如來藏是外道神我，如來藏就是自性見外道，《心經》都告訴你什麼都沒有了，你還說有如來藏。」對吧？他們讀了《心經》以後就說：「什麼都沒有，無眼耳鼻舌身意，無色聲香味觸法，無眼界乃至無意識界，一直無到底，所以什麼都沒有。」但他們從來都不想一想：「既是什麼都沒有，爲什麼叫作《心經》？」

他們不這樣想，他們都謗過法了，都說：「如來早就告訴你，一切法都空了，《心經》不就是這麼講的嗎？」你看，這不就是毀謗 如來嗎？如來講的《心經》內容不是講一切法空，而是在講眞實心，不是什麼都沒有；是說眞實心的境界裡面沒有眼耳鼻舌身意，乃至沒有三十七道品，「無智亦無得」，是講實相界的事情，那實相界才是眞實心；有眼耳鼻舌身意，乃至有智亦有得，都是意識心的事。所以 如來開示的《心經》義理不是講一切法空，不是講什麼都沒有的斷滅空。當他們那樣講時，不就是謗佛謗法了嗎？是！那是不是破戒者？老實說，他們比那些喇嘛們破得還嚴重，這樣的人「於佛法不得滋味」。

諸位設身處地站在他們的立場來試著想像一下：「假使我是他們，今天聽到善知識出來說法，說得非常勝妙，聞所未聞，而且非常高廣深妙，心中會不會討厭這個善說法者？」不會？不會是你們啦！我是說你設身處地在他們的立場想像一下，對吧？因為本來他亂說法而信徒亂信，現在沒辨法亂說了，現在信徒這邊聽過、那邊也聽過以後，發覺說：「我們師父是亂講。」對吧？就像你們有些人進了正覺同修會，來學上一年、一年半以後，自己沒有覺得進步，覺得就是這樣而已；結果有一天，被好朋友拉去他師父那裡聽經，你聽沒多久，一面聽著，另一面就在心裡面嘀嘀咕咕：「唉呀！這個師父都亂說法。」有沒有？有啊！很多人都這樣體驗的啊！那時才知道：「原來自己進步這麼多，那師父以前講的，我都信受，現在他哪裡講錯了，我都知道，可是自己沒有覺得很大的進步。」

同樣的道理，離開了那座寺廟以後，好朋友問你說：「你今天聽得怎麼樣？」你就說：「咱們是好朋友，我跟你說實話，不跟你客套，你師父其實很多地方都講錯了。」對方一定很驚訝：「哪有可能！」於是你一一舉例說給他聽，錯在什麼處，分析給他聽，他聽了以後說：「才一年半不見，你為何這麼厲害？」你說：「沒有啊！我很笨，我到現在都還悟不了，我們會裡一不小心撞到誰，那都是證悟的人。」他說：「你這麼厲害，這樣還叫笨喔！」可是你覺得自己很差時，其實已經進步很多了，只是自己不覺知。

你設身處地站在他師父的立場，假使有一天你這個好朋友把你的狀況去告訴他師父了，他師父問說：「那是跟誰學的？」「跟蕭平實老師學的啊！」「好，把他的書拿來，我要好好寫書破一破他。」終於送了去，寫了好幾年，寫不出一篇文章，就別說是寫書了。對啊！以前有個研究佛法很有名的教授公開放話，說他要寫一本書破我，結果十幾年過去了，他反而對我們有好感了。這就是說，你有心於佛法，學得正確，對佛法感覺是有滋味的；不管是喜樂的滋味或者憂愁的滋味都叫作滋味。憂愁也是好的，譬如每天早上在那邊課誦《心經》，一面課誦一面在那邊疑著：「為什麼我不懂？」這也是個滋味；反過來，你如果懂，也是滋味。

所以有心於佛法的人，譬如我舉例過以前有一位比丘，他去打三前放話說：「**以前同修們都說證悟以後，解三誦《心經》都哭得唏哩嘩啦，我才不哭。**」但解三時誦《心經》，他哭得比誰都大聲，爲什麼呢？因爲以前誦《心經》是憂愁的滋味，或是自以爲懂的滋味，現在是現觀而歡喜的滋味，法喜充滿：「**原來《心經》講的都是我心裡的事，我都可以現前觀察。**」然後悔恨被自己騙了幾十年，所以誦起《心經》來，說好不哭的，結果哭得比誰都大聲，那也是滋味吧？

如果完全沒滋味，這個人跟實證佛法無緣，他想：「**我出家了，不必去謀生活就有人供養，有寺廟住、有衣服穿，我什麼都不愁。**」他就這樣當一個粥飯僧，所以他的早課、晚課就像是京劇中說的過堂，就只是每天的例行公事，不當作佛法；這樣的人有時也會隨便爲人家講一些法，可是聽到有善知識出來說法，高廣勝妙深奧難解難知，這時他心中想：「**我的徒弟不久就跑光了。**」而且人家會比較，一旦有傳言到他耳朵裡說：「**唉呀！師父說法時講得不好。**」他心中難過起來了，於是憎厭說法者，這是必然的事情，那就成爲惡比丘。

他會樂於親近善說法者嗎？不會啦！一定是「不樂親近」。我以前都不想買講堂、不想蓋寺院，希望有哪個大師想得這個法，我傳給他以後就回故鄉養老去了；可是左等沒有，右等也沒有，前後就不必等了。大家都是把寺廟財產看得比什麼都重要，他們想：「我如果找了蕭平實求法，大概要像印宗法師那樣，不但拜他為師，寺廟還要給他。」可是眞要換了我，如果有善知識可以幫我證悟，要我的寺廟，那是小事一樁，讓他來當法主，我住在其中，什麼事都不必理會，只管安心辦道，其樂何如。寺廟能帶去下一世再度擁有嗎？不能！可是你一旦證悟了，這一些功德福德全部都帶到下一世去，誰也搶不走。所以我這個傻瓜，看來還眞是聰明；他們看來聰明，其實應該說是傻瓜。所以那一句「大智若愚」的成語應該改一下：大愚若智。那些人不樂親近善知識，只看重這一世的名聞利養眷屬等，全都是傻瓜。對我來說，那一些我根本不放在心裡面；法才是最重要的，因為這是一世又一世一直要延續到盡未來際的。

話說回來，如來說：「破戒比丘中了十支憂惱箭，難可堪忍。」這十支憂惱箭，第一支是什麼？世尊說了：「破戒比丘看見僧眾和合時不會生起歡喜心，」一般說來，如果僧眾都能和合安居辦道，大家都很歡喜；就像我們同修會增上班中，這屬於勝義僧團，大家和合共事，每次來增上班上課，感覺就是回到家裡面，都是師兄弟，比人間的親兄弟還親。世間法上的親兄弟，下一輩子還跟你當兄弟嗎？大部分不能。可是師兄弟們，下輩子還會是師兄弟，你說哪個親？對了！所以有的人想法很奇怪，去聽師父講經，剛好師父舉到一個例子；也不過是舉例，又沒有指名道姓說是他老爸幹的，只是他老爸也幹過那件事，他心裡就很生氣，然後再也不學佛了。我說天下有這樣愚笨的人，他老爸下輩子還會是他老爸嗎？大部分都不是了。但他師父呢，下輩子很有可能依舊是他的師父，因爲師徒關係會一世一世延續下去，所以我說那種人叫作愚癡。

所以如果有人問我說：**「老師啊！您認爲您跟父親的關係比較密切，還是您跟如來的關係比較密切？」**我當然說跟　如來關係密切啊！所以我爸死時我幫他助念了一整夜，我一個人單獨爲他助念到天亮，我當時想到：**「他這一世，因爲我是他兒子，所以我說的法他不信，好可惜！」**想到這一點，我掉了一滴眼淚，也只有一滴。可是　如來入涅槃時，我哭到唏哩嘩啦，那到底是哪一層關係比較親？對了！因爲這關係會繼續到未來世。你可別說：「釋迦如來示現入涅槃了，我下一世還會遇見祂嗎？」怎麼不會？因爲 釋迦如來又不是只有示現這一次，未來還是會繼續示現；如來的涅槃只是一個示現，示現完涅槃之後，又到別的地方繼續八相成道，繼續示現最後入涅槃，還是一樣啊！

諸位將來也必然如此，再相逢的機會依舊是很多，但是世間眷屬再相逢的機會不是很多的，這一點諸位要想清楚。所以我發的願：未來假使我成佛了，一定會找一個機會，看看 釋迦老爹現在在什麼地方，如果祂正好要在哪個地方再度示現成佛，我這時沒有度眾的機緣，就倒駕慈航去當祂座下的妙覺菩薩，這時是去當什麼，去當個看戲者，同時也偶爾當演員配合演出。諸佛如來在人間示現，都是一定的過程，八相成道的內容一定要具足演完，那時誰該扮演什麼角色，其實都是來人間受生之前就已經定好了。沒有誰是一個人來人間成佛時，竟然沒有好幾位妙覺菩薩來相助的；但你們看達賴以前自稱成佛，後來不敢了，仍然暗示說他是 觀世音菩薩化身；結果是他這個「觀世音菩薩」的化身，竟然連我見都斷不了，還會混入外道法中。這才怪！

所以說，僧眾之間的師兄弟關係是盡未來際的，不要輕易去嫌棄哪一位師兄師姊，因爲保不定他先成佛了，你要在他座下當個五地、八地菩薩，那時如果有一天因爲某一件事情的因緣，你突然想起很多劫之前，某一件你跟他之間不愉快的事情；現在他已成佛了，他當然馬上會知道你想到什麼，這時他會對著你微笑；這是事實。所以有時去打禪三，在小參室裡面，第一次進了小參室，我感覺到時就會直接告訴他；有的人那時不太信，過個八、九年後就相信了。所以師兄弟之間應該是和合共事，不要隨意去輕嫌什麼人，這是我的看法，這叫作和合的僧眾。

和合僧眾是大家都歡喜的，可是破戒比丘就不歡喜，因爲他破戒了！依律，在古時是每半月、半月要布薩一次；現在是工業社會，我們方便規定每二個月布薩一次。古時僧眾同住一寺，得半月布薩；布薩時依律法規定，有破戒的話要出來羯磨懺悔滅罪。如果他沒有主動出來羯磨，知道內情的比丘就必須要舉發；若知道而不舉發，他自己也會成爲犯戒，當然要舉發。那人家可能舉發，他當然心中恐懼：如果不承認就會被驅擯。如果他是犯了重戒又是不可悔的，那戒體已失，此後不許再參加布薩，僧眾都要默擯他；所以他要去參加布薩時，心裡就想：「和合布薩必驅我出。」這就是他的第一支憂惱箭。我們今天講到這裡，今天速度快很多了。

《佛藏經》〈淨戒品〉第五之一，今天要從二十四頁〈淨戒品〉的第一段第三行來繼續演說。上週講十憂惱箭的第一支箭，說這位比丘對於僧眾的和合不生喜心，因爲他想大家都不喜歡他，如果僧眾和合的話，就會同心協力來默擯他，所以當布薩時只要有人舉發他破戒，他可能會被和合的眾僧異口同聲把他驅逐出去。因此說，這樣的惡比丘自己知道有過失，心中時常都懷著憂惱，以致他對於持戒的眾僧既瞋又恨，心中並不喜歡。

瞋與恨這兩個心所法並不同，瞋只是生氣而已；但是瞋之後接著記恨，記恨時就會想：要如何避免接觸、要盡量離開某人。然後永遠都記住這個人，永遠不會忘記。爲什麼他要這樣子去記住？因爲他想只要一見了，就會被指責是犯戒者，因此永遠都恨某人，只要遠遠一瞧見了，他就想要趕快離開。如來說：「這就是破戒比丘的第一支憂惱箭，由於這個緣故，死後必墮惡道。」爲什麼說他死後「必墮惡道」？因爲他厭惡說眞實法的人，他永遠沒有斷除三惡道種子的機會。而且心中有瞋有恨，厭惡說法者，就不會想要在眞實法上面去求證，所以他連聞法的機會都少了。加上他「破戒」的緣故而「憎說法者」，就沒機會如法羯磨懺悔，沒機會滅罪，死後「必墮惡道」，這就是第一支憂惱箭。第二支憂惱箭是什麼呢？

經文：【「復次舍利弗！破戒比丘眾所憎惡，不欲親近。如惡牛利角，人所捨遠。是惡比丘自知有過，常懷疑憂惱。舍利弗！是名破戒比丘二憂惱箭，必墮惡道。」】

語譯：世尊開示說：【「復次舍利弗！破了佛戒的比丘是僧團中的大眾所憎惡之人，大家都不想和他親近。就好像惡牛頭上有很銳利的角一樣，人們都恐怕被觸殺，都捨棄而且遠離他。這個惡比丘自己知道有過失，所以心中時常懷著疑、憂、惱這三個心所法。舍利弗！這就是我說的破戒比丘第二支憂惱箭，死後必定會下墮惡道。」】

講義：有疑，就是時常疑著某甲見了我，他可能也知道我破戒；某乙比丘見了我，可能也知道我破戒；乃至於某戊、某丙或是見了一切比丘，他都想：他們可能都知道我破戒，這就是疑。疑後面跟著就是憂：「到底人家會不會在我走過去之後，或者見了我的面之後，隨即向別人指指點點說我犯了什麼重戒。」他就這樣憂愁。憂之後往往就會有惱這個惡心所出現，他就會想：「什麼人在背後傳布我破戒的惡事，將來有機會時我就報復他。」這就是惱了，乃至惱生起之後又生起惱。心中常常懷著疑、憂、惱這三個惡心所，日子必定很難過；他在僧團中就一個人孤孤單單地過自己的生活，無法修道了。這就是破戒比丘的第二支憂惱箭，讓他時時懷著疑憂惱，所以死後「必墮惡道」。接下來，世尊又開示說：

經文：【「復次舍利弗！破戒比丘遙見比丘眾，自知不同，惡心捨離；懷愧恥故不能入眾。舍利弗！是名破戒比丘三憂惱箭，必墮惡道。」】

語譯：世尊又開示說：【「復次舍利弗！破戒的比丘在很遠的地方看見比丘眾，他自己知道和比丘眾不一樣，心中生起了惡心而遠離了諸比丘；由於懷著愧與恥的緣故而無法融入比丘眾之中。舍利弗啊！這就叫作破戒比丘的第三支憂惱箭，死後必定會墮落惡道。」】

講義：破戒比丘在很遙遠的地方看見了比丘眾，他第一個心所法就是分別自己跟別人不一樣，因爲人家都受持戒法不毀犯，同戒同行也就不會有什麼不愉快或者記恨的事情出現；但是他自己對持戒的比丘們會生起惡心，然後就捨離了，他不會想要和大眾同在一起。對於持戒的比丘，他爲什麼會起惡心？因爲每一次布薩時對於他所犯的戒法，人家一定要舉出來對大眾說明，這是羯磨必須要有的過程。他本來想覆藏，結果被人舉發了，心中起瞋然後有了怨，在這個怨之前還有一個恨，因恨而生怨；有怨以後他開始設計想要報復，就差什麼時候可以付諸於實行；實行時可就是惱了。但是如果沒有特殊而強烈的指責，他自己會依著惡心所厭離諸比丘眾，所以說他「惡心捨離」。

捨離了比丘眾以後，更不會有人來爲他指正不如法的事，那麼他犯戒的狀況將會更嚴重。由於這個緣故，他心中懷著慚愧羞恥之心，就無法融入比丘眾之中，因爲他心中老是疑著別人不斷地在傳播他犯戒的事實，怕別人在他面前談論他犯戒的事，所以「不能入眾」。身爲出家僧團中的一分子而無法與出家眾融爲一體，這種日子別說修道，連生活都覺得很難過，所以他心中一定深懷憂惱。如來說：「舍利弗啊！這個就是破戒比丘的第三支憂惱箭，他死後必墮三惡道中。」如來又開示說：

經文：【「復次舍利弗！破戒比丘毒惡心盛，不可化喻；猶尚無有外道戒法，況於淨戒？以其破戒因緣，人不親近。舍利弗！是名破戒比丘四憂惱箭，必墮惡道。」】

語譯：世尊開示說：【「復次舍利弗！破壞戒法的比丘由於毒惡心很熾盛，沒有辦法度化以及勸喻；這樣的人連外道戒的戒法尚且沒有，何況是如來所規定的清淨戒呢？由於他的破戒因緣，人們不想要親近他。舍利弗！這就是破戒比丘的第四支憂惱箭，死後必定會下墮於惡道中。」】

講義：眾生本來就不好度，所以 如來度眾生時施設種種方便，譬如四悉檀；要藉四悉檀的種種方便來攝受眾生，眾生才比較容易度化，也比較容易勸喻。如果不施設四悉檀，眾生根本「不可化喻」。也許有人想：「既然講〈淨戒品〉，爲什麼又會與四悉檀扯上邊？」這是因爲戒的目的是防惡止非，持戒而又想要得清淨，其實並不容易，所以必須要有方便善巧來度化，也要有很多譬喻和勸喻才能度化，就需要施設四悉檀。諸位也許想：「這四悉檀好像和我們不是很直接相關吧？」其實不然，它是跟大家的道業息息相關的，只是諸位在正覺講堂這樣的環境之中，不會聯想到它的重要性。

四悉檀裡面，可能大家認為和道業最不相干的是世界悉檀。世界悉檀講的是三界世間的境界，一般學佛人對於世界悉檀都不太重視，其實學佛人首先要瞭解的正好是世界悉檀，因為如果對三界相不如實知，修行的過程中往往墮在欲界之中，還不知道那是欲界境界，竟然因為無知而自稱他已經出三界了。這話如果在二十年前拿出來講，沒有人信的；可是諸位來正覺學這麼久了，應該會有很多人信受。例如我們正覺弘法之前，有很多的「證悟者」宣稱是阿羅漢；他們都自稱是阿羅漢，應該說他們的心境已經是超越三界的了，可是等到探究他們所謂的出三界境界時，你會發覺那只是欲界中而且是人間的境界，都還逃不離欲界的境界，何況是出三界呢！

舉個例說，以前的大師們都說：「我們靜坐時要了然分明，不可以無記；必須要清楚分明，一切的過程都不可以有所疏忽而不了知，否則就叫作無記。」當時他們對「無記」的定義，不是我們講的「善、惡、無記」那個無記，而是說整個過程昏暗不明；例如你靜坐一個下午三小時，那三小時中你都要清楚明白，否則叫作無記。所以眼前眼皮雖然闔起來，但是對光影，你都很清楚；所有的聲音來了，你都很清楚；佛案上佛龕前，今天點著什麼香，風吹了來，你要很清楚；口中是舒適或者是乾渴的，你都要很清楚；身體正在領受的是涼暖，或者膝蓋腳踝痠了，你也都要很清楚；心中是不是有雜念，你也得要很清楚，都很清楚而且還要一念不生，才不是無記。

那麼大師們說，能夠這樣半天都一念不生，叫作小悟；一整天都一念不生，那叫作中悟；連著三天都一念不生，了然分明，就是大悟徹底，又稱為明心見性。請問：這種「大悟徹底」的境界，是三界中什麼層次的境界？是欲界中而且是人間的境界。所以禪堂外不曉得哪個信徒帶了孩子來，在寺院禪堂外面跑來跑去大聲吆喝，清楚了然，都聽見了；坐著坐著覺得好像暗了，然後突然又放光明了，因為冬天傍晚到四點多有雲時就開始暗了，所以四點就得開燈了，光線暗了又亮起來，知道有人開燈，很清楚，我這個眼前所見都了然分明。本來中午吃飽了上來打坐，這嘴裡還不覺得渴；可是一到了四點五點，開始覺得渴了，嘴裡乾又覺得苦苦的，我也得了然分明，乃至「我很清楚知道今天整個下午都是一念不生」，認爲這就是無分別的境界，就是出三界了。

當他心中這一句話已經出現時，他還是以爲一念不生，他認爲這樣是一念不生。然而六塵了了分明，這樣能出三界喔？這正是人間六塵的境界，連色界天都到不了，想要出三界？爲什麼他們以前都不知道這不是出三界，只是人間境界呢？因爲連堂頭和尚也不知道世界悉檀之爲何物！枉他們出家那麼多年，堂頭和尚幹那麼久了，還不懂三界境界，還教人家說：「要一念不生了然分明，就是開悟出三界。」有時還問大家，例如引磬敲了，放香了，問大家：「我們今天點了最好的香，你們有沒有嗅到了？」大家都說：「有！了然分明。」他就恭喜說：「好！諸位都很不錯，這樣就是出三界的涅槃境界了。」

涅槃境界中還聞得到香味喔？到初禪天就聞不見了，他在這裡還聞見香味，這表示什麼？他對世界相完全無知，表示他完全不懂世界悉檀，所以世界悉檀很重要。如果你是要讓外道知道他們的境界不高，也得要世界悉檀；當你把世界悉檀很清楚說明了，你也不用指點他什麼，免得大家傷和氣。可是有一天，他重新把所謂的《聖經》取出來讀了以後，心裡一定會想：「我們的上帝還吃血肉？《聖經》說祭祀上帝時要用帶有血的鮮肉，不能煮過，要這樣來祭祀上帝，那麼，這樣看來上帝的境界好像還到不了欲界天？」他自己有一天自然會想通。當他知道世界悉檀時，他想：四王天什麼境界，忉利天什麼境界；一直往上去，根本遙不可及，原來上帝還到不了四王天。這時他心中會開始掙扎：「佛教說阿羅漢是超過三界的境界，可我們上帝還住在人間的境界裡；但人間又沒有他的境界，那他屬於什麼境界？喔，我知道了，就是鬼神，那就是有福鬼，鬼才要吃血食。」你看民間信仰一般所謂的某某公等，那也是鬼神；但他們已經不吃生鮮的，他們都吃煮熟過的。可是《聖經》記載：祭祀上帝要用鮮的而且帶有血的，不能先放血。屠宰場要宰殺牛羊雞鴨都要先放血，但他要求的是不能先放血的，直接殺了就切肉來供奉他，那就是鬼神的境界。當他知道這一點，就懂得想：「我們這個宗教層次太低。」

也許他知道了世界悉檀之後，起一念瞋：「你佛教這麼說，我偏不信你。」於是他去找別的宗教信仰，一個又一個宗教不斷地找過以後發覺層次都差不了多少，道教還高一點，至少還能到忉利天，其餘的都是鬼神境界。想一想：「那不然我去道教看看，我對佛教沒有好感，他們都評論人家層次太低。」不服氣！可是他去道教學上了幾年以後，會發覺道教也用佛經。到後來因為家裡常常出紕漏，聽說是家裡祖先有事得要超度，就想：「好吧，廟裡去超度。」結果廟裡超度時一看是誦《佛說阿彌陀經》，還是佛教的。然後問來問去，人家說：「這是佛教裡面最淺的法。」「這還是最淺的喔？我們上帝都不知道有這個境界，還淺喔？」「當然淺啊！還有更深的解脫。」「還有解脫？解脫是什麼？我知道了，解脫就是不管怎麼樣，誰都無法抓我、無法欺負我。」「錯了，解脫不是這個意思，解脫是不再有三界生死痛苦。」「生死中是有痛苦喔？」他什麼都不懂。費了一番唇舌，終於讓他知道什麼叫解脫。

「原來是因為解脫，所以阿羅漢叫作應供，諸天天主都要供奉他、恭敬供養他，他能出三界生死苦。可我們以前那個上帝，在三界這個班裡面，不論怎麼排，他都排不上班；因為三界中排班最少得要是人，而他是鬼神。」就好像古時酬神演戲事前都要先排班，有沒有？這部戲中共有多少角色，最高的主角是什麼人，都要先排班，排班之後才開始劇情演出。結果上帝排不上班，只是個跑龍套的，因爲人間也沒有誰見過上帝，那不是有時上來晃一下就不見了？不正是龍套嗎？對啊！正是跑龍套的。所以世界悉檀對外道而言，是一種不慍不火的方便施設，讓他們知道自己的層次在哪裡。

所以說，外道們只要研究佛經之後，都知道自己的層次很低，不敢一言一語來評論佛門；那些會評論佛門的外道，表示完全不懂三界的境界才會評論，否則沒有人敢評論的。例如古時印度的外道，很多人自稱阿羅漢，包括大迦葉等人進入佛門之前、被 佛所度之前也都是自稱阿羅漢；可是他們後來都知道自己不是阿羅漢，是聽聞 如來爲他們說法以後，憑藉自己以前所修定力伏惑的功德相應了才成爲阿羅漢。在現代佛門中，正覺弘法之前，到處都是「阿羅漢」；但那些「阿羅漢」們的境界都只是人間的境界，沒有一個人是超脫欲界的。那些「阿羅漢」後來看到正覺弘法，讀了正覺的書，想入涅槃又不肯入，爲什麼呢？因爲想要否定自己不是阿羅漢，可又捨不下自己；後來否定自己是阿羅漢，那人間就沒有阿羅漢，不就是「入涅槃」了嗎？這是我給他一個方便的名稱叫作「入涅槃」，其實就是他們後來知錯而自我否定，知道自己是凡夫了。

可是當年他們不死心，私底下還是自認為是阿羅漢或阿那含，一直到《阿含正義》印出來了，我們說：「有證得初禪的凡夫，沒有不證初禪的三果人與慧解脫阿羅漢。」並且舉證經文來說明，這一下才終於死了心，因為自己的初禪在哪裡？那騙不了人，才終於願意「入涅槃」去，所以人間就再也沒有「阿羅漢」了。他們終於死了心，願意否定自己，說自己不是阿羅漢，那就不必墮三惡道，因為死前總會懂得懺悔大妄語業。

那麼是什麼原因，他們願意放棄以前自以為的阿羅漢虛名？是因為自己沒有初禪的證量；而聖教說至少要「梵行已立」，他們衡量一下自己顯然沒有。而且我們在書中也說了很多種的離念靈知境界，我們有一本口袋書還講了十種；既然那十種境界，他們連一樣都沒有，顯然也沒有定境可說；就算有了，也還在三界中。所以這世界悉檀對於一個求證佛法的人來說非常重要，知道了世界悉檀的人至少不會大妄語，因為他可以衡量自己現前的境界是在三界的哪個層次，就能避免大妄語業的產生。就算在正覺弘法之前犯了大妄語業，後來讀了正覺的書自我檢驗以後知道是大妄語，也可以懺悔滅罪，所以世界悉檀眞的很重要，可以使人不會破戒。

世界悉檀談到在欲界的境界中還有三惡道，這三惡道中，畜生道是現前可見的，所有人都信；如果不信有畜生道，我想只有畜生才不信，因爲牠自己在畜生道裡面，也聽不懂什麼叫畜生，所以不信有畜生道。如果有人不信有鬼道和地獄道，而竟然是個佛教中的大法師，你接不接受？不接受。你相信不相信有這樣的大法師？相信。那又是誰呢？（大眾回答：釋印順。）對喔！諸位都知道。這樣的人可以成爲佛教的大法師而且被大山頭共推爲導師，他寫了那麼多書，將導著他的信徒們走向三惡道。這不是詛咒，這是事實也是必然，因爲他不信有地獄、不信有鬼道，所以他的《妙雲集》裡面還講：地獄是聖人的方便施設。他的意思是說：地獄是不存在的，只是爲了勸善，希望大家不要造惡，是恐嚇大家才說造惡業死了會墮地獄，所以是聖人的方便施設。

他心中不信有地獄，所以當他否定大乘經時，自認爲死後不會下墮地獄，因爲沒有地獄可下，所以這樣想：「**我讀得不順眼，或是我想不通其中的法義時，把它否定掉就得了。**」這樣的人也可以是佛教界的大法師？還被臺灣四大山頭中的三大山頭公推爲導師？當這一些大山頭信了他，對於因果就不信了。因爲他們想：地獄不存在，餓鬼，我又沒看見，誰能證實眞的有？所以他們就可以胡作非爲。那麼追根究柢是因爲對世界—對欲界、色界、無色界—的層次與內容不瞭解，所以他們心中無所恐懼時就會破戒；或者說，他們因爲對欲界、色界、無色界的層次內涵不瞭解，所以犯了大妄語業也不在意。

因此說，世界悉檀很重要，用世界悉檀來對治破戒也是非常重要的。想要度化外道入佛門成爲三寶弟子，這世界悉檀也眞的很重要，因爲有智慧的人瞭解了三界相以後，有一天終究會檢討：自己所信仰的宗教的教主，究竟是在三界中的哪一個層次？同樣的道理，想要化解破戒比丘的惡毒心，這世界悉檀也很重要，這是因爲世界悉檀講的，心如果很毒，死後來世要去幹什麼？身體要蜿蜒而行；因爲誰被牠咬一口就沒命，牠毒啊！人間的毒蛇是指什麼？例如有人心中狠毒，他只會設計好了叫別人去作，但是作了以後，管保他的仇人必死無疑，不然就是淒慘潦倒落魄一生，可是眾人都不會推想到他身上去，那叫作毒；他只是爲了報復那個人以前批評了他一句話，就一句話得罪他，然後他就設計讓那個人一生窮途潦倒；這樣的人心地狠毒，死後就去當毒蛇。雖然他沒有親手去作，但是整件事情與結果都是因他而起，死後他就去當毒蛇。如果他心中有大惡，不論見了誰，他心中想的都是要加以傷害；看誰都不順眼，都想要傷害；在路上走著，誰瞧了他一眼，立即就是拳打腳踢；甚至於如果沒有跟他道歉，他就白的進、紅的出，不管別人死活。這種人死後去哪裡？死後去地獄，回來以後去當老虎、野狼那一類，這就是惡。

三界境界之所以不同，都因爲眾生之心各個不同所致，所以世界悉檀其實很重要。如果是有智慧的人，經由世界悉檀這個內容的教導，就可以度化他；如果一時間還度化不了，可以加上一些譬喻，用世界悉檀加上譬喻來告訴他，也就漸漸轉變了。所以這個世界悉檀不是單單在講世間法而已，它背後的目的是在顯示因果以及修證的層次。那你說這四悉檀裡面，看來好像最無關的世界悉檀，還是有這麼重要的功能。

至於「化喻」，說「毒惡心盛，不可化喻」，這個「化喻」牽涉到爲人悉檀；要怎麼樣運用各種方便善巧施設譬喻，來讓一個人在道業上有突破，或者突破之後可以有實證，這就牽涉到爲人悉檀。所以那五種對治法，也就是我們說的五停心觀，全部都屬於爲人悉檀；什麼人該給他什麼方法來作對治的方便，你得要觀察，然後讓他們藉由五停心觀中的一個法門，讓他們的心安定下來；有了定心所，然後可以學習三乘菩提，實證也就不難，否則心中不斷地攀緣，沒有定力來幫助他降伏三界惑，就算智慧上斷了我見也沒用，他也證不得初果，因爲他的疑根不能眞的斷除；如果他有定力相應可以伏惑，智慧上面三縛結一定可以斷，因爲他的疑見必然會斷除，所以這爲人悉檀其實也很重要。

那麼第一義悉檀就深了，這是爲菩薩所施設，而這一些法門的施設就非常廣了，因爲第一義牽涉到如來藏中所含攝的無量無邊法，所以這個不是一開始就可以演說的法義。但是你有了爲人悉檀時，那只是一個方便，可以把各種對治法拿來運用。可是爲人悉檀就只有那五停心觀嗎？嚴格的來說，五停心觀的內涵主要在對治，它的對治效果非常好；所以嚴格來說，還得把它歸入對治悉檀之中。你先得要瞭解它的內涵之後，才懂得如何爲人，包括某甲應該用數息觀或慈心觀，某乙應該用不淨觀，某丙應該用念佛觀，乃至於界差別觀等；因爲每一個人的根性各不相同，你要怎麼樣去觀察他，才是爲人悉檀的根本精神。

如果這個人是聲聞種性，你每次見了他都說：「你要趕快來求明心見性。」他聽了根本就不理你，你必須跟他講如何滅苦出三界，他才會相應。如果有的人不滿足於聲聞的四聖諦解脫道，你還得要跟他講因緣法，但你要怎樣去觀察，這個方便善巧也得學。有時候有的人對解脫沒興趣，你一天到晚跟他講苦集滅道，他聽不進去；因爲他這一世好命，日子過得快活，跟他講三苦、八苦都沒用；你要跟他講：佛教中最勝上之法就是明心見性。他一聽就想：「這個我有興趣。」人家說有錢有閒之後要提升精神的層次，他有興趣的：「**我什麼都有了，可就是明心見性這個我沒有，我要試試看，這到底是什麼境界。**」他有興趣，你可別跟他講什麼二乘菩提。

要怎麼觀察他的根性，也是爲人悉檀；包括你度化眾生時要怎麼樣讓對方心得決定，這也要有方便善巧。心得決定之後如何讓他二乘菩提、大乘菩提都可以實證，也要有方便善巧。甚至有的人，佛菩提中有所觸證了，但他不敢承擔；你要如何讓他承擔，也得爲他施設方便善巧，這也是爲人悉檀。這四悉壇，你懂得運用，將來你當法主時破戒的人一定是極少數，不會是多數。這個運用不容易，要有很多方便善巧，例如有時要讓一個人證悟，我不用棍子打，我叫他打妄想、唱歌（在心裡面唱歌、胡思亂想），想家裡孩子有沒有好好作功課，出國那個孩子到底安全不安全，有沒有好好過好他的生活等。

叫他亂想，這樣也可以開悟，你信不信呢？信喔！這是在正覺講堂說的；外面去講，沒有人信的：「**什麼打妄想也可以開悟，天下人打妄想那麼多，爲什麼都悟不了，豈有此理！**」但事實上眞的可以。我們一天到晚都在講，密宗假藏傳佛教唸那些咒、打手印，根本就亂七八糟不如法。可是我有時針對某師兄、某師姊，就自己發明手印叫他打，讓他一天到晚都在座位上打手印，他後來也悟了，怪不怪？怪啦！怎麼不怪。也就是說，不同的人他有不同的狀況，你要爲他特別施設。當他的緣熟了，你就特別爲他施設，讓他可以實證，這也是爲人悉檀。

當你有爲人悉檀時，將來當了法主，你座下的法眾一定是持戒者多、破戒者少，那麼你弘法的過程就比較順，不必一天到晚在那邊辦羯磨法會，所以「**化喻**」的內涵是非常廣泛的。「**化喻**」的內涵大部分都可以運用四悉檀作方便，來度化勸喻眾生都能成功；只有少數人用四悉檀具足來「**化喻**」也不成功，就是他的心既惡又毒，那就沒辦法。這樣的人，他的種子就是異生性的種子不斷流注出來，而人道、天道的種子很少流露出來，這種人多不多？看起來好像很多，其實不多。例如你上網去查，打上「蕭平實」三個字，管保有八成以上；實際上我沒有去看，不知道，但我猜想應該是這樣，大概有八成以上都是在辱罵的；那些辱罵的人以什麼人爲多呢？密宗假藏傳佛教人士爲多。

但是看起來那麼多人在毀謗，比如有一百個人在罵，那一定就是一百個人在罵嗎？不一定。有可能一個人用了三、四個化名，弄了三、四個欄目來罵，所以其心毒惡的人不是很多。有時我甚至於會夢見有些密宗假藏傳佛教的喇嘛－或者男喇嘛、女喇嘛－拉著我的手說：「**唉呀！你雖然罵我們罵了一輩子，終究你還是把眞正的法講出來了，我們還是得利，謝謝啦！謝謝啦！**」然後走了。有時還會作幾次這種夢，但我每次都回說：「**你好福氣。**」都是這樣啊！所以眞正「**毒惡心盛，不可化喻**」的人，其實是不多的。他們爲了壯大自己的聲勢，可能一個人化名好多個名稱上網去罵，也有可能是一個喇嘛叫三、四個徒弟上網去罵，看起來好像人很多，其實人數很少，並不多。我當作那是癬疥之癢，這裡也許長了一處癬吧，有時候把它撓一撓就好了；有時這一處癢了，用藥把它塗一塗就好了，不用生氣。

該抓癢就抓一抓，氣什麼呢？因爲這一些人，他在你身上當了癬，是不是吸了你的血？是喔！沒有吸血也吸了體液，他們就是受恩於我。當他們讀了我的書，佛法知見不知不覺增長了，得到我的恩惠；雖然他們心中依舊很氣，氣自己的名聞利養損失了，而且是大損，但他們後世會信受這個法，只要他們換了一個五陰，由於胎昧就會信受了。所以我從來不想這一世就能度他們，我想的是五世、十世以後就度到他們了，套一句俏皮話說：總有一天等到你。

所以眞正「**毒惡心盛，不可化喻**」的人是少數，因爲一般來說，願意學佛的人心性都算不錯；會想要學佛，表示心性上一定有可取的地方。如果破戒比丘而已經到了「**毒惡心盛，不可化喻**」的地步，這表示他眞的毒、眞的惡；像這樣的人，一旦破了一個重戒，就會其他都破。因爲他的想法是：「**反正地獄都下定了，一劫也是在那裡，一百劫也是在那裡。**」當他這樣子想，於是一不作二不休，乾脆作到底，有些喇嘛就是這樣。

就像 世尊講的一個譬喻，說有個愚癡人牧牛，結果牛到了懸崖邊吃草，其中有一條牛不小心被老虎吃掉，他很懊惱就想：「**竟然一頭牛死了，那其他的乾脆都不要，都趕下去摔死算了。**」於是全部趕下去。然後 世尊問說：「**你們看這樣的人愚癡不愚癡？**」大家都說愚癡，可是等到 如來說：「**有個人破了一個戒，反正是要下墮了，他想乾脆其他的戒都破了吧。愚癡不愚癡？**」大部分人都說那種人愚癡，但有的人聽了就不講話，因為眞的有這種人。所以「**毒惡心盛，不可化喻**」的人其實是少數，但如果眞要到這個地步，眞的無可救藥了。這種人就會像《楞嚴經》說的那樣下墮惡道，因為造作了「**十習因**」，他得要去地獄，然後回來餓鬼道中繼續受報，再回到這個畜生道，跟人類比較接近了，還得要再受報完了才能回到人間；可是回到人間以後，前五百世盲聾瘖啞。五百世後終於正常了，又聽聞到了義佛法時，他心中不忍又開始毀謗，於是又下墮惡道中，週而復始難有了期非常可憐，可是他們自己正在造業時，不覺得可憐，繼續造惡。

像這樣的人，佛說：「**猶尚無有外道戒法，況於淨戒？**」因為這樣的人連外道戒的那一些戒法都不會信受的，連外道戒都不信受了，何況會信佛戒呢！外道戒雖然不能使人得解脫、得實相般若，至少也有好的層面。比如有一個宗教，他們也有十誡，寫在石板上，雖然不能使人得解脫，但至少不會幹盡惡業；他們如果完全依照十誡去作，通常可以無事，勉勉強強可以保住人身；有個前提是他只能受持十誡，不能全部相信《聖經》。怪吧？不怪！因爲《聖經》說：「**人類只要拜偶像不信上帝，就要把他燒掉、把他淹死；異教徒如果不信上帝，不聽福音，就要把他剪除。**」如果這樣遵守了十誡，不覺得很矛盾嗎？那是互相衝突的。所以如果遵守那個外道戒，勉勉強強還可以保住人身，但不要信《聖經》裡面的那一些話，因爲那些對付異教徒的行爲其實是造惡，死後必定下墮，十誡卻無妨還偏向善法。

那麼「**毒惡心盛**」而到了「**不可化喻**」的地步，這種人已經是心腸狠毒才可能「**不可化喻**」，否則一個出家人怎麼會「**毒惡心盛**」到「**不可化喻**」的地步？這種人當然連外道的戒法都談不上，他對於佛戒當然更不願意受持；他想：「**大家都說我破戒，我就破到底，看你們怎麼辦。**」他已經從瞋轉變爲恨、怨、惱，想要惱於僧團大眾了。「**以其破戒因緣，人不親近。**」

因爲這樣的破戒因緣，導致大家都不願意跟他親近；不願意跟他親近的結果是，他將沒有善友勸慰他如法懺悔，於是這個破戒比丘「必墮惡道」，這就是他的第四支憂惱箭。世尊接著又開示：

經文：【「復次舍利弗！破戒比丘以他財物自養其身，我說此人爲重擔者。所以者何？行者、得者應受供養，破戒比丘非是行者，非是得者。是故，舍利弗！破戒比丘當於百千萬億劫數，割截身肉以償施主；若生畜生，身常負重。所以者何？如析一髮爲千億分，破戒比丘尚不能消一分供養，況能消他衣服飲食臥具醫藥？舍利弗！破戒比丘著聖法服，猶尚不應入寺一步，何況得受一飲之水乃至床榻？何以故？舍利弗！如是惡人於天人中是爲大賊，一切世間皆應遠離。舍利弗！是敗壞人即是怨家，如來悉聽一切世間皆至我所；破戒之人，如來手遮，非我弟子，何況一日住我法中？舍利弗！譬如死人、死蛇、死狗最爲臭穢，清淨諸天欲遊戲時，不應得見，若見則遠；如是，舍利弗！破戒比丘如彼三屍臭穢不淨，智者遠離，不與同事布薩自恣。舍利弗！破戒比丘於我法中爲是不吉，持戒比丘見此破戒，即時遠離；何以故？若破戒比丘手所觸物及所受物，於持戒者則爲毒惡。舍利弗！正使三屍臭穢滿地，我能於中行四威儀，不能與此破戒比丘須臾共住；何以故？舍利弗！是爲沙門中卑陋下賤，爲沙門中朽壞弊惡，爲沙門中秕糠，爲沙門中垢，爲沙門中濁，爲沙門中汙，爲沙門中曲，爲沙門中粗，爲沙門中失聖道者；如是人等，於我法中出家求道而得重罪。舍利弗！如是之人於我法中，爲是逆賊，爲是法賊，爲是欺誑詐僞之人；但求活命，貪重衣食，是則名爲世樂奴僕。舍利弗！譬如黃門非男非女，破戒比丘亦復如是，不名在家、不名出家，命終之後直入地獄。舍利弗！譬如蝙蝠欲捕鳥時則入穴爲鼠，欲捕鼠時則飛空爲鳥，而實無有鼠鳥之用，其身臭穢，但樂闇冥；舍利弗！破戒比丘亦復如是，既不入於布薩自恣，亦復不入王者使役，不名白衣、不名出家，如燒屍殘木不復中用。如是比丘無有戒品、定品、慧品、解脫品、解脫知見品，但有具足破淨戒品；不能出大微妙音聲：戒聲、定聲、慧聲、解脫聲、解脫知見聲，但出毀戒弊惡音聲；與諸同惡俱出惡聲：但論衣服飲食床臥，受取布施樹木華果；爲貴人使，及論國土吉凶安危戲笑眾事諸不善語，常於日夜伺求塵染；比丘如是身業不淨、口業不淨、意業不淨，當墮地獄。舍利弗！是破戒比丘

樂於闇冥，如彼蝙蝠；聞說正經以爲憂惱，所以者何？如實說故。世間之人不喜實說，但樂順意；如是比丘於說法者心不清淨，重更爲罪，增益地獄。舍利弗！是名破戒比丘五憂惱箭，必墮地獄。」

語譯：如來又開示說：**「**復次舍利弗！破戒的比丘以別人的財物來養育自己的色身，我說這個人是個挑重擔的人。爲何這麼說呢？在佛法中眞正的行者、以及得法者應該受到供養，但破戒比丘不是眞正的行者，也不是眞正的得道者。由於這個緣故，舍利弗啊！破戒的比丘應當在百千萬億劫的數目之中，割截自己身上的肉用來償還施主；如果他來世生爲畜生，身上常常都要揹負重物。爲何如此？就比如分析一根頭髮爲千億分，破戒的比丘尚且不能夠消受那一分的供養，何況能夠消受別人的衣服、飲食、臥具、醫藥等供養？舍利弗！破戒的比丘身上穿著佛門中神聖的法服，尚且不應該進入寺院一步，何況可以住在寺院中得受一滴飲水乃至於床榻的供養？爲什麼如此呢？舍利弗！像這樣的惡人在天中、人中都是屬於大賊，一切世間都應該要遠離他。舍利弗！這樣敗壞的人也就是怨家，如來允許一切世間來到我的地方；可是破戒的人，如來以手遮止，不允許他前來，因爲這種破戒比丘不是我的弟子，何況可以一天住在我這個勝妙法之中？舍利弗！譬如死人、死蛇、死狗是最臭穢的，清淨的諸天想要遊戲時，都不應該看見這一些死屍；如果看見了，很遠就會避開；就像是這個道理一樣，舍利弗啊！破戒比丘就好像那三種屍體一樣地臭穢不清淨，有智慧的人都會遠離他，不與他一起作事情或修道，更不與他一起布薩來自恣。舍利弗！破戒比丘在我的法中就是不吉之人，持戒的比丘看見這個破戒的人即時遠離，不能再多一會兒跟他相處；爲什麼呢？因爲如果這個破戒比丘，他的手所觸摸到的物品，以及他所收受的物品，對持戒者來講，那就是有毒的惡品之物。舍利弗！就算是死人、死蛇、死狗三種屍體非常的臭穢而遍滿了大地，我釋迦如來都能夠在其中行住坐臥，但我不能夠與這個破戒比丘共住那麼短短的一段時間；爲何這樣呢？舍利弗！這個破戒比丘是出家人之中最卑陋、最下賤的人，他是出家人之中已經腐朽敗壞的弊惡之人，他是出家人之中所被丟棄的秕糠一樣的東西，他是出家人中的汙垢，是出家人中的混濁者，也是出家人中的染汙者，是出家人之中心地諂曲的人，也是出家人中的大老粗，什麼都不懂，他也是沙門中失於聖道的人；像這樣的人，在我的法中出家求道而結果卻是得到了重罪。舍利弗啊！這樣的人在我的法中，他就是叛逆的賊人，他也是來盜法的賊人，他也是欺誑詐僞之人；這樣的人只是求活命，貪愛和看重衣服與食物，其實也就是愛樂世間樂而被世樂所繫縛的奴僕。舍利弗！就譬如黃門既不是男人也不是女人，破戒的比丘就像是這樣子，不能說他是在家，也不能說他是出家，命終之後會直接下墮地獄。舍利弗！就譬如蝙蝠想要捕食鳥類時，牠就爬入穴中好像一隻老鼠一樣；當牠想要捕食老鼠時，牠就飛到天空看來像是鳥，而其實牠既沒有老鼠的作用也沒有鳥的作用，牠的色身是汙穢而且很臭的，牠只是愛樂於闇冥而沒有光明的境界；舍利弗！破戒的比丘也像是這樣子，既不樂於進入布薩的場所來自己羯磨清淨，而又不進入官家裡面當僕使或者奴役，所以他不能稱之爲在家人，也不能稱之爲出家人，就好像是焚燒屍體而剩下來沒燒完的木材一樣，不能拿來作任何器具了。像這樣的比丘沒有戒品法、定品法、慧品法、解脱品法、解脱知見品法，只有具足了破淨戒的那一些惡品法；這樣的比丘不能夠發出很大的微妙音聲：例如戒聲、定聲、慧聲、解脱聲、解脱知見聲，他只會發出毀戒的聲音、弊惡的音聲；他會與其他同樣破戒惡的比丘共同發出惡聲：那一些惡聲就是只談論衣服、飲食、床臥，以及受取布施樹木華果等；而這一些破戒比丘們會被貴人所使喚，以及共同議論國土的吉凶安危，還加上戲笑眾事等的不善語，總是時常在白天和夜間窺伺或者尋求各種六塵中的雜染；破戒比丘就像是這樣子身業不淨、口業不淨、意業不淨，未來將會下墮地獄。舍利弗！這樣的破戒比丘喜歡住於闇冥的境界，好像那一些蝙蝠一樣；當他們聞說正眞的經典時，會認爲那是他們的愁憂和苦惱，爲什麼呢？因爲正眞的經典都是如實說的緣故。世間人不喜歡如實說，只喜歡順著他們心中的意樂而說；像這樣的比丘對於如實宣說正法的人，他們心中懷著不清淨的心，以此緣故，重新再多加了一條罪，於是使他的地獄罪又增益了。舍利弗！這就是我說的破戒比丘的第五支憂惱箭，將來必定要下墮地獄。」

講義：這第五支箭，如來說了很多，但是 如來爲何要說這麼多？諸位有沒有聯想到什麼？所以不要再對某件事情覺得欣慰，例如你如果以前在六識論的道場——否定如來藏的道場，或者兼修密宗假藏傳佛教的道場，護持過幾百萬元、幾千萬元、上億元，對這一件事情絕對不要有所欣慰，不要洋洋得意。就像以前我說過，我對一位師兄講：「你以前種的那一些都是毒田，不是福田。」因為他常常誇稱在盧勝彥那裡布施了好多、好多錢，我說：「你那個不是種福田，」因為他誇稱種了很多福田，我說：「那不是福田，那是毒田。」他說：「老師！您不要這樣講嘛！」我說：「我為什麼不講呢？你種下去一定有果報，凡是田種了必定得果，除非你種不成功。」譬如在田裡種，不管種什麼，如果種到後來苗都枯死了，表示沒有種成功。

又譬如，你要去捐助給達賴喇嘛一千萬元臺幣，但沒有捐成功，那就表示你種那個田不成功——枯死了。枯死了是好事，如果種成功了呢？將來一定會開花結果，會有果實。那田都是毒，長出來的果實當然也是毒，所以叫作毒果。那個毒果，來世不可以送給別人；想要送，人家也得不到；想送也送不出去，得要自己得。換句話說，他來世剛開始學佛，還是會不斷地跟密宗假藏傳佛教的法相應，又繼續種很多毒田，然後才會聽聞到如來藏正法，才會回到正法中來。那個毒果他要自己承受，那不是別人種的；自己種的自己收，因果律本來如此。

現在諸位來看看，佛教界中什麼樣的比丘、比丘尼應該被護持，什麼樣的比丘、比丘尼不該被護持，如來說得很詳細。這些都不是我說的，如來金口所說，當然佛弟子要「依教奉行」。我們來看　如來怎麼說：「這樣的破戒比丘以別人的財物自養其身，我說此人爲重擔者，」他其實是挑重擔的人，但他自己不知道。有一個中國佛教界的傳說，是古時就有的，說有個居士去隔壁跟人家借一湯匙的鹽，但他不很在意，因爲覺得一湯匙的鹽沒什麼，過了很多年以後他也忘記了，就沒有還人家。有一天，夢起他去借那一湯匙的鹽，結果變成一座鹽山要壓死他了，他才想起來以前跟人家借了那一湯匙的鹽，沒有還人家。

鹽，也許諸位覺得鹽沒什麼。古時的鹽很貴，可不是無足輕重之物，因爲國家要抽鹽稅，是國家的重要稅收來源。就好像現在大家覺得腳踏車沒什麼，政府也不課稅，可是以前腳踏車要課稅，每年要繳一塊錢新臺幣，然後政府發給你一個牌子。那個鋁製牌子的數目編號是立體的字，就用螺絲鎖在後輪的擋泥板；下車時通常把號碼牌中間那一片抽掉，就沒有號碼了。如果你騎著腳踏車是沒有號碼的，那就叫作贓車，警察就會抓人。所以你放好車子，把號碼牌抽下來放在口袋就不會失竊。

以前自行車不用鎖，因爲警察一天到晚在路上跑，而且以前警察很兇、會打人的。那時剛開始是每年一塊錢新臺幣，你可別說「才一塊錢」，那時一毛錢可以買五顆一小包的閩南語叫作「金柑仔糖」（閩南語的「柑」讀作第三聲，是「含」的意思）；就是一顆像彈珠一樣的圓形糖球，外面沾了白砂糖，孩子們買來就含在嘴裡，所以叫作「柑仔糖」。一毛錢五顆是一小包，那一塊錢可以買一大包了。你不能夠說一塊錢沒價值，後來漲成兩塊錢，後來是五塊錢，再後來就不收了。我記得好像是收到五塊錢，後來不收了。以前的鹽也要扣鹽稅，以前的鹽不便宜。

那位居士後來因爲這夢想起來了，趕快拿去還人家，他沒有犯戒；如果人家是布施給他的就沒事，但他是借的，借的一定要還，若是不還，那因果律的利息不是加倍而已，那要還多很多倍的；因爲是到未來世還，那利息就難算了。

那借鹽的居士並沒破戒，而這個人是「破戒比丘」。破戒以後就成爲仿冒比丘，因爲破戒以後戒體不在了，就不能夠繼續自認爲是比丘，這一點要有認知。如果大法師建了個寺院，度了很多比丘尼出家，而一個個修了雙身法，也生了女兒跟著出家，這樣他們其實有出家嗎？女兒就在寺裡生的，這是不是「**破戒比丘**」？他已經失了戒體，還能叫作比丘嗎？不是？你說他是在家人嗎？又不是。哎呀！這個麻煩了。

那「**破戒比丘**」以別人的財物「**自養其身**」，如來說這個人是「**重擔者**」，看來他是不斷收受人家的供養，日子過得很愉快、很輕鬆，可是他其實不斷的在增加自己所挑的重擔。那重擔上面的負擔是越來越多、越來越重，但他自己不知道，如來就解釋他爲什麼是挑重擔的人：因爲眞正修行的人以及得法的人應該要受供養，眞正修行人就是「**依教奉行**」，如來怎麼說，他就怎麼修行，就是眞正修行的人，不違背 如來的教誡，這是應受供養的；所以不是只有證道者應受供養，如法修行的人本來就應該受供養；另外一種人叫作得法的人，他已經得到了 如來所說的法，這也是應受供養。而破戒的比丘沒有「**依教奉行**」，不是眞正的修行者，他也不是得法的人，這就是「**破戒比丘**」不許受供養的定位。

如來已經把他定位好了，因爲他既不是修行者又不是得法者，卻又廣受供養，由於這個緣故，這個破戒的比丘從未來世開始，將會在百千萬億的劫數中「**割截身肉以償施主**」。他當然不可能自己割，一定是當畜生，生在人家被人家養大了，人家就割他的身肉來賣，然後被他虧欠的人、布施給他的人就吃他的肉或者割他的肉，要這樣償還施主。如果生在畜生中，「**身常負重**」，也就是要給主人騎或者爲主人馱負貨物——「**身常負重**」，因爲他得要還債。還債的時間是多久？是「**百千萬億劫數**」。想想看，這不是人過的日子，那是誰過的日子？只有在畜生道才會過這種日子。今天講到這裡。

先跟諸位致個歉，感冒正要好，結果不小心又著了涼，有礙諸位清聽。《佛藏經》後面這一些經文會講得越來越快，不會再有四個字講兩個鐘頭的事了。上週我們講到二十五頁第三段前三行，因爲時間所限，所以上週這部分就匆匆講完。

如來說：「**破戒比丘以他財物自養其身，我說此人爲重擔者。**」後面也說，破戒比丘將來要怎麼樣償還施主們，不但是「**百千萬億劫數**」之中要「**割截身肉以償施主**」，如果身肉的債償還完了，接著是「**若生畜生，身常負重**」。但是爲何破戒比丘以他人財物「**自養其身**」，死後會成爲挑很長時劫重擔的有情，這是有原因的。記得在《文殊師利問經》有說到，比丘「**不捉金銀生像**」。但是這有一個前提，在古時天竺與後來的中國是不一樣的，古時天竺都是日中一食，而且一定是外出托鉢的；而這部經中說的比丘也限於三賢位之內，沒有把諸地菩薩函蓋在內。

佛法傳到中國以後依舊維持托鉢的慣例，這個佛制並沒有改變，後來是因爲很多禪師證悟之後，都選擇了山上來建立道場，稱之爲叢林。一般的法師不住在山上，那些講經的座主們通常都是在都市裡面。那麼證悟者大部分都選擇在山上建立禪宗的寺院，所以後來禪宗的寺院都用叢林來稱呼。但因爲山上距離市區不近，走路最少得要半個白天，這樣一來，日中一食而且要托鉢就有困難，所以百丈懷海禪師施設了「叢林清規」，後來簡稱爲「百丈清規」，就叫作：一日不作，一日不食。因爲在那麼遠的山上，如果日中一食而且還是托鉢，等於早板後出坡一會兒就得下山托鉢，托完鉢找個地方趕快用完午齋，然後回到山上又是三、四個小時，已經消化完了，那個晚上怎麼睡覺？難了。事實上也眞難，所以百丈禪師施設了「叢林清規」，以後漸漸風行開來，就連都市裡面的佛寺也有不少寺院跟著效法。

接著問題就來了，既然在叢林之中墾荒犁田自種自食，就得要設伙房。沒有伙房，種出來的稻子要怎麼吃？所以不單單是伙房，還要有個碓房或者叫作碓坊，也就是舂米的房間；總不能連稻穀一起煮吧？所以後來就演變成寺院裡面有舂米房也有伙房，就自己開伙不再托缽了。既然如此，就不是全部供養都受之於施主了，因此開始有施主布施銀兩，看寺裡需要什麼就自己下山去買，後來演變成不得不在寺院裡面有個庫房，收存居士們供養的錢財。這樣一來，《文殊師利問經》說的，這個比丘不得捉持金銀生像的規定就有一點難了；「金銀」比較容易解釋，但還有個「生像」。也就是說，除了黃金鑄成的佛像或者菩薩像來寺裡供奉，若是金塊銀塊沒有鑄成佛菩薩像時，乃至以金銀鑄成的佛像，都不可以由比丘私人收受。

但有的居士很聰明：「我是請來佛像讓您供養禮拜，這不是供養您。」雖然本質上是送給他很尊貴的金製的佛像，因為黃金貴，尤其古時黃金與白銀的兌換比例差很多倍，所以古時黃金是非常珍貴的，有人就用這個方式滿足某些比丘的貪愛金銀的貪心；但生像，也就是包含金塊銀塊鑄成的佛像，就一定不可以個人持有。所以在天竺是一直都奉行這樣的規矩，剛開始跟隨如來時，大家都和 如來一樣，晚上都是樹下坐，或者在樹下臥，不然就是山洞中或坐或臥，這樣度過晚上。直到後來，有了居士們供養一些林園以及精舍，才有寮房可以安單。

有寮房之後才有床褥，以前是沒有的。寮房通常都是長一丈，寬五尺。如果是道場的住持，才是加倍為長一丈，寬也一丈，所以那一間房屋就叫作方丈室，後來「方丈」就成了住持的另一個名稱。所以現在出家人很多是生活過得很好的，但以前就是一丈乘五尺的小房間而已。現在如果是大寺院，寮房大約也是這樣。能夠住方丈，那是很不容易的事，因為方丈只有一間，就是一丈見方。古時是那樣規定，來到中國之後，禪宗寺院建在叢林中，托缽乞食是有困難，因此有了改變；但是我認為是無妨，只是說應該依照六和敬的精神來作，也就沒有什麼大礙。

我為什麼說《文殊師利問經》的那段經文，定位是三賢菩薩的比丘們，因為那是為了圓滿六度波羅蜜多而作這樣的規定。換句話說，想要及早入地的比丘，不應該擁有任何的金銀佩飾或者由金銀鑄成的佛像；這是希望比丘們滅除貪心趕快入地，都是先要證得阿羅漢果。阿羅漢無所記掛於一切財物，他的作意是無餘涅槃的作意，連自我都要捨了，何況是身外之物。所以出家人想要趕快入地的話，遵守這個原則修行才是最快的。

現在有個前提說，這是沒有破戒的出家人，如果是破戒的比丘「**捉金銀生像**」，還進一步「**以他財物自養其身**」；由於「**金銀生像**」通常會累積起來，不會拿出來用，而且怕別人知道；可是破戒比丘「**以他財物自養其身**」，是公然而無悔。他是公然而爲，完全不後悔的。那麼「**破戒比丘**」如前面經文，如來說都不應該踏入寺院一步；假如他踏入了寺院而走過的地方，大眾要趕快把他的腳跡掃掉，不能留存，還不許他受人家供養一滴水；但他竟然「**以他財物自養其身**」，所以他就是一個挑重擔的人。

這是以一個道理來說給諸位聽，我再舉兩個例子來說。有一位沙彌名爲「**專頭**」，因爲他也有大神通，跟著目犍連比丘托缽乞得食物了，用齋後師徒兩個人飛到阿耨大池旁邊坐禪，這專頭沙彌看見阿耨大池那池邊的沙子都是黃金，他想：「**等一下要回去，我帶一點金沙回去。**」他可不是爲自己，他是想要鋪在 如來那個寶缽、或者淨瓶下面作爲莊嚴。他想，如來的淨瓶下面如果是金沙鋪著，那淨瓶放在那邊多好；他是爲供養 如來，不是爲自己。他抓了一把金沙在懷裡，目犍連回頭看他，就說：「**回去了。**」目犍連飛走時回頭一看怎麼專頭沙彌沒跟上來，於是回頭呼喚他說：「**專頭！回去**

了。」專頭卻說：「我沒辦法回去，飛不動。」金沙有那麼重啊？其實沒有，可是他就是飛不動。

目犍連比丘就說：「你是什麼原因飛不動了？」他說：「我不知道原因。」那目犍連比丘就知道他一定是被非人所遮住了，就說：「你是不是懷著金沙？」他說：「有啊！我要給如來墊在淨瓶之下。」目犍連就說：「捨棄吧。」他只好全部掏出來，都丟回池邊去，這一下就可以飛行了。這還不是爲他自己。所以出家要有出家的觀念和作法，因爲他們是有神通的人，五通具足而且可以飛到阿耨大池，這不簡單啦！因爲那是須彌山頂。可是爲了那一把金沙，他就沒辦法用他的神通了。

另外《摩訶僧祇律》還有一個例子，有位比丘，名字我不記得了，帶著他的弟子，那弟子是沙彌，回故里探親。回去探親時這沙彌跟他師父不一樣，那師父什麼都不要，所以孑然一身要回道場。他們師徒倆要回故里省親時，中途有一個有情，經中說他叫作「非人」，不曉得是哪一類的有情，化作一條龍，圍繞這沙彌身旁散花供養，讚歎他無貪，因爲他們不捉持金銀與錢財。省親之後，這沙彌的修行遠不如師父，師父是孑然一身回道場；但這沙彌因爲親朋好友大家你一言、我一語勸比丘說：「**回程路途多有缺乏，帶一點錢在身上，你可以自個兒去買。**」於是沙彌私下就替比丘收了錢放在身上。結果這一下，回道場的路上，那個非人又化作一條龍來，這回卻化作惡龍圍繞著他，一直罵他，沙彌就哭了。

他的師父就問說：「**你到底是怎麼回事哭了？**」他說：「**我被罵了，也想不起有什麼過失。**」這比丘馬上知道：「**你身上一定帶著什麼不如法之物。**」他想了就說：「**有，我身上帶著錢。**」比丘就說：「**捨棄。**」於是他就丟了，因爲錢也眞的恐怖。他覺得好恐怖，不過帶著錢而已，怎麼就惹來了一條惡龍，趕快丟了。這一丟，惡龍又變成很仁慈的龍了，繼續爲他散花供養美言讚歎。但爲什麼要這樣作？那非人也眞夠無聊，自己的道業不管好，去管那沙彌。那當然有緣由，那比丘不用他操煩、不用掛心，這沙彌跟著這麼一位證量很高的師父，他得要趕快追上來才好，於是就這樣子作。這還不是破戒，因爲他是被親友慫恿帶著錢財，那錢財當然不會是很多，因爲是欠缺什麼可以拿去買個零用之物的，那不會是很大的錢財，但是都已經如此。

而《佛藏經》中說的這個「**破戒比丘以他財物自養其身**」，這未來世要怎麼還？就如同前一段經文那「**第三憂惱箭**」說的，如來不許他進入佛寺，道場都不可以進來，連一滴水都不准他喝。而他竟然「**以他財物自養其身**」，這個將來要怎麼還？出家之道就是要以法回報於眾生，否則如何能受眾生點滴供養？所以 如來說他是挑重擔者，一點都沒有誇大。因此說，受施主的信施，一定得要以法回報於施主；應當有所開示，而且那個開示不可以是錯誤的，不可以是誤導眾生。這還是持戒清淨的比丘，那「**破戒比丘**」根本就不應該受任何人供養，連一滴水都不應該。除非他還俗了，不當比丘，那就是一個世俗人；世俗人之中互相供養什麼，如來就不管。但他還穿著僧服而且破了戒，就不應該受這樣的供養，而他竟然「**以他財物自養其身**」，這當然就是「**重擔者**」。如果專講外道法而冒充佛法，那可就是世間法中說的「詐欺、斂財」了。

今天這樣補充了以後，諸位對於上週講的最後那一小段「**破戒比丘當於百千萬億劫數，割截身肉以償施主；若生畜生，身常負重**」的這一些開示，心中可以無惑了。那麼今天接著說：「**所以者何？如析一髮為千億分，破戒比丘尚不能消一分供養，況能消他衣服飲食臥具醫藥？**」就是說像一根頭髮那麼微細，再把它分析爲千億分，以其中的一分來供養的話，可以說是極少極少無足輕重的供養。即使像這樣微小的供養，「**破戒比丘**」都消不得，何況能夠消受別人對他所作的衣服、飲食、臥具、醫藥等供養。

那麼諸位想一想，末法時代那麼多修學密宗假藏傳佛教的法師們，該不該受佛教徒的供養？這麼一聽，佛意清楚分明了。老實說穿著僧服修雙身法，這是天下之巨貪；說他爲巨貪，沒有任何過失。因爲天下之貪，其中最大者無過於此，爲何這麼說呢？因爲他既然要擁有出家法，就不應該擁有在家法，有在家法的人就不應該擁有出家法，這是佛法中的鐵律鋼律。然而他出家了，四事供養全部來自於施主；眞像人家說的四體不勤、五穀不分，全部受人供養，恭敬禮拜無所不至，結果他卻還要擁有在家法，這個就是天下的最貪。

他們都不知道穿著僧服，修了雙身法，每天眼睛瞄來瞄去，看的就是哪個女徒弟長得美、是不是年輕，挑中了就合修雙身法，就是這樣子！這是大犯戒。你們有沒有看過哪一個喇嘛大發慈悲心，專門找老奶奶修雙身法，幫助老奶奶「成佛」的？一個也無。除非這老奶奶帶了支票本子說：「**你幫助**

我成佛，我今晚成佛，就開給你兩億人民幣。」那他才會願意，他想：「**我就犧牲一下吧，一次就賺得兩億人民幣。**」他們以爲說：「**我又沒有受佛戒，那我修了雙身法又如何？**」問題是，他們示現爲僧寶之相，修了雙身法，依舊要受佛戒的拘束。別以爲說：「**我不去受你顯教的戒，修雙身法就沒事。**」其實不然，因爲罪加一等。

這道理很簡單，就譬如一家正牌的公司經營不善，弄了個下劣產品賣給客戶，還用精品的價格賣，這罪已經很重了；突然又來了一個公司仿冒這一家公司，謊稱就是那一家公司，然後賣的是更下劣的產品，還賣同樣的價錢，該不該罪加一等？當然該啊！所以那一些喇嘛們以爲說：「**我沒有受比丘、比丘尼戒，我騙年輕美麗的女信徒合修雙身法就沒事。**」其實不然，因爲他們要外加一條仿冒罪。現代法律也是這個精神，仿冒就是有罪。

以往好多比丘（眞的叫作好多，大比丘、小比丘都有），住在寺廟裡穿著僧服，晚上就是修雙身法。像那樣的人，佛說連一滴水都不應當受供，根本不應該進入寺裡面。可是，我們看見有時比丘拉著一個小孩子，那小孩子另外一手拉著一位比丘尼，那小孩子怎麼稱呼他們的？稱呼爲叔叔、嬸嬸，其實是爸爸、媽媽。我還是親眼所見，那你說佛教的未來在哪裡？在正覺？我聽你這麼一說，還眞放下了那一顆大石頭：好在有正覺。但他們那些都是地獄業，正因爲達賴集團把這一種亂七八糟的法傳到臺灣來，他們就覺得心安理得。他們心裡不覺得有罪，認爲這是眞正的成佛之道，比顯教更快更好，而且果位更高，還自稱他們成就的是報身佛，是那個「抱」。所以歸結到最後，罪魁禍首還是達賴。

你們看看《佛藏經》裡面，如來這樣的開示：一根頭髮拔下來，析爲千億分中的一分，根本無足輕重，老實說析爲千億分時你連肉眼都看不見了，像這樣的供養他都消受不起，別說那麼多錢財的供養。所以 如來說的都是誠實語，像這樣的比丘不能消受任何的供養，更何況衣服、飲食、臥具、醫藥。

如來接著又說：「**舍利弗！破戒比丘著聖法服，猶尚不應入寺一步，何況得受一飲之水乃至床榻？**」根本就不該讓他進入佛寺，爲什麼呢？因爲這樣的破戒比丘，一天到晚在寺院出出入入，人家看了會說：「**唉呀！原來這家寺院的比丘都是這種人。**」人家會這樣想或是私底下這樣講，那別的比丘明明持戒清淨，就變成了無端受辱，這沒道理。如果一座寺院容許一對比丘、比丘尼養孩子住在寺院裡面，每天早上帶著孩子去上學，放學了去把他帶回來，人家會想：「**這座寺院是這樣子。**」接著就會聯想：「**其他的比丘、比丘尼呢？**」所以我說佛教界眞的應該趕快自清，最好是寺院門口都貼著：「**本寺不修密法。**」或者說：「**本寺拒絕修密宗假藏傳佛教邪法的出家人進入。**」最好是這樣。這樣形成一個風氣以後，那些沒掛牌子的寺院要跟進，不然人家：「**你們有沒有修密法？**」大家都要問了。

這樣是自清的一個方式，也教育了大眾、教育了信徒：密宗假藏傳佛教的法是不對的，密宗假藏傳佛教是邪魔外道。由於這樣的人也穿著僧服，那件僧服叫作「**聖法服**」，因爲出家人之中有許多聖者，聖者穿著這樣的衣服，就叫作「**聖法服**」；而他穿著「**聖法服**」不斷地破戒，殺盜淫妄都來，這種人不應該讓他羞辱了整座寺院的比丘、比丘尼眾，所以不應該讓他入寺一步。假使他有事情要來談，讓他在山門外站著，寺中比丘有事跟他談，就站在山門內，不要跨出去跟他一道，因爲這種人連入寺一步都是 佛所禁止的。如果他開口說：「**我來到這裡很口渴了，師兄給我一杯水，好不好？**」不好！

你給了一杯水，你就是違背 如來。就讓他自己找水喝去，因爲他不能夠受那「**一飲之水**」；如果是食物或者用具乃至於床榻，他更沒資格接受。

接著，如來解釋這個道理：「**何以故？舍利弗！如是惡人於天人中是爲大賊，一切世間皆應遠離。**」因爲佛門出家人是人天應供，即使是個凡夫，只要沒有破戒，凡夫位的僧人都應該要受供養，除非沒有遇見。可是他穿著「**聖法服**」破了戒，不論他是犯貪、犯淫或者犯盜，最糟糕的是大妄語，這樣的破戒比丘連一滴水都不應該受人供養；因爲他穿著「**聖法服**」，顯示的是聖人之相，但是卻破戒；這四個重戒他破了，特別是最後一個大妄語戒，卻繼續穿著「**聖法服**」示人以聖者之相，這就是天以及人之中的最大的賊人。

所以有時我說，世間賊，那都是小賊，就算把人家整個企業都竊佔過去，也還是小賊；眞正的大賊是大妄語者，因爲他竊盜了佛法中的聖位。竊盜佛法中的聖位，一般人無法分辨，聽了都會相信。因爲一般人心地謙虛直率，不相信有人敢大妄語。不說你們，也不說外面一般人，就說我好了，我這一世還沒有破參之前，當人家說某某人是阿羅漢，我也信；說某某人是幾地菩薩，我也信；因爲我還沒有能力去分辨他是不是，但他敢那樣示現，一定有所本，否則那大妄語的果報就等著他了，所以我就信，先信了再說，被騙就被騙吧。萬一他是眞的阿羅漢呢，我不就失去機會了嗎？

我相信人家不敢大妄語，因爲那是無間地獄罪，天下哪有人笨到作那種大妄語業的，我不相信有人那麼笨。可是等到後來我破參了之後弘法時被抵制，抵制之後我開始去檢查，終於發覺：哎！天下還眞有人那麼笨，而且不是一個、兩個，而是一大群。那聰明的人呢？捨報前趕快懺悔，其中有人是廣發懺悔書到各個寺院去（海峽兩岸都發），這是最聰明的人。比較不聰明的就一直挨著，挨到什麼時候？挨到臨死時找了弟子眾來，在佛前懺悔，也還算好，終究免墮三塗。如果是像釋印順，像那些喇嘛們呢？那可就是天上天下最笨的人，寧可把那一些惡業在未來世去實現，也不肯在死前懺悔滅罪。那麼我想，他們是不信因果的，因爲他們看不見。我可是怕死了，想起無量劫前誹謗一個證得四禪的人，就得下墮當老鼠去，那果報多麼重；若是毀謗一位實證佛法般若的菩薩，一定是更嚴重的果報。

但他們看不見因果，所以不信，於是大妄語就貫徹到底，那未來世三塗果報當然也得受到底，所以說那是最笨的人。可是這種最笨的人，也是世間法中最聰明的人，所以他們成爲天人中的大賊，因爲他們膽敢竊盜佛法中的果位。問題是，竊盜來的果位只能矇騙沒有修證的人，矇騙不了實證者，因爲佛法中的果位非常名貴，就好比世間頂級的鑽石，還不說什麼藍鑽、紅鑽，單說一般鑽石的頂級品，你只要五克拉、六克拉，人家買時都要鑑定。當專家一鑑定說這個是假的，可就拆穿了。

問題是，佛法有誰可以當鑑定師？沒有人可以當鑑定師。至少在正覺出現之前沒有，所以由著他們欺瞞天下。佛弟子們都是很老實、很誠懇，不曾考慮到人家敢冒著大妄語業的大險而用果位來欺騙他，所以大家一聽，心想：「哇！這是阿羅漢。」努力供養啊！「哇！這是初地、八地菩薩。」「哇！這個是活佛，已經成佛了。」於是不但奉上錢財，還把自己身體也供養了，外加女兒也帶去供養；就有這樣的事情，大陸有，臺灣也有，能說他們笨嗎？不好說。但最重要的是他們膽子太大，因爲大家想：「這是大妄語業，未來世果報不堪承受，想來是不敢大妄語的。」結果沒想到還眞的是大妄語，所以大眾都被騙了。

而當時也沒有人把什麼是實證的內涵講出來，一直到我們寫了書本出來說，初果要有什麼本質，二果是什麼本質，阿羅漢是什麼本質，七住菩薩、十住菩薩、初地、二地、三地等，各自必須有何本質。現在大家終於有一個鑑定的依憑：「**某某人自稱是阿羅漢，我把《阿含正義》拿來比對一下：你不是阿羅漢，因爲你還欠見地、還欠初禪。**」大妄語者才開始消失於臺灣佛教界。

這時應該高興了吧？還早呢！因爲又有新的一批大妄語者出來，這新的一批膽子更大，讀了咱們兩本、三本書就自稱阿羅漢了，也有自封是四地、五地的人，冊封他的徒弟是初地、二地的。可是，不曉得他們繼續又讀了我們講解七住、十住、十迴向、初地、二地等等內涵以後，將會作何感想？我還等著看。就期待他們讀了以後好好檢討，趕快去佛前懺悔，免墮三塗，未來世還可以成爲我們親教師所度的徒弟，否則連這機會都沒了。

因爲這樣的人「**於天人中是爲大賊**」，一切竊盜無過於佛法中的果位，這是天上人間最大的竊盜，所以 佛說他是大賊。當你遇到大賊時該不該遠離呢？當然該！那許多人沒有答我的話，是怎麼回事？是說不該喔？（大眾回答：該！）該喔！所以看看世間人，只要是小偷，大家就遠離了，不要說大賊。一般人如果知道這是小偷，馬上伸手把口袋裡摸摸看，錢還在不在。如果在，就趕快走了，不跟他同處。如果是個大偷大賊，當然離得越遠越好，都不要跟他講話；萬一從嘴裡面套出來你姓甚名誰、家住哪裡、有沒有錢，這就糟糕了，因為他是個大賊，自然有諸多手段竊取你的財產，所以「一切世間皆應遠離」。

如來又開示說：「舍利弗！是敗壞人即是怨家，如來悉聽一切世間皆至我所；破戒之人，如來手遮，非我弟子，何況一日住我法中？」世尊說：「這一種敗壞佛法的人其實是眾生的怨家，如來聽受任何有情來到面前，」不管什麼有情，只要對　如來有善心，如來都接受他們來到面前，也許打個招呼就走了也行，也許點個頭就走了，也許看一下就走了都行，如來都不遮止，「但這一種破戒之人，如來伸手把他遮止，不許他們靠近，」特別是犯大妄語業的人，遠比犯了邪淫、大偷、殺人之罪還重，因為犯那三個重戒，傷害的是少數人，可是大妄語業傷害的是很多人的法身慧命。

前三種人　如來手遮，不令近前，何況是後一種大妄語業者同樣是犯戒之人，如來說：「這種人非我弟子，」想想看，在家人不能住在寺院中吧？

對啊！在家人若是住進寺院就是準備出家當沙彌，或者當近住男、式叉摩那；當他準備出家所以住進來，從那時起就已經算出家人了。在家人不應該住在 如來的寺院中，那破戒的比丘都沒有戒體了，怎麼可以自稱是比丘、比丘尼？所以他們顯然不是 如來的弟子。既非 如來弟子，連在寺院中住一天都不行，**「何況是長年住在寺院正法裡面？」**

世尊爲了強調這一點，又講了譬喻：**「舍利弗！譬如死人、死蛇、死狗最爲臭穢，清淨諸天欲遊戲時，不應得見，若見則遠；如是，舍利弗！破戒比丘如彼三屍臭穢不淨，智者遠離，不與同事布薩自恣。」**在人間最臭的屍體就這三樣：死人、死蛇、死狗。人爲什麼臭？因爲人是雜食類的有情，吃肉喝酒外加大蒜等，這樣的人死了，那個屍體臭到不得了，所以只要一封棺，馬上就用木楔把縫隙敲緊了，怕臭味飄出來；一直到出殯要放入墓穴了，才把那個木楔抽掉；正要抽掉木楔時，一定會教令大眾轉過身去，人間習俗說是怕沖煞，其實就是那個臭味會使人受不了。

那死牛、死羊爲什麼不會很臭？牠們吃草，是素食的，應該就沒那麼臭。但是不說死，活著就好，有時在外面走動，去到別的大樓進了電梯，剛好有人中午吃葷的自助餐，吃的都是加了大蒜調味的菜，那整個電梯廂裡就臭得不得了。但是咱們要裝著沒嗅到，這是佛弟子要有的基本素養，不要開口就「哼！」你這樣一哼，又把鼻子摀起來，人家會覺得很受傷，你未來世就不好度他。你看，人活著都臭了，死後更臭。那蛇又爲什麼臭？爲什麼蛇死了很臭？因爲牠的皮一直都密封著，而牠專門吃有情類；人家說狼吞虎嚥，可是狼吞虎嚥時對獵物身上的某一些器官也是不吃的，但蛇是整個吞下去的。就好像有鳥拉屎在汽車的烤漆上，只要放上二十四個小時就會有痕跡，怎麼洗都洗不掉，很毒的；因爲那種鳥是專門吃魚的，牠沒有吃任何別的食物，不吃水果，什麼都不吃，牠專門吃魚。

蛇是專門吃眾生，蛇沒有素食者，永遠找不到一條素食的蛇；因爲都吃葷，所以死了以後從裡面整個腐爛，腐爛到很厲害時蛇皮才會爆開，那時就很臭。死狗，狗也是雜食的，家裡養的狗，吃的東西還乾淨，可是流浪狗只要有屍體吃，牠就很高興了，所以死了也很臭。這三樣—死人、死蛇、死狗—最爲臭穢，但諸天是清淨的，因爲他們以甘露爲食，諸天天人、天主當然是講欲界天，他們多數連酒都不喝。什麼樣的神需要喝酒？鬼神一類。忉利天的神不吃肉、不喝酒，他們只吃甘露，因爲是佛弟子；他們吃甘露後，身體有香氣；你如果用人間的飲食，例如東坡肉、梅干扣肉，用這一些去供奉他們，他們不敢靠近的，離得遠遠的，因爲他們會覺得很臭。也許有人想：「我用香花水果來供。」老實說，他們還嫌髒，你說：「這是日本青森縣買來的最頂級的蘋果，」或是日本買來最好的二十世紀梨，但我告訴你，他們一樣嫌髒，因爲是從土中生長的；從甘露的那個清淨相來看，這還是太髒了，但不算臭，所以這信眾的心意，他們領了，派發給下面的鬼神去吃。有求得遂，就這麼來。他們天人，身有香氣，以甘露爲食；「如果他們外出遊樂時遠遠看見死人、死狗、死蛇，都不想看見，何況是聞到味道，當然老遠就避開了。」因爲他們會覺得很噁心。就好像大家約好了到某一個地方去，要在那裡約，辦個園遊會或者辦個什麼，結果去到那裡滿地狗屎，大家一定馬上換地方，再也不去了，道理是一樣的。

那麼 如來又說：「破戒的比丘就好像那三屍一樣，」就跟那三種屍體一樣很臭很髒不清淨，「有智慧的人遠離他們，不跟他們同事，」也就是不跟他們一起作事或修道。假使這個寺院裡面出了一個很會詐騙人的大偷之輩，風聲傳出去了，人家會怎麼說？人家會想：「這些比丘跟那個人可以相處得來，也許他們暗中有互相商量吧。」至於商量什麼，不言可喻。所以有智慧的比丘羞與爲伍，跟他們在一起都覺得很慚愧、很羞恥，因爲人家會這樣聯想：「你跟這樣的人那麼要好，每天共事，有一句成語講得很好，物以類聚，同類人才會在一起。」那豈不是平白受辱？人家當面不說，背地裡可是指指點點，這樣還能度眾生？顯然不能。所以說「智者遠離，不與同事」；連同事都不願意了，何況是布薩與自恣。

這個布薩說起來又有感慨，我們自從傳了菩薩戒以後，依照佛戒是應該定期布薩，我就請同修們各道場去探問，看他們是多久布薩一次。因爲我們現代這個社會型態跟以前不同，以前是農業社會，大家都住在一個村子，所以依照　佛說的半月半月布薩都沒問題，講經也可以每天講都沒問題，但現在工業社會沒辦法；所以請問看各大道場布薩的間隔是多久，結果問了很久，說沒有一個道場在布薩。糟了，我們若堅持要布薩就會成爲異類，跟他們不同調。後來我想還是得當異類，因爲我們跟他們不一樣，我們和他們法不一樣，行爲觀念智慧都不同，爲什麼一定要跟他們同一類？所以該當異類就當異類。

於是考量現代工業社會，同修們大家在社會上的職業等方面，才定下案來兩個月布薩一次。可是現在莫說海峽兩岸，全球的佛教道場或許都沒有在作布薩（編案：二〇一八年十一月。編案：後來西蓮淨苑託會裡一位助教老師來說明，法鼓山也公開說明，每半月如法布薩一次）。至於南傳佛法有沒有，我就不知道了，這要等待解答，理論上他們是應該可以布薩的，我的看法是這樣，但不曉得他們現在有沒有布薩。我現在講的是大乘佛教的誦戒，至於密宗假藏傳佛教那不用談，因爲是外道。這個布薩，一定要先由誦戒師在布薩前詢問大眾，有沒有人需要羯磨懺悔的，或者有沒有人隨後要舉發的；一定要這麼問，處理完了才開始誦戒。

布薩時如果有這種「**破戒比丘**」在列，跟他一起布薩還成嗎？他聽了布薩的羯磨懺悔以後，保證出去宣揚：「**這寺院裡面某某比丘、某某比丘尼說我破戒，他們還不是一樣破戒？他們破了什麼戒、什麼戒、什麼戒。**」舉出了其他僧眾所破的輕戒，可是他都不說自己破的是什麼重戒；被他這麼一講可就麻煩了，因爲清淨僧團的形象就被他破壞了，因此會導致學人退心；有這種人在就不能一起布薩，所以有智慧的人絕對不與他一同布薩。

至於結夏安居後的自恣日，讓不讓他參加？更不讓他參加了。自恣，「恣」就是讓人家隨意表示；自恣的意思就是讓各人隨意舉述自己的不如法，懺悔之後便得清淨，叫作自恣日；佛看見大家心地更清淨了，生歡喜心，又名佛歡喜日。結夏安居三個月，這三個月中要犯戒大概沒機會，那會有什麼地方值得讓各人來自己舉發的？就是修道不精進、貪睡貪吃這一類的小過失。那爲什麼要自恣呢？就是確定自己這三個月眞的很努力在用功，如果有什麼地方是不如法，就自己舉發出來懺悔，明年結夏安居就不會再犯。這叫作自恣。

自恣是從自己心裡面由衷的舉發，但因爲自己在努力修道的過程中可能沒注意到，不會發覺自己有什麼過失，如果有其他的比丘、比丘尼來幫自己提醒，也能發覺到原來自己還有什麼過失，那就容易改進。所以自恣那一天，就是大家把所有過失都改正了，未來修道就會更快速，所以這一天 佛陀看了歡喜：大家都努力在改過，不論是修行上的或者佛法上的錯誤認知，或者觀行上的錯誤認知等，大家都改過了，所以 佛陀知道大家接下來修道的道業進展會更快，佛心歡喜，所以自恣日又名爲佛歡喜日。可是這一天就不許

「破戒比丘」參加，因為他不論聽了任何一人不如法的事，一定會出去渲染變成好大好大的不如法；明明就只是一個芝麻蒜皮的小事，把它渲染到很大，藉以沖淡自己破戒的罪過。所以這種「破戒比丘」有智慧的人看見了一定立刻遠離，不跟他們同事，也不跟他們布薩和自恣。

如來又說：「**舍利弗！破戒比丘於我法中為是不吉，持戒比丘見此破戒，即時遠離；何以故？若破戒比丘手所觸物及所受物，於持戒者則為毒惡。**」換句話說，見到「破戒比丘」就等於遇到了不吉的事情一樣，比丘們要這樣看待。如果你今天出門，正好烏鴉在面前嘎嘎大叫，你大約會想：「**唉！今天不吉。**」世俗人都是這樣想，除非你每天撒了食物供養那些烏鴉，否則牠那樣叫，是有意涵的。《楞嚴經》說那叫作「咎徵」之類，《楞嚴經講記》中有說明過了，這裡不再重覆。

看見不吉的事，一定要設法避開。有的人很迷信，一出門，街道上走著走著遇到不吉的事，馬上轉頭就走，換走另一條街過去。還有一件事情，年輕的父母們聽了：你們養孩子三足歲以內，如果無緣無故發燒，你要檢討一下昨天有經過什麼地方，有沒有經過喪家，人家正在辦喪事？或者他昨天是不是吃了人家結婚用的喜食？要不然就是昨天被懷孕的女生抱過，或者人家還在守丁，手臂上還有麻圈？一般的孩子沒問題，因爲他們命很硬；命很硬，好不好？長大了不太有福報。可是有的孩子命很貴，這一些東西都碰不得，一碰就發燒，保證第二天發燒；若是全都觀察過了，遇上一次是這樣發燒，兩次也這樣，就不需過三，第三次帶著孩子出門一看見人家有辦喪事，轉頭就走，改走另一條街，這是很常見的事實。

有人想：「**這可怪哉！人家辦喪事干我什麼事？**」當然不干你什麼事，只是干孩子有事，因爲他還小又貴氣，辦喪事的地方有很多冤親債主來，他生前得罪了誰，人家都來了，何苦來哉帶著這個貴氣的孩子去那邊跟他們相沖呢？用不著吧？你得知道：「**咱家孩子貴氣，不要讓他碰髒東西，避開就好。**」這一類孩子也不能看人家殺雞殺鴨，還有一點比較無所謂，因爲現在沒有古井，否則他去探古井也不行。這是養孩子的很多人都遇見過的，因此這一種事情顯示什麼？顯示它不吉祥。

有人死了辦喪事不吉祥，但若人家結婚總是吉祥了吧。結婚時到底吉祥不吉祥？（有人答話，聽不清楚。）爲什麼不吉祥？（有人答話，聽不清楚。）

對了！世俗人顛倒，吉事用凶事來辦；明明結婚是個喜事，結果殺豬宰羊，吃掉多少眾生肉，這一對新人損了福德又跟眾生結了怨。最倒楣的是孩子或孫子滿月，爲了父母的面子，讓那一個月的孩子分擔那些惡業，眞沒道理。有錢人家孩子滿月眞的殺豬宰羊，辦流水席請整村的人都來吃，只是這一些業跟那個孩子有什麼關係，他又沒有想要這樣，結果他的父母強加了這個罪給他，這孩子無辜就跟他的父母共同擔了這業。所以凡是不吉之事，有智慧的人都要趕快遠離；若是在佛教道場中看見了不吉的「破戒比丘」，就應當要趕快遠離。

就像我剛剛講的，你那個貴氣的孩子吃了人家的喪喜之物，第二天就發燒了，因爲那東西不吉。同理，這個「破戒比丘」在道場裡面，他所摸過的東西都有毒，都是不吉之物；一點吉祥都沒有，而且還有毒；並且那個毒還很惡，所以叫作「毒惡」。譬如「破戒比丘」受人供養，他那個受供之物在某個地方，其他的比丘經過時順手摸一下，人家旁邊看見說他也想要，人家會這麼想吧；因爲破戒比丘受供之物不會是一般比丘受供之物，他不屑於那種供物，他要的是最好的物品；那持戒清淨的比丘走過去，好奇摸一下，人家會想：「你心裡也在想著。」對清淨僧團就會是一種很大的傷害；所以說：

「若破戒比丘手所觸物及所受物，於持戒者則為毒惡。」

因為這一摸，也許覺得質料不一樣，就跟著起貪。例如「破戒比丘」收受人家供養的一套僧服，那料子、手工都是非常高級的，那一套僧服可能十幾萬臺幣才作得起來。別的比丘看見時也許這麼一摸，他的這個觸感很敏銳就知道這是好布料；當下只說是好布料而已，也許第二天突然起一個念：「我如果有這麼一套也不錯。」然後就這麼開始發芽生長，後來就壞事了。

以前我很單純，十八、九年前，託人供養大陸廣州一個佛寺的住持一套僧服，臺幣一萬八千元，那已經快二十年了；後來話傳回來，說那樣的僧服不瞧在眼裡。後來我知道有個日本人發了善心，要翻修那一座佛寺，據說捐了五百萬人民幣，結果他全部納為己有；我是這樣聽到的，親耳聽聞；是真是假，我沒有證據，只能請諸位姑妄聽之。但是我不覺得奇怪，因為大陸的比丘不同於臺灣的比丘；他們想要出家時，住持說好了就指示：「你去街上理髮廳剃了頭髮回來就行。」於是到外面理髮店全部理光了，回來之時師父就給他一套僧服穿，這樣就算是出家人了，然後就報上去。但有的根本沒報，這樣就叫作比丘，也沒有受三壇大戒，在大陸這樣的比丘多如過江之鯽。你們覺得驚訝？是啊！因爲在臺灣會覺得這不能想像，可是在大陸這是很普遍的現象。

所以你無法想像的，出家人之貪可以貪成那樣，那是將近二十年前，臺幣一萬八千元一套的僧服算不錯了，請問你們現在一套僧服製作起來多少錢？臺幣一千元喔？二十年後的今天，一千元臺幣的僧服就這樣穿了。我告訴諸位，二十一年前我在榮總旁邊的市場攤販（現在拆掉重建了），買了一套六百元的居士服（其實是唐裝），我現在都還在穿，一套才臺幣六百元。而我供養他一套一萬八千元的僧服，他還看不上眼，那諸位就可以知道這樣的「破戒比丘」確實不吉；他所用物放在寺院裡，讓人家見了、讓人家觸摸到了都是「毒惡」。不但有毒，而且那毒很惡性，因爲只要他一直存在寺院中，就會漸漸發酵；就好像一條很健壯的水牛被科莫多島的科莫多龍咬上一口，表面上看來沒事，就只是在筋骨上被咬一口，破皮而已，但三天後就毒發死已；道理是一樣的，它會漸漸發酵起來，所以那眞的「不吉」，眞是「毒惡」。

如來又講另一個譬喻，把這道理說得淋漓盡致：「舍利弗！正使三屍臭穢滿地，我能於中行四威儀，不能與此破戒比丘須臾共住；何以故？舍利弗！是爲沙門中卑陋下賤，爲沙門中朽壞弊惡，爲沙門中秕糠，爲沙門中垢，爲沙門中濁，爲沙門中汙，爲沙門中曲，爲沙門中粗，爲沙門中失聖道者；如是人等，於我法中出家求道而得重罪。」

這個譬喻太傳神了，可是若單純的讀過會不覺得怎麼樣，你要想像那個場景、那個情境。人屍、狗屍、蛇屍滿地，都已經爛了，臭了滿地，如來說：「我能於中行四威儀，」四威儀中的行、住、坐倒也還好吧，可是要在其中臥下，還是在那三屍上面臥，如來說：「這個還可以堪忍，但是我不能跟這個破戒比丘共同在一起那麼一會兒。」也就是說，如來對於這種破戒比丘深惡痛絕不能接受，就這麼在一起一會兒都無法接受，寧可躺在死蛇、死人、死狗上面睡覺，就不願意跟這種「破戒比丘」在一起，才一會兒都不行。

因爲這種沙門不是眞正的沙門，沙門叫作出家人，出家的定義有兩種，一種是出三界家，一種是出世俗家。但不管出三界家、出世俗家，都是清淨的，既然出了世俗家就不該再有世俗家的各種染汙，可是他竟然不斷地破戒而且是破了重戒，所以這一種人是出家人中最卑劣最醜陋、層次最低下而且最下賤；因爲他就像是一鍋好粥中的那一顆老鼠屎，只要他住在寺院中，知情的人都說：「這家寺院大概就是這一類人住的。」其他僧眾便都無端受辱，這眞沒道理。所以 佛說：「這種人是沙門中的朽壞弊惡，」因爲他受的戒已經朽壞而沒有戒體了，而他的身口意行是弊惡的，「就像是出家人中的秕糠」（「秕」字，我記得以前讀作「ㄆㄧˇ」，現在讀作「ㄅㄧˇ」），秕糠是什麼？那稻子要送碾米廠去碾了以後把白米拿回來，留下的外殼叫作秕糠，俗話叫作穀皮，閩南話叫作粗糠。

古時舂米，大部人都不是舂成白米，只把外面的穀皮舂掉，裡面的白米、胚芽以及包著一層薄薄的麩皮都還留著，那糙米是很營養的。吃白米飯很好吃，可是沒營養，因爲只有澱粉。如果家族裡有癌症的病史、有癌症的基因，最好戒掉白米，因爲癌細胞最喜歡吃澱粉醣類。古時礦工都窮，到了地底下挖煤一整天，他們中午吃什麼？飯盒裡就只是糙米飯，加上半顆滷蛋，只能吃半顆，沒錢吃整顆蛋；大部分的主菜是什麼？是蘿蔔乾，可是他們這樣就能幹一天；現在的礦工吃白米飯還有魚有肉，結果到傍晚出了礦坑，大家喊累。以前的礦工是靠什麼營養？主要就是糙米，因爲外面那一層麩皮加上胚芽很營養。

以前彰化縣不是出了米糠油事件嗎？米糠就是米的胚芽，粗糠就是最外層的穀皮；現代人因為只吃精碾的白米，連最營養的胚芽也碾掉了。聰明人就拿那個米糠（胚芽）去榨油，那是很營養的東西；但是壞在他們覺得有一種味道不是很好聞，所以去脫臭，脫臭時又因多氯聯苯殘留，於是吃了米糠油以後造成全身皮膚病變，那是整整一生都好不了的。但是秕糠講的是最外面那一層最粗糙的穀皮，臺灣話叫作粗糠，沒有人要，只能拿去生火。佛說：「**那破戒比丘是沙門中的秕糠，為沙門中垢，**」說他們是出家人中的汙垢者。一堆好的水果，不能容許爛水果藏在裡面，看見爛的就得趕快挑掉，否則其他水果也會跟著爛；種葡萄的也一樣，看見一顆爛了，馬上摘掉。他既是「**沙門中垢**」，當然應該趕快排除。破戒比丘也是「**沙門中濁**」，但時間到了，今天就談到這裡。

上週講到二十六頁第四行，今天要從第四行最後一句開始：「**為沙門中濁，為沙門中汙，為沙門中曲，為沙門中粗，為沙門中失聖道者；如是人等，於我法中出家求道而得重罪。**」世尊說這些貪求名聞利養而破戒的比丘們，以及大妄語而破戒的比丘們，他們是沙門中不清淨的人。也就是說他們的心地不清、混濁不堪，不堪爲道器，所以是沙門中濁。我們弘法以來也一直遭受攻擊，到這幾年才算少，只剩下密宗假藏傳佛教在攻擊；而他們攻擊的目的是希望我們跟他們一樣同流合污，那他們爲什麼要這樣呢？因爲他們是滾滾洪流，我們是一泓清流。

依照理上來講，我們這一泓清流，注入滾滾濁流之中是應該很快就被染污消滅了。不！我們這一泓清流繼續保持，從頭到尾都是清流，所以就很明顯地彰顯出來；他們受不了，就要攻擊我們。但既然這清流永遠不會被洪流變成濁流，所以《阿含經》中 世尊說：「**清濁異流……忠佞相仇。**」是說清者和濁者的志趣不同，忠厚的人跟奸佞的人一定是互相仇視的；所以又講「**明愚異趣**」，有智慧光明的人和愚癡闇冥的人，他們的興趣都是不同的。所以「**沙門中濁**」在僧團中跟我們很不一樣，我們是一片滾滾洪流中的清流，我們是少數；而他們處在清淨的僧團中，等於是在一大片清水之中一泓濁流，所以也很明顯，因此他們在僧團中住，總是很煩惱的。

接下來說「**爲沙門中汙**」，沙門是爲了求出三界家而離開家庭努力修清淨行的人，但他們出家修清淨行以後的結果卻染汙了；他們身心染上了汙垢，在一群清淨的修行人中，這個汙垢就變得很明顯。就像我們同修會中每年固定期間開親教師會議，如果有人平常的行爲很奇怪，奇怪的原因是他有著私心，於是就跟其他的親教師們格格不入，他就變得很醒目，那麼開會時老師們當然要提出來談，他得要改正；如果他無法改正，或者雖然改正但是心中很不樂意，最後就是得離開，道理是一樣的。因爲親教師會議的成員是清淨的，但他被染汙了，渾身汙垢，那他就很醒目，大家都會留意到他；他如果不趕快把汙垢洗乾淨，最後就留不下來，同修會二十年來一向都是這樣。所以他成爲僧眾中的一個汙垢者，大家會另眼相看；那個另眼不是「青目」，而是看他很不順眼，所以他心中就會有負擔。

接下來說「**爲沙門中曲**」，爲什麼叫作曲？就是心地不直。當人家不論作任何事或任何應對，都是直來直往不必顧慮什麼，因爲僧團中本來如此，可是他老是要在心中轉了好幾遍以後才會講出來，不論說什麼事，總是支支吾吾，考慮了再三才蹦出一句話來。那表示他心中另有所思，所以他不是直心的人；心地不直而想要跟僧眾和合共住（特別是清淨的僧眾），他就很難共事。那就是四攝法裡面的「同事」，他是無法作到的。因為大家都不想跟他同事，他要跟人家同事時又不太情願，因為那對他沒有什麼私利可言；所以當他大妄語或者貪財，在作事時講話時心地都是要拐好幾個彎，才能夠講出來或者作出來，心地不直爽，所以他是「**沙門中曲**」。

那「**沙門中粗**」又是什麼呢？出家人有一定的規矩，所以比丘們有兩百多戒，比丘尼加上其他微細行的規範算起來也有大約五百條戒，當然身口意行不能粗魯。可是這個犯戒比丘不論是大妄語的犯戒，或者貪瞋的犯戒，他作什麼事情都不聽人的；因為他如果要聽人家的，私心目的就無法達成，所以總是維持著一個很粗獷的心行，就像大老粗一樣，不論人家說什麼他總是否決，不論人家建議什麼他都否決，是個心行很粗糙的人，所以是「**沙門中粗**」。他持守不了任何的細行，因此由於有以上所說的這麼多原因，他是不可能證道的；這種人，世尊再作教誡：「**為沙門中失聖道者。**」

大妄語的人一定是粗心大意的，假使是很細心的人，想要宣稱自己有什麼果位時，他一定會再三再四去查證；只要經中或者正論中的敘述與自己的所證有差異，他就會趕快警覺：「**如果這樣的境界要對人宣稱證得什麼果位，**

那會是大妄語。」所以他不會是一個失聖道的人。

「聖道」有兩層意涵，第一層意涵是：一般人在聖道中老老實實遵守本分而修行，他也是在修聖道，只是尚未實證而已；但他終究未失聖道，仍然在聖道中繼續修行，沒有失去聖道；只是他的實證會晚一點，也許在下一世，也可能過後幾年，也可能要到未來幾十世，都不一定，但他一定不犯戒、不犯貪、不犯瞋，繼續安住清淨修行，就是「聖道」。

另外一種「聖道」的層次，就是有所實證。有所實證一定是有基本條件和前提。基本條件，諸位想一想每次報名禪三時，那報名表背後列了幾個條件；那些條件是必須的，其中有一個被很多人忽略的，特別是會外的學禪者一定會忽略的，叫作「性障」。那麼性障包括什麼？包括他有沒有犯戒。假使某個出家人一天到晚在犯重戒、騙了人家好多錢財，結果都留在口袋裡自己用；收了很多錢財就是自己花掉，沒有用在常住上面，沒有用在弘揚正法上面，這都屬於犯戒。這是犯嚴重的盜戒，爲什麼是嚴重的盜戒？因爲這叫「侵佔招提僧物」，招提僧也就是常住僧。出家後受供養時應該利和同均，結果他收了供養，不但是自己侵佔了，完全沒有用在常住上面，而且不是用在弘揚正法上面，他拿去在世俗法上用，都只是自己享用。

如果是大妄語業，大妄語當然更是失聖道；如果還有其他的犯戒等，那問題又更嚴重。有的人特別容易犯瞋，動不動就故意罵人，就是「故瞋」，也是十重戒之一，所以犯重戒以後想要得道很不容易。假使犯重戒以後有人願意告訴他佛法的密意，對他到底好不好？諸位搖頭表示全都瞭解這事不好，因爲他成爲盜法者。重罪未滅本來就不該得法，但他偏偏想方設法套交情，又因有人口沒遮攔，違犯法毘奈耶而把密意告訴他，結果是怎麼樣呢？兩個人都犯重戒——虧損法事、虧損如來。他的心性是這個樣子，原有的罪都還沒有消滅，現在又出現一個大妄語的證悟身分，賡續以往的身口意行惡業，就是罪加三級。

因爲知道密意了，就應當依照眞如去改變自己的身口意行；結果他沒有改變，還繼續在以前的妄語、貪欲等心行上運作，這叫明知故犯，所以罪加三級。犯了這些重戒以後有人想要重受菩薩戒，我不能核准，是因爲犯得太嚴重；他去求 如來，結果 如來也不准。那如果連續犯了二個、三個重戒，而且這些重戒的根本、方便、成已都具足，那就是地獄種性；除非捨壽前每

天在　如來聖像前懺悔，並且有見好相，否則其罪不滅。像這樣的人縱使知道密意了，其實依舊是「失聖道者」，死後必墮地獄。不要以為說：「我悟了，你們看我現在沒有事啊！」目前當然沒有事，因為這些因果都是總帳一起算的，目前算帳的時間尚未到來，當然沒有事。

祖師們說悟了以後幹什麼事都沒罪，那是在理上，指如來藏本身的境界中無罪可得；下一世去到地獄時，如來藏依舊沒罪；如來藏把他生在地獄中，如來藏的境界中什麼都不領受，當然依舊沒罪，可是他下一世的五陰怎麼辦？那個苦楚言語無法形容，又無處逃避，可怎麼辦？那時五陰的罪還是在，幾乎是要無盡期地遍身領受苦楚，悔之不及卻已經晚了。人家祖師是從如來藏來說，是悟了以後如來藏的境界中根本看不見有罪，他還當眞，誤把理上說的無罪當作是事上的無罪；那種人想要報盡趕快回來人間，眞的要很久很久，世尊說這樣的人是「失聖道者」。

那麼　如來接著說：「如是人等，於我法中出家求道而得重罪。」看！如來這樣說是早就預見了。我說這些人也是很冤枉，出家修行本來是善心，沒有人是惡心出家的，除非是天魔派來的人。當初因為善心而出了家、修了道，結果造下了重罪；眞的有很多人出家得了重罪，那眞是非常之冤，因爲過不在他們，而在那些假善知識——「惡知識」——身上。你們看印順派的六識論比丘、比丘尼眾，他們出家時難道是惡心嗎？絕對不是。可是出家修道被釋印順給誤導了以後，接著有人繼承他的邪見，例如釋昭慧、釋性廣還有一些人；他們繼承釋印順的六識論後就教導那一大群比丘尼，她們就跟著否定大乘法；據說她們還寫了文章或寫了書，說這二乘解脫道比佛菩提道更殊勝、更究竟，這是公然犯了十重戒中的謗三寶罪。像這樣心行顚倒的言語，她們也講得出來、寫得出來；可是她們出家求道而得這樣否定正法的重罪，卻不是她們本身的意願，她們心中認爲是在護持正法的。她們也不想造作這樣的惡業來否定眞正的般若、來否定唯識增上慧學，她們只是被誤導；所以包括釋昭慧、釋性廣、釋傳道……等，這一些人全都是被釋印順所誤導的。

那釋印順既然自稱成佛，所以同意生前把自己的傳記命名爲《看見佛陀在人間》，那麼請問印順還該維持著姓釋嗎？不行！應該要回復他的本名張某某，可以叫作張印順，所以他的教門應該叫作張教而不該叫作佛教，因爲他說的不是佛法。同樣的道理，後山那位比丘尼「宇宙大覺者」；「宇宙大覺者」的意思是說她已經成佛了，這個新創的名詞不論怎麼解釋都屬於 佛陀才能有的；那尊雕像雕了出來可怪，身形瘦削，不像 如來身形雄壯；如來的胸背都很厚，臂膀都很有威德力和氣勢，但那一尊「宇宙大覺者」雕出來胸膛扁扁的、瘦瘦削削的，明眼人一看都說就是那位比丘尼的雕像。既是「宇宙大覺者」，總該有三十二大人相吧？大人相之中的一個髮紺青色，她也沒有，她都剃光了，看不見她頭髮的紺青色。也還要有肉髻吧？除了頭髮右旋之外，還得要有肉髻，她也沒有；像這樣而在後來辯稱是 如來的雕像，這講不通。而且 如來報身盧舍那佛的佛座是蓮花藏世界海之上，怎麼會去摸那個地球？那麼那尊「宇宙大覺者」的雕像到底是指誰？

那張臉又不像 觀世音菩薩，佛菩薩造像的規矩，在《造像量度經》中都有規定；總而言之就是「**佛面猶如淨滿月，菩薩雞子臉**」，菩薩的臉面頭形至少要像個雞蛋(雞子就是雞蛋)；菩薩的臉，就算你是倒駕慈航來 釋迦如來座下當菩薩，也不許示現「**淨滿月**」的臉。所以 如來臉一定是圓的、是飽滿的，但那一尊雕像怎麼看都不像 如來。每一個人一看都說像誰？啊？爲什麼只顧著笑？對啊！一看就知道那是誰了！我沒見過她，但我一看雕像也知道那是誰。她們每年浴佛節就崇拜那個雕像，政治人物去浴佛時也拜那一尊雕像；眞的夠愚昧吧？是啊！

不過我看當時臺灣最有權勢的二個人去浴佛時，他們拜得不是很情願的樣子，應該是對雕像有一點警覺，否則應該腰彎得很低，但我看他們也沒有。想想大概是爲選票的緣故，勉強合掌拜一下作個樣子。因爲人家一看就知道那雕的是誰：「**那我憑什麼拜妳？**」所以後來被質疑而解釋那一尊雕像是如來的雕像，眞的解釋不通，因爲臉型與白毫相也沒有，肉髻也沒有，髮紺青色和螺紋也沒有；胸如鹿膊也沒有，她就像閩南話說的「瘦閣薄板」（臺語，意謂身形瘦薄好像門板一樣），這怎麼會是 佛陀的雕像呢？大家一看就知道那是她的雕像，而她們說那是「宇宙大覺者」的雕像，表示她在告訴大眾：「**我就是宇宙大覺者。**」信眾不明就裡，心想：「**我們師父成佛了，所以我們稱她爲『上人』。**」

可是有個問題，如來十號中沒有一號叫作「上人」，只有在民間信仰道教等等才有叫作上人，這樣看來顯然她是大妄語；當人家對她們的行爲不滿而提出質疑時，她又不敢承擔。我說了什麼話、我作了什麼事、我說了什麼法、我作下什麼決定，我就承擔，但她成佛的人不敢承擔。幾十年前她出家那是善心，雖然沒有什麼智慧而去出家，但依舊是善心；那時她所認知的佛法就是行善，眞是善心，那求道也是善心；出家和求道都是善心，最後的結果卻是得重罪。眾生捐輸了那麼多的錢財她是怎麼用的，這就有問題了，這也是重罪。再加上這一個大妄語而且是特大號的大妄語；喇嘛們有時候自稱活佛，但他們往往不是以佛自居，只是那個名號叫作活佛而已，可不像達賴他們自認爲自己是什麼菩薩的化身；所以自稱宇宙大覺者的成佛之罪和達賴之罪，比起喇嘛們來只重不輕。

那你想，以善心來出家求道，結果是得到重罪，而她得到重罪的原因在哪裡？在印順啊！因爲印順那樣的境界就自稱成佛了，所以印順都還沒有走時她就開始離了像不是嗎？她想：「**我的境界跟我印順師父一樣。**」於是人間這時候，特別是小小一隅的臺灣島上就有兩尊「佛」，而這兩尊「佛」當蕭平實對他們指指點點時，他們都不敢回應，這算是什麼佛呢？所以追根究柢或者歸根結蒂，始作俑的釋印順，他的罪特別重；因爲後山那位「宇宙大覺者」是被釋印順所誤導，我的看法是她的罪比釋印順輕一點。可是因爲她造作的規模太大，害信眾跟著大妄語，導致很多信眾趾高氣揚跟著大妄語，因為他們讀了《心靈十境》以後自我印證是初地菩薩：「因為我布施了十幾年、二十幾年，**我都是很歡喜的，我就是初歡喜地菩薩。**」

所以慈濟那一些人好不好度？很難度。兩個原因很難度，第一、層次差太多了，我們的書他們完全讀不懂；第二、他們想：「**我們師父信徒號稱一千多萬人，你們正覺那麼小的團體，我幹嘛去跟著你學？**」縱使她有一千多萬人，只是信徒，不是在修行的徒眾；何況還有至少一半以上根本就不是信徒，只是因為親朋好友拉著每月捐個一百、兩百元，就把他們算作是信徒了；實際上眞正的信徒我認為不到五百萬人，這五百萬人只是信徒而不是實修的；那麼眞要談到實修的有多少人？到底有多少人？啊？一個也無。因為連領頭的她都沒有實修了，有誰能夠實修？都是在六識論意識或者識陰的境界上面打轉，轉來轉去不超脫於六識之外，哪一個是有實修的？

所以她們沒有眞正的佛教徒，但聽說她們好像是創教或創派了，前些年不是成立了慈濟宗嗎？這問題又來了：有誰是生前自己創宗的？可以去追溯看看中國佛教八大宗派，有沒有哪一位祖師是自己創立那個宗派？沒有人自己成立的。「法相唯識宗」當年玄奘有自己成立慈恩宗嗎？也沒有啊，那是窺基以後的事了。天台宗、律宗、賢首宗、俱舍宗、三論宗……全都一樣，沒有那個創派的祖師自己成立宗派的，那都是後代的事。她現在自己成立了一個慈濟宗，聖嚴法師也成立了法鼓宗，單是臺灣就增加兩個宗派。

但是創立宗派就好像開了一家新店，這一家新店出來要跟人家競爭那一些客戶，一定要有奇特之處；天台宗成立了，它的奇特之處就是善於判教；賢首宗、三論宗或者俱舍宗，都各有特色；但慈濟宗有什麼特色？只有行善；如果談行善，基督教也可以稱宗——基督宗、天主宗，也可以啊！可是建立宗派一定有它的特色，譬如「法相唯識宗」，在窺基之後成立了這一宗派，也是被外人稱爲慈恩宗，又有後人稱之爲法相唯識宗，是以後才有了這個宗派名稱，他們本意也沒有要成立宗派。當年因爲在慈恩寺的關係，人家稱它爲慈恩宗；這個慈恩宗有特色，就是增上慧學，懂得全面性的佛法。那慈濟宗有什麼特色？就只是行善，但行善不是佛法呀！只是人乘、天乘罷了，扯不上佛法，因爲她們對佛法是十竅通了九竅，連解脫道都還談不上；像這樣來建立宗派，現在又自稱是「宇宙大覺者」，面對質疑時又不稱是佛；既不稱是佛，她所說的應該就是「宇宙大覺者法」，不叫佛法；那顯然它就不是佛教，因此慈濟宗不能叫作佛教，因爲她說的不是佛法。

如果她講的那些都自稱是佛法，那她就是侮辱 佛陀，因爲 佛陀所說的法不是那樣講的；那她說：「這個是佛法呀！」就表示她講的就是 佛講的，而 佛說的法不是像她那樣處處矛盾不通，而是從來沒有自相牴觸、自相矛盾過；她說的宣稱是 佛說的法，卻跟 佛陀講的顚倒、相反、牴觸，那就是誣賴 佛陀。既然它叫作慈濟宗，那她講的那些法就應該叫慈法，不能叫作佛法；因爲跟 佛講的顚倒，所以檢討這些事情背後的因果眞的很重要。

我記得十年前講過，我說四大山頭的規模太大，結果是使得很多離開那四大道場—因爲覺得他們不如法而離開—自己想要尋求正法努力修行的寺院比丘、比丘尼們，很難得到佛教徒的供養；他們就像吸財機、吸金機一樣，若是繼續這樣子下去，佛法遲早要滅。這是我十來年前就講過的，結果去年內湖保護區那一塊地，又加上釋昭慧自告奮勇出來幫忙慈濟（不曉得是人家請她出來的、還是自告奮勇的），沒想到是越幫越忙，結果弄得慈濟裡外不是人，導致底細被大家公開提出來討論了。

這些暫且不談，究竟是什麼原因使得後山那位比丘尼造下大妄語的大重罪？追究到最後還是釋印順。都是他的六識論害死人，都是他主張「凡夫的人菩薩行可以成佛」的邪謬主張，害死後山那個比丘尼大妄語，所以釋印順之罪大到無可復加。可是沒有人知道他這個罪重，大家都只看表相：「人家剃了頭髮，受了比丘戒，人家出家修行，人家不吃肉、不喝酒、不貪錢財，你蕭平實幹嘛這樣講人家？」可是他這樣作，遠比那些騙財喝酒吃肉的破戒比丘或喇嘛們還要嚴重；因爲那樣的破戒比丘頂多只是喝酒吃肉罷了，不否定正法。可是他釋印順把佛法從根本推翻掉，用常見外道法來取代，然後又害人大妄語，這罪非常重；因爲害人大妄語以後，不是一、二十個人受害，他害那位比丘尼大妄語以後，那比丘尼寫的《心靈十境》又害更多人大妄語；可是這一些罪追根究柢都還是要由釋印順來承擔，他才是始作俑者。

如果拿釋印順的作爲來跟《佛藏經》中講的這種破戒比丘比較，誰的罪更重？對了！你們都知道。這破戒比丘無非是隨便說法，他沒有把正法推翻，無非就是「以他財物自養其身」，可是釋印順是把佛法連根挖掉了，因爲三乘菩提都以如來藏爲根本，否則都無法成立，這是我們早就證明的。釋印順生前讀了我的書，他無法推翻我這個說法，因爲這是三乘菩提中的現量境界；結果釋印順活到一百零一歲死亡，終其一生不曾聽過、不曾讀過他一言一字懺悔，可想而知他的罪有多重。這是末法時代眞正學佛人覺得最難接受的部分，因爲出家與修道都是善法，卻因爲這樣的善法而得到重罪，這想起來實在覺得很冤枉！天下之至冤無過於此！

那些六識論的比丘尼們沒有一個人警覺到這一點，我們今天在這裡就得特地再強調出來，解釋清楚一點，將來總是會整理出版，讓他們去讀、去檢討看看，是不是這一生很冤枉？要不要改過來？改過來以後，至少來生不失人身，還可以繼續當一個清淨的修行人；假使不改過，未來多世多劫令人擔憂啊！所以我說很多事情 如來早就說了。既然 如來早就預記了：「**於我法中出家求道而得重罪。**」那我們現在能作的就是盡量救，救一個算一個、救一群算一群，但不可能全部救得來，因此就盡量去救，救多少算多少，目前也只能如此。但是我想，只要救得一個，可就福德無量；如果救得十個、百個、千個呢？更是無量的無量。

現在密宗假藏傳佛教達賴他們內部有兩派，一派認爲密宗藏傳佛教自己的法是對的，正覺是錯的；另一派認爲正覺的法是對的，我們密宗藏傳佛教的法錯了。這表示我們至少救了其中一派的人，只要死前懂得全力懺悔補救，便可不下三惡道。達賴前幾天呼籲西藏的宗教界、西藏的同胞們，特別是呼籲達蘭沙拉那一些西藏同胞，在宗教上要團結、不要分裂，這是不是「哀的美敦書」？這表示我們又救了一批人，否則他不必公開出來呼籲。他說的是，特別宗教上要團結不要分裂，這表示我們又救了許多人，但不是我一個人救的，你們幫忙來把這個法傳出去才能救他們。所以這無量福德，諸位各自有分。

也許你來同修會不到半年，心想：「**可是我又沒有作到什麼。**」比如世俗話講得好：有錢捧錢場，沒錢捧人場。假設只是捧半年的人場，也是有福德的。現在外面在傳說：「**正覺每週二臺北五個講堂坐滿了，不只一千人，隨便算一算都知道。**」（編案：此書出版時是六個講堂全部坐滿聽眾。）如果加上其他各地講堂同樣週二晚上也坐滿人，這到底是多少人？打從臺灣有佛教以來也沒有過這樣常態性的講經規模，所以他們認爲正覺是大道場。我都不覺得大，他們倒說我們大了。也有人說正覺現在是臺灣第五大山頭，我說：「正覺才第五啊？我們法這麼大，怎麼會是第五？」所以還得要大家努力一起來幹活，才能救更多的人。救得更多的人，大家的福德就更多，因爲在佛教歷史上這樣的機會不多；而今天我們達到一定的成績，所以現在臺灣人對喇嘛教普遍的認知，就說那是邪教。有些書讀不多的老人家一看見喇嘛，就說「垃圾教」，這表示我們救了很多人，這個福德未來世都會實現。只要你繼續在正覺待下去，待到將來老了、走了，那福德就夠大；即使待在正覺什麼事都不作，也有一分很大的福德，這是老實話，不是瞎掰。

出家以及求道都是善法而得到重罪，這是天下最大的冤枉；那我們把很多人從冤枉裡面救回來，使他們可以回歸正道，不管他們這一世有沒有機緣可以實證，至少他們離開了旁門左道，單單這個福德就非常大了！所以我們要有信心繼續作下去，一步一步推展開來。假使我們這一世可以逼得密宗假藏傳佛教回歸三乘菩提，揚棄了外道法，同時又把佛門中六識論的邪說全部砍掉，讓佛教界一概回歸八識論正法，這兩件福德都是大到不得了。可是我沒提出來講時，有很多人都沒有想到；其實這是非常大、非常大的福德，所以每週二來這裡坐上兩個鐘頭，坐到老、坐到死，未來世也是福報很大。這好像是一個笑話？不！是高興，不是笑話。我說的是眞實語、誠實語，因爲這一種福德向來都不是世間善法的福德可以相提並論。

假使有一天，有個人是撿破爛維生的，他每週二來聽經時也許穿得不是很整潔，請不要小看他，他每週二來聽經也許只有能力捐個十塊錢、二十塊錢，都別小看他。就像那個供佛油燈的貧女人一樣，那個老女人很窮，她到處行乞後，買了油來點燈供佛，結果連神通第一的大目犍連，用神通要把那個火滅掉還是滅不掉，道理是一樣的。假使他根本就沒有那個因緣可以參加共修，只是撿破爛；但撿破爛都是晚上在撿，那他每週二晚上來這裡聽經，是要犧牲一個晚上的收入，那一個晚上的收入可能是一百元、兩百元、三百元，對他來講是大錢；但是他只要聽到老死之後去未來世，福德不可限量，因爲他心中想的是：「**我就是要護持正法，我雖然三餐吃不飽，我週二晚上來捐個十塊錢、二十塊錢也是我的心意。我就護持正法。**」因爲他護持正法，而所護持的這個正法是可以救護眾生遠離岔路，回到三乘菩提的正道；他也等於幫助了正法道場去救護那一些天下最冤的人，漸漸可以免除冤枉，所以那福德也是很大。因此一定要平等心來看待，因爲未來有可能也會有這樣的人來聽經，大家一定要平等心來看待。

這種佛門中最冤的事講過了，接著回到「破戒比丘」來談。世尊說：「舍利弗！如是之人於我法中，為是逆賊，為是法賊，為是欺誑詐偽之人；但求活命，貪重衣食，是則名為世樂奴僕。」這個破戒比丘「以他財物自養其身」，世尊說他是挑重擔的人；因為這個人在 如來的正法中是「逆賊」。是逆而且是賊，因為他的身口意行違逆佛道、違逆 如來、違逆聖眾，所以他是「逆賊」。那他藉著三寶的名義受信眾的供養，他就是盜賊；當盜賊寧可去世間法中當，千萬不要到佛法中來當盜賊；在佛法中當盜賊將來還不起的，未來世有再多的錢也還不起；最後只能用身上的肉來還——用命來還，那眞是愚癡人。

所以這種人既逆又是賊，世尊說他是「逆賊」，又說他是「法賊」。為什麼又是「法賊」？因為他竊盜 如來所說的法去為人家說法，博取名聞和利養，那就是竊盜了法；因為法不能拿來賣的——法不可以拿去換錢財。如果世尊說的法可以拿來賣、可以換錢財的話，我早就作了，但從來不作。不但不作，而且我出來弘法，把法傳給大眾，我自己還捐錢出來護持；打從有正覺同修會以來，錢捐得比我多的人很少，用手指頭就可以算得出來。我把法傳給大家，我還捐錢；那如果有人得了法還用這個法去賺錢，是不是跟我角立？就好像一個四方型的框框，我在這個角落，他在那個角落，就是與我角立。我覺得這樣的人不聰明，因為在同修會中，早期很多同修都說我最傻；可是我最傻的人說出來的法，是天下最好的佛法。佛經中很多的法失傳了，我又重新把它拿出來傳給大家，我能夠這樣，會是愚笨嗎？會是傻嗎？所以應該說我是會裡最聰明的人，對不對？（大眾鼓掌⋯）

但是我這個最聰明的人把法傳給大家，還捐錢出來護持；而他們自認最聰明的人，來正覺得了法竟然用這法去賺錢，到底是他們聰明還是我聰明？喔？是我聰明喔？原來傻瓜才是智者。我這麼智慧能夠講出這個法，可是我不敢藉這個法來貪污，也不敢藉這個法來獲取名聞利養；而他們來得了這個法，竟然要用這個法獲取名聞利養，那不是笨蛋一個嗎？也就是說不能當「法賊」，如果要用這個法來獲取名聞利養，我不是不會，我只是不想作；只要找一家廣告公司來每年花個幾千萬元，不必五年就成為很有名的大山頭了，那時要多少錢、多少人都有，信徒是數不完的，但我不想要這樣作。如果要弄錢的話那還不容易，我可以定價：明心一百萬、五百萬元，眼見佛性一千萬、五千萬元，都可以啊！如果價碼開了出來，保證很多人要；但你們不會要，因爲你們有智慧，知道不能當法賊。用佛法去獲取名聞利養就是賊，是藉這個法來發財；那破戒比丘正好是如此，既是逆賊又是法賊，顯然他是個欺誑詐僞之人。

所以假使哪一天每週二講經說法，講到一半或三分之一、四分之三時，我就開始插播：「**我們正覺同修會現在都沒錢，想要作什麼都沒辦法。**」那時諸位要學聰明一點，聽到這種話從我嘴裡出來時就要趕快走人，不要留下來了。我常常說，我們從來不勸募，所以我們不是很有錢；可是當我弘法到某一個階段需要作什麼事情，需要多少錢時，錢就有了，就剛好夠我用，弘法以來一向都是這樣。那我如果沒有要作什麼，錢一直進來時我該怎麼辦？就是個負擔了。這些錢進到同修會來是要護持正法，要爲正法所用，不是要放在銀行裡的。那我們弘法二十來年，剛好到這個階段要作什麼事情時，錢就剛好夠，每次總是還剩下一點。

最早期、最難的，就是買九樓這間講堂，那時屋主開四千八百多萬，我們那時在中山北路地下室，會裡的存款只有一千三百萬元，當時我說：「**買了，是該要走上這一步了。**」這買賣契約一簽，我先捐兩百萬再說；結果其他同修們聽到了，這位也捐、那位也捐；當然也有同修聽到買講堂了，心想：「**哇！要花那麼多錢。**」溜了！也有這樣的人，所以她連幹部也不敢再當了，立刻走人，打電話也都找不到她。結果這講堂裝潢好了以後，竟然還剩下好幾百萬元，根本不用貸款。她們當初溜了，是因為心想：「**我們當幹部，這一貸款時我們得要蓋章作保啊。**」怕死了。唉！對正法那麼沒信心。

因為錢一直都剛好夠用，所以我們一直要求親教師們不可以開口勸募。親教師們上課時絕對不會說：「**正覺同修會缺錢，你們要多捐款啊！**」你們什麼時候聽過？一句也沒有。也就是說我們老老實實作事，那我們到某一個階段該作什麼事情需要多少錢，佛菩薩都安排好了，我們不用去操心，所以當我想要作一件事情時錢總是夠我用。我平常不問錢，會裡有多少錢我不知道，可是當我需要作某一件事情，得先計算一下大概需要多少錢，我就先要問財務主管：「**我們現在有多少錢？**」他們會給我一個總數，我說：「**那我知道了。**」就開始進行，一直都是這樣，但平常我都不過問的。

所以，想要當「欺誑詐僞之人」是很容易的，但那是指破戒比丘。可是對我來講，天下最大的難事就是當一個「欺誑詐僞之人」。因爲要詐僞、要欺誑那是很辛苦的，記性要很好：「**我昨天跟某甲講過什麼。**」「**早上跟某乙講過什麼。**」「**前天跟某丙講過什麼。**」都要記得清清楚楚。累不累啊？那很累。如果都不欺誑、不詐僞時，都不用記那些，講過就忘掉了。有時候人家跟我說：「**老師！您前年講什麼……**」我回說：「**我有講嗎？**」「**有啊！您是這麼講的啊！**」我說：「**現在呢？**」「**現在剛剛好啊！**」你看，如果是「欺誑詐僞」，不論是事情上面或者法上就會出問題了。

所以「**欺誑詐僞之人**」心地不眞，一定落在識陰裡面。如果眞參實究而證悟了，他就一定會轉依成功；如果是打聽密意來的，轉依必然不成功，就可能會成爲「**欺誑詐僞之人**」，到時候欺師滅祖的事情都敢幹，如來的聖教也就不看在眼裡，因爲他認爲世間的利益最重要。可是我們認爲盡未來際道業上的利益才是最重要，世間利益帶不到未來世去，何苦這一世用法去賺了錢，來世當牛當馬。所以聰明人反而是傻瓜，傻瓜反而是聰明人。而這一種「**欺誑詐僞之人**」，世尊點了出來：「**但求活命，貪重衣食，是則名爲世樂奴僕。」這一些人只爲了活命，可以去騙人；何況破戒比丘大多不是只爲活命，大多是爲了衣食，對於衣服和食物很講究。

現在的人或者社會有些事情，我一直都沒辦法認同，例如賣場中賣的餅乾還有三天才過期就打九折賣了，但卻有人買回去就開始罵：「**打了九折，原來再三天就過期了。**」就罵！如果不是還有三天就會過期，人家幹嘛打九折？所以菩薩不要跟世俗人一般看法，只要它是沒壞的就是可吃的；明明好幾包、好幾大箱餅乾都沒壞，爲什麼就要拿去當垃圾丟掉？我這個人常常在吃過期食品，有時我要拿給孫子，女兒一看：「**爸！您這個都過期了！**」我說：「**這個都還沒有開封，都好的，我現在還沒吃完的這一罐比那一罐還早，我不也是活得好好的。**」（大眾笑…）因爲這是我的習慣，可是我不太會去注意保存期限。

我只要看是好的，有朋友來，我拿了就送，有時會遇到人家說：「**你都過期才送人。**」其實我不是那個意思，我還沒吃完那一罐比送他這一罐的到期日還要早半年，我都還在吃。所以布施時大把大把錢財，我不心疼；可是半罐食物還沒有壞，你說過期了就要丟，我捨不得，我就這樣吃啊，如今也沒怎樣。所以衣食不用貪重，只要能健健康康活下來就行。過期食品吃了就會死、就會病嗎？不會！只要它沒有壞掉就行。因爲有的沒有過期，譬如有的罐頭沒有過期，但它已經膨脹了，雖沒過期也不能吃；但過期的如果沒壞，就可以吃，這是很簡單的道理，爲什麼要浪費那麼多的食物呢？

這是我的想法，我也這樣子作；我從年輕時就一直這樣，到現在沒有改變過。那衣服人家說一年的治裝費要十幾萬、二十幾萬元，我說我一年治裝費用不了三千塊錢。以前榮總旁邊有個擺攤子的聚落，有賣衣服的也有賣吃的，什麼都有，我在那裡買了幾套衣服；其中有一套短袖的居士服，一套六百塊錢，我現在都還在穿；才六百塊錢，穿上二十年也沒有什麼問題。

現在因爲算是有一點大師的氣氛了，不能穿得太隨便，所以穿得好一點，但是也不用花錢，因爲我們有的同修是製作服裝的，他看了我身材，量都不用量就幫我做了，那樣一套唐裝我就可以穿上十幾年。所以我現在更沒辦法花錢了，沒辦法花錢就護持正法吧。也就是說衣服很容易滿足的，那吃的呢，反正能過日子就好了，吃得飽有營養就好了，管它好吃不好吃。有時人家說這個好難吃，但我不覺得難吃，還是覺得津津有味。所以不貪重衣食時，你就不會被衣食這兩個法綁住，否則被綁住了就是煩惱。被飲食綁住的人多著，特別是四大山頭的信徒們，有人在臺北聽到臺中有一家素食餐館很好吃，趕了下去專程要去吃那麼一餐；臺北開了一家素食館，臺中的信徒聽到了特地跑上來吃。不累喔？那就是被舌頭綁住了。這些人都落在我所中，其中總是有不少大師特地來吃上這麼一餐；所謂的大修行人也不過爾爾，連「我所」都跳不開，要他們跳升到「我」的內容來探究，更沒門兒。

所以他們都在我所上面講法：「**只要不貪吃、不貪財，就是清淨心，那就是眞如。**」就這樣子說，所以沒有人能斷我見，其來有自，因爲他們都是「**世樂奴僕**」。但這個過失能怪他們嗎？不能。要怪他們的堂頭和尚，因爲他們的堂頭和尚就是這麼教導的。終於有一天善根成熟了，一腳踩進正覺才終於知道什麼叫作佛法，再也不當「**世樂奴僕**」了！所以你們以前有的人穿名牌、揹名牌、戴名牌，來到會中一個個名牌都不見了，因爲護持正法比較重要。有福德可以證道這個比較重要，所以名牌都拿去賣掉護持正法。

有很多人是這樣的，這就表示已經離開我所的繫縛，好好學法。沒想到禪淨班上了一段時間，說要教我「自殺」；我本來活得好好的，竟然說我不是我，說我是假的，要自殺——否定自我的全部。掙扎了好久終於捨得了，願意死——否定自我的每一個部分；因爲死了以後才有一個更棒的自我活過來——那個法身慧命出生了。法身慧命出生了以後就說：「沒想到這一死一活之後，這個假我五陰還不必死咧！還可以比以前更有智慧！啊！何樂不爲？」所以到正覺來，有一天實證了以後，明明知道是被騙的也願意；有的人在實證之前也知道說，這悟了其實是被騙的，沒有所謂的悟可說，竟還是想辦法要被我騙成功，因爲這才是正法。正因爲證果時沒有果可得，那不是被騙了嗎？幫助你證了眞如，眞如又不是我給你的，是你家裡本來就有的；有一天眼見了佛性，佛性也是你家裡本來就有的，又不是我給你的，所以無所得，這樣眞是被騙了，卻很歡喜。

因爲別人想要讓蕭平實騙，也還不成，還得要夠格才能被騙。所以願意被騙成功，第一步就是要遠離衣食的繫縛；貪於口腹之欲、貪重衣服，這要先把它遠離，不當世間樂的奴僕。可是這種破戒比丘正好是「貪重衣食」，正好是「世樂奴僕」。世尊對這種比丘說了一個譬喻：「譬如黃門非男非女，破戒比丘亦復如是，不名在家、不名出家，命終之後直入地獄。」如來這裡是明講的：「爲了衣食而破戒，爲了名聞利養而破戒，爲了男女欲而廣傳雙身法也是破戒，爲了名聞利養而大妄語更是破戒，」這樣的人 世尊作了譬喻說：「這個人就像黃門。」

黃門又叫半擇迦，半擇迦是說他不是男人也不是女人。你要說他是男人，但他只有一半男人的功能，並不具足；你要說他是女人，他卻只有女人一半的功能，也不具足；是二種都有但都不具足，所以你無法把他歸類在男人或女人之中，因此就把他叫作「黃門」。有天生的黃門，也有後天的黃門，比如太監是後天的黃門。這一種人在道場中的住宿很麻煩，在團體中，你到底要讓他住在男寮、還是讓他住在女寮？都會有問題的。所以就因爲很難處理，世尊不許這樣的人出家，因爲出家時住宿就是一個問題，也會引生僧團中的紛爭。

那麼破戒比丘就像是黃門，破戒的比丘能說是出家人嗎？不能啊！因爲他的戒體已經毀壞了，所以不是出家人；那你能說他是在家人嗎？也不行，因爲他剃了頭、可能戒疤燙了好幾個，又住在寺院中，也不能說他是在家人，那到底該算他什麼？所以說他「非出家、非在家」。像這樣的人在僧團中最難處理，因爲這種人在六和敬中講「利和同均」時，他是不應該跟人家同均的，因爲他已不是眞正的出家人了。「戒和同修」，他是不應該被人家恭敬的；六和敬的其餘部分，道理也是一樣的。可是他又不肯離開，那時大眾只能默擯。

這種人若是聰明的話，趕快還俗去，好好去懺悔。想要名聞利養，在世間法中也可以達到，爲什麼要在佛法中出家來求名聞利養？那麼這種人既不是出家也不是在家，卻是擁有出家法又要擁有在家法。出家法是不必親自去種田，可以得人家的供養；可是在家法是應該要去賺錢的，得自己辛苦去賺。但他出了家而不離在家法，卻可以得到很多世俗法上的享受，那不正是在家法？因爲出家之人夜宿的寮房就是一丈乘五尺的長寬來住，可是你看這種破戒比丘還可以募得一大筆款項，蓋好了一座好大的佛寺，而房間特大，已經不叫作方丈了，那要叫作三方丈、四方丈了，因爲是三丈或四丈見方，也有這樣的出家人。那方丈室大得不得了，比一般公司的董事長辦公室還要大；他擁有這樣的在家法，可是他的所得來自於信眾，是用出家法來得到在家法，這是不如法的。

所以像這樣的人「不名在家、不名出家」，如來預記他們「命終之後直入地獄」，死後直接下地獄，不經過中陰身的階段；因爲這類人不會生在邊地獄，而是直接下了無間地獄，不必經過中陰身。那如果把三乘菩提從根挖掉，也就是把如來藏否定了，如果又犯下特大號的大妄語業，自稱是佛、自稱是「宇宙大覺者」，是不是比這個破戒比丘還要嚴重？是的！那麼將來捨報以後怎麼樣？不必我說，如來都已經說了。

世尊又說了一個譬喻：「譬如蝙蝠欲捕鳥時則入穴爲鼠，欲捕鼠時則飛空爲鳥，而實無有鼠鳥之用，其身臭穢，但樂闇冥；舍利弗！破戒比丘亦復如是，既不入於布薩自恣，亦復不入王者使役，不名白衣、不名出家，如燒屍殘木不復中用。」這譬喻是說，就好像蝙蝠晚上想要捉鳥時，就如同老鼠一樣爬入洞穴捉麻雀等鳥類；或是想要從空中掠食而飛下來捉捕老鼠時，就飛升天空當鳥一樣。「入穴爲鼠」，因爲有的鳥是在白天活動的，晚上躲起來睡覺時，當然躲在岩壁的洞穴中，避免蛇咬等；這時蝙蝠就飛過去，從洞口爬進去就抓到了，這就是「入穴爲鼠」，就好像老鼠一樣在洞穴裡面爬，牠就把晚上睡覺的鳥抓去吃。當牠想要捕老鼠時「飛空爲鳥」，牠晚上在空中飛著比較容易觀察到地面上的老鼠，找到了就飛下來抓鼠。這樣看來，牠既能夠當老鼠一樣爬進洞穴去抓鳥吃，也可飛在空中當鳥那樣去掠食老鼠，可是牠有老鼠的功用嗎？有鳥的功用嗎？都不具足，所以「實無有鼠鳥之用。」

那蝙蝠很臭的，假使你們有人不相信的話，可以去找蝙蝠洞進去嗅嗅看，滿地都是蝙蝠的糞，很臭的；所以要記得穿雨鞋進去，因為地上都是蝙蝠的糞，非常臭；牠整個白天都在裡面熏著，當然很臭。就好像有句古話說「如入芝蘭之室，久而不聞其香」，他是出室時身上都是香；另一種狀況是「如入鮑魚之肆，久而不聞其臭」，可是不論他是去到誰家客廳一坐，人家都說：「你身上怎麼那麼臭？」而他自己沒有感覺。蝙蝠也是這樣，牠習慣那個臭味，因為牠在那邊熏了一整天，當然都是臭的。而且蝙蝠「但樂闇冥」，牠最喜歡在闇冥的境界中活動，白天牠只管睡覺，不喜歡白天出洞；可是晚上嘰嘰呱呱一大群飛出來，晚上對牠們來講等於是牠們的天堂，因為牠們能以音波「看」見別的有情，而多數獵物都看不見牠們。

世尊說：「舍利弗！破戒比丘亦復如是，既不入於布薩自恣，亦復不入王者使役，不名白衣、不名出家，如燒屍殘木不復中用。」破戒比丘就像是這樣子，外表上看他好像是比丘，可是人家半月半月布薩，而且每年結夏安居都會自恣，他都不參加；既不參加，應該是當個在家人，就應該自謀生活或是成爲「王者使役」，他偏不，繼續住在寺院接受供養，所以他既不是白衣也不是出家，要怎麼定位他呢？眞的很麻煩。可是這樣的比丘沒辦法期待他改邪歸正，因爲這種心性不是一世、二世可以改變的，得要一劫又一劫不斷修行改正以後，一點一滴慢慢改變才能成功，想要他一世改正很困難。

諸位可以看佛教界，那些推廣密宗假藏傳佛教的道場，他們有沒有宗旨？沒有。禪淨密三修的依舊是三修，顯密雙修的依舊雙修，主張意識是常住不滅的繼續主張意識常住不滅，始終沒有辦法改變他們，所以這一類比丘「如燒屍殘木不復中用」。如果你們有機會去印度旅遊，去到瓦拉那西看恆河，那恆河邊都有人在燒屍體；眞的就在河邊燒，他們印度教的信仰是這樣，說在那邊燒完以後把骨灰丟到恆河裡，這樣亡者就可以生天；他生前幹了什麼惡業都不管，就在恆河邊燒，燒完骨灰丟進恆河就可以生天。那麼活著的印度教徒則說，只要到恆河去灌頂過了，死後也可以生天；這邊亡者家屬倒了骨灰進河裡，印度教徒在下游不過十公尺處河邊較淺的水中蹲下水裡灌頂

——要渾身浸到水裡面去，然後再把恆河水掬上來，從頭的上面灑下來，要這樣重複好幾次。有錢人家信了印度教不得不這樣作，然後一回家趕快沖澡，肥皀擦了一遍又一遍，香水趕快抹，因爲河水很髒。但是在那邊燒死人，燒過了以後總有一些木頭是還沒燒完的，那附近都有人專門在賣木頭，燒了死人有一些沒燒完的，不能拿來雕刻或做窮人的椅子，因爲那已經壞掉了，所以「**不復中用**」，更何況燒死人的木頭本來就是最下等的木材。那破戒比丘「**如燒屍殘木不復中用**」，想要寄望這種人修學正法、護持正法是沒機會的。

所以弘法幾年之後，我聽到訊息說某些山頭修雙身法的事，說某些山頭明著修，某些山頭暗著修，那我就不再盼望那些大山頭能住持正法。然後我想大山頭如此，小山頭大概也差不多；所以後來南部有一個比較小的山頭，他們那和尚看起來也是好像蠻有證量的樣子，有一次還戴了五方佛帽出來在電視上說法，還跟人家講唯識。但五方佛冠本來叫作五方鬼冠，後來不斷修改美化才變成五方佛冠；本來是鬼冠，而且那冠本來是用髑髏去做的，竟然說成什麼五方佛？其實是五方鬼。這一種修密宗假藏傳佛教的出家人，始終不肯出來說密宗假藏傳佛教的理論與行門不對，這些人都不可寄望的，因爲他們就是「破戒比丘」，佛早就說過了：「如燒屍殘木不復中用。」

接著 世尊又說：「如是比丘無有戒品、定品、慧品、解脫品、解脫知見品，」無有這五品，「但有具足破淨戒品；」像這樣的比丘們，戒、定、慧、解脫、解脫知見，這五分法都不用談，他們絕對不會有這五品的功德，有戒品就不會幹這些事；若有定品更不可能，因爲有定的人一定有定共戒，如果發起初禪就超過欲界去了，更不可能破戒；因爲貪人家的錢財也是欲界法的貪，而初禪人早就超過欲界境界了。那麼要說到慧品就更別談了，他全心全意都在人家的財物上用心，怎麼會有時間可以用在智慧的實證上呢？所以慧品他也不可能有。今天就只能講到這裡。

《佛藏經》上週講到二十六頁倒數第三行中間，上週最後說的一句是「如是比丘無有戒品、定品、慧品、解脫品、解脫知見品，但有具足破淨戒品；」世尊是說：「前面所講那樣的破戒比丘，他們不可能有五分法身上的實證。」五分法身，一般初機學人大概認爲說：法身就是一分一分這樣修起來，總共修成五分。這樣說也沒錯，只是說，那是對法身的另一種定義，但不是諸法的所依身。譬如在《如來藏經》中說到如來藏又名爲阿賴耶識，又名法身，說眾生都依祂而有，那麼這時講的法身是說諸法的所依身。

諸法不可能無端不斷地生住異滅，諸法之所以生起一定有一個所依，依於那個常住之體，所以生起來以後變異而暫時存在然後最後消滅；但是滅了以後不該再無因而起，一定是有一個所依身來執持著諸法的法種，才能不斷地滅後再生起，生住異滅的過程才能不斷地實現，那諸法的所依身就是如來藏，就是《佛藏經》講的「**無分別法**」、「**無名相法**」。

這樣看來法身就是如來藏，是一整個心，不是分成幾份的。但是爲什麼又講「**五分法身**」？這五分法身本來是在大乘法中才有的，但是諸位若有讀過《阿含經》，也會發現《阿含經》中有講到五分法身，可是二乘人明明就沒有證得法身，爲什麼也講五分法身？這是說此時所講的法身，講的其實是法的功能差別。身指的就是功能差別，如果沒有功能差別，那個法就是虛設之法，或者說那個法是所顯法而不是所生法。那麼在大乘法中講五分法身，講的就是「**戒身、定身、慧身、解脫身、解脫知見身**」，這個「身」是作爲功能差別來解釋。

破戒的比丘不可能有「戒品」法，因爲他破戒；而且他也不可能有「定品」，因爲他一定心中不得決定，所以他才會去犯戒。受了戒以後願意去犯戒，表示他對於慧的功能差別—慧身—是不存在的，所以他不相信因果律，不相信有解脫，也不相信有解脫的知見等，這就表示他的「慧品」不存在，所以才會傻到去犯戒。那麼戒、定、慧三品善法都沒有了，破戒比丘自然不可能得解脫，所以他也沒有「解脫品」的善品法；本身就沒有得解脫，如何能得解脫的原理以及解脫的境界，他當然也是不懂的，所以他就沒有「解脫知見品」。

這個「解脫」與「解脫知見」互相之間的關係，就好像一個人本來不會游泳，自己努力去練習終於練會了，就是給他找到方法了才會游泳；那他一定是先懂得該怎麼游泳，而不是先會游泳的方法然後才會游泳，所有的人都一樣。即使教練不斷地教他還是不會，那教練一定想方設法告訴他：「你要怎麼樣改變，怎麼樣運作。」然後他不斷去改進以後終於會了，會了以後他就知道應該要怎樣才能夠游，所以懂得如何游泳的方法，一定是在會游泳之後，同理，「解脫知見」一定是排在後面。「解脫知見」要先學，可是學了很久也沒有辦法解脫，等到他都學好而付諸於實行可以解脫了，才終於確定：「原來解脫應該如此修的。」學過游泳的人一定都懂這個道理。

再從證悟這件事情來講，一定是要先學習怎麼樣證悟；聽聞證悟的內容是什麼了，但終究還是悟不了，所以學習之後得要不斷作觀行；到最後終於悟了，然後他就知道怎麼樣是可以悟，怎麼樣修是沒辦法悟的。道理是一樣的，所以不可能知道該怎麼悟就能悟。這表示說，沒有悟的人就沒有證悟的知見；一定是先證悟了，然後接著來施設方法怎麼樣可以爲人解說開悟的，這就是開悟知見，因爲他懂那個道理了。

就好像我這一世，並沒有人告訴我說怎麼樣可以開悟，也沒有人告訴我開悟的內容是什麼，但是我悟了以後就知道，是應該怎麼樣才可以開悟。因爲我這一世沒有老師，沒有誰教我說：「你應該怎麼樣教人家開悟。」但是在教學的過程中，若這個方法不能幫某甲開悟，我就換另一個方法。也就是說你悟了以後就有證悟的所知所見，還沒有悟之前就沒有證悟的知見。我這一世在證悟之前也沒有證悟的知見，所以我悟前也沒有教過人家要怎麼樣才可以開悟，因爲當時連我自己都不知道。

如果有善知識說：「你們不必管我有沒有開悟，只要確定我能幫你開悟就行了。」這樣說法有沒有道理？（大眾答：沒有！）眞的沒有道理。可是法鼓山的學人們都相信。換句話說，你也得先走過那個過程，然後才會知道那裡面的風光，也知道什麼地方該右轉、該左轉；全部走過了，你就能教人家怎麼走；學的人跌跌撞撞也許有時候走錯了，你就把他拉回來說：「**你方向錯了，到這個地方要拐這一邊的彎，不能再轉那邊的彎。**」你都能教導他，最後他也可以悟。所以你得要先有解脫的實證，然後才能教導人家得解脫的方法，道理是一樣的。

所以要度人家成佛，一定先要自己成佛；自己沒有成佛，又怎麼能度人家成佛？二十幾年來弘法，我沒有教導人家說：「**你跟著我學，就可以成佛。**」我沒有啊！我說：「**你跟著我學，你可以證悟，將來可以成佛。**」是將來，我沒有保證說你這一世可以成佛，道理是一樣的。《維摩詰經》也這麼說，《楞嚴經》也講覺行圓滿，然後度化別人成佛，那是諸佛如來。那自未得度而度他者叫作「**菩薩發心**」；自未得度是說你還沒有到達成佛那個彼岸，叫作自未得度。因此，以成佛得度的層次來講，我們都還沒有得度，乃至妙覺菩薩都還沒有得度，所以自未得度而度他者叫作「菩薩發心」。（編案：「自未得度先度人者，菩薩發心；自覺已圓能覺他者，如來應世。」《首楞嚴經》卷六）

同樣的道理，我證得解脫，就來告訴大家怎麼樣是得解脫。我這一世也沒有人教我怎麼樣證得解脫，但是我次第恢復了往世的所證以後，知道原來出三界是這樣；原來無餘涅槃裡面是這樣，這些就懂了，然後就可以教大家怎麼樣去證慧解脫等。要不然《阿含正義》能怎麼寫？你自己都不知道，那你怎麼寫《阿含正義》？道理是一樣的。所以「解脫品」一定擺在「解脫知見品」的前面，你得要先證得解脫，然後知道解脫的境界和解脫的過程是怎麼樣，因爲你已經得解脫，走過這一條路了，知道這一條路上有些什麼風光，有些什麼地方是關口、是險隘，怎麼樣去度過你都知道，那你就能爲人家講解；能爲人家講這一些，就是「解脫知見」。

如果沒有得解脫時，你就不知道怎麼樣可以到達解脫的境界。如果有一天有個師父告訴你說：「你不要管我有沒有證得阿羅漢，只要我能幫你證阿羅漢就夠了。」這個道理通嗎？一樣不通。因爲他不知道如何能成爲阿羅漢，所以以前誤會阿羅漢的人很多；等到《阿含正義》出版了，大家讀過了以後，那些阿羅漢們開始消失了，現在海峽兩岸都沒有阿羅漢了。南洋搞不好還有人自稱阿羅漢，因爲他們還沒有讀到《阿含正義》，但是我們有些師兄姊們已經去南洋贈送《阿含正義》了，他們過個幾年終究還是會讀到或聽到的。

阿羅漢要有哪些前面的次法必須完成的，這些次法完成之後法的本身要怎麼樣去實修，要有哪一些證境，然後具足完成四聖諦的觀行，才算是阿羅漢成就；這一定要自己走過來，然後用自己的體驗跟經典的聖教作了印證之後，就知道果然如此。所以說，正覺弘法以前天下阿羅漢何其多，但都被《阿含正義》打死了；因爲《阿含正義》提出來要有這一些條件或證量，特別是很多人扭曲理解的地方，我拿出聖教中不能被他扭曲的經文來證明；例如我講初禪，特地點出來：「**有證得初禪的凡夫，沒有不證初禪的三果人與慧解脱阿羅漢。**」所以當大家讀過了，那麼後面的解釋也都明白解說了，他們知道自己錯了，因此不再自稱阿羅漢，也有可能私下集眾在佛前懺悔，就可以免於自己的大妄語業，也可以免於他以前所印證的那些人的大妄語業，這是很重要的一件事。

也就是說，證阿羅漢有其先後次第，是不可更易的。那麼「解脱」與「解脫知見」的次第是如此，「戒定慧品」也是如此；戒定慧這三學一定在解脫之前，不會在解脫之後，那「戒品」又一定在「定品、慧品」之前，「定品」也是在「慧品」之前。換句話說你先要心得決定，之後不猶豫，然後制心一處而不動，才能夠有禪定發起，這是必然的，所以有它的前後次第；如果沒有先持守戒法而說他心能得定，沒有這回事；一定是先持守戒法而自己心甘情願去遵守那些戒條，然後把猿猴一般四處攀緣的覺知心給綁住一處，綁久了以後習慣了，就不必要有戒法來約束他了。也就是說戒已經在他心中成就了，這時心得決定，再也不猶豫，才有辦法在慧學上有所實證。慧學上有所實證了以後，他才可能證得解脫；證得解脫之後，他就知道解脫的境界以及應該如何修行才能得解脫，所以他就有了解脫知見。所以這五法的次第是不可改變的。

這五法的功能差別修好了，便說這五分法身成就了。而這五法各個有它的功能差別，因爲有功能差別所以才叫作戒身、定身乃至解脫知見身。在《阿含經》是以「身」來說的。換句話說，戒身就是戒的功能差別；這個戒的功能差別開始發揮了，有作用出現了，已在運作了，這時心就得定了，這是由於戒的受持而使攀緣的心降伏下來；降伏下來才能達到心得決定而不再懷疑的地步，然後才可以努力去修慧。努力修慧才能得解脫，得解脫以後自然就知道，要得解脫必須要有哪一些內涵以及哪一些次第，這就是「解脫知見」。所以每一品都各有它的功能差別，沒有前前品就沒有後後品；後後品勝於前前品，但前前品是後後品的基礎，這就是它的關係。

如來說：「像這樣的破戒比丘沒有戒品、定品、慧品、解脫品、解脫知見品，只是有一個法：具足破淨戒品。」那其實不算品，人家有這五品，也就是五分法身，他有的是具足破淨戒的惡品法。那「有具足破淨戒品」，表示什麼呢？是說他有具足破壞淨戒的功能差別，所以他隨後還會繼續犯。然後每一次犯了他都不以爲意，會說：「這沒什麼啊！因果？因果在哪裡？」他看不見，所以 佛說他「但有具足破淨戒品」，那麼這樣的人你對他就不應該有所期待。這樣的人，如來已經爲他們記別了：「不能出大微妙音聲：戒聲、定聲、慧聲、解脫聲、解脫知見聲，但出毀戒弊惡音聲；」

已經毀破很多種重戒的比丘，不可以期待他會告訴你說：「戒法是怎麼樣的道理，應該如何來受持戒法。」因爲他連戒的名稱都厭惡聽到，怎麼可能再來跟你說明戒的這些道理和戒相呢？都不可能跟你說的，所以你聽不到他發出「戒聲」。像這樣的人心不得決定，只是依附在佛門中去取得他想要的世間利養或者名聞等；他心中對佛法的修證一定不能決定的，所以他也不會告訴你什麼叫作定。因爲這樣的人不可能制心一處，他想的都是名聞利養等；不可能制心一處的人也不會有禪定，所以他不會告訴你禪定的原理、禪定的境界、禪定應該如何修。他都不會告訴你，所以你從他嘴裡也聽不到「定聲」。

至於慧呢，他沒有慧。可別爲他抱怨說：「**他正因爲有智慧、很聰明，才會不斷地犯戒。**」是啊！但那不是戒定慧三學的慧，那叫作世智辯聰。在世間法上很聰明、很會辯論，他狡辯是第一把好手，誰都辯不贏他；但他那個辯才不是戒定慧三學所說的慧，所以你也聽不到他的口中講出來「**慧聲**」。至於解脫那就甭提了，因爲戒定慧三品都沒有了，怎麼可能得「**解脫品**」呢？不能得「**解脫品**」自然就沒有「**解脫知見品**」，所以也不要期待他嘴裡會講出解脫品或者解脫知見品等善法，當然就聽不到他的「**解脫聲、解脫知見聲**」。他口中所說出來的只有一種聲音，就是「**毀戒弊惡音聲**」，他會常常勸人跟他一樣去犯戒、去獲取名聞利養等，那種聲音叫作「弊惡音聲」，因爲那是害人法身慧命的音聲。這樣的比丘假使有人期待說：「這個人可以受教化，所以他有一天一定會出來教導人家如何持戒。」那叫作癡心妄想。

那他會怎麼樣出「弊惡音聲」？如來就說了：「與諸同惡俱出惡聲：但論衣服飲食床臥，受取布施樹木華果；爲貴人使，及論國土吉凶安危戲笑眾事諸不善語，常於日夜伺求塵染；比丘如是身業不淨、口業不淨、意業不淨，當墮地獄。」這樣的破戒比丘會跟那一些和他常在一起的「諸同惡」者，這個「諸同惡」者也許是比丘、也許是在家人，不一定，也許兩者都有，會「俱出惡聲」。爲什麼叫作惡聲？因爲不如法。

出家之人所爲何事？諸位想想看，出家的目的是爲什麼？是爲了過一生嗎？出家的目的一定是爲解脫，不然就是爲了將來成佛，否則幹嘛出家苦修？可是一般的寺院我們就不談，大山頭是我親眼所見、親耳所聞，因爲我們去當義工；午齋剛過，在家菩薩們來作義工，可是出家的比丘尼們已經在那邊討論：「晚上要吃什麼？」一面撕著紅毛苔。以前的紅毛苔品質不太好，細沙很多，要一點一點撕開，讓細沙掉下來；現在紅毛苔做得很好，還製成一片一片都沒有沙子。以前很貴，而且品質不好，所以要用手指一點一點不斷地撕，撕開時裡面含的沙子就會掉落，最後把上面的撈一撈，才可以拿去炒。才剛午餐後一面在撕紅毛苔時，一面討論晚上還可以煮什麼。

有人說：「那個不好吃，吃好多天了，換別的。」一面撕著突然又轉到僧服上面去，又談到布料，然後談到有幾套，冬天的、夏天的……。這還是大山頭，這不就是「但論衣服飲食」嗎？可我還沒有聽過但論床臥的，因為床鋪大概沒什麼好談論的了。出家的比丘、比丘尼有一小部分人，心理學上好像叫作補償作用的，心想：「我不能賺錢，也不能像在家人有什麼天倫之樂，不然我就想辦法，弄點小的幸福，穿好的僧服，弄點好吃的，或者住所改得比較好一點。」這叫作補償心理。所以他們不是在道業上，而是在僧衣等事相上精益求精，或者換另外四個字：「精之再精。」就是要買精品了。以前沒有精品這個名詞，是這十幾年才開始流行精品這個名稱。

說到僧衣，我倒是要更正一下。前些時候我說到十幾年前供養廣州一位法師，那件僧衣我說是臺幣一萬五千元。我同修說：「不對！你要更正，是一萬八。」我說：「好啦！我有機會就更正。」今天剛好談到順便更正（編案：

原文已經更正如前所說）。結果是一萬八千元臺幣的僧衣人家看不在眼裡，說一套最少得要臺幣七、八萬的才覺得勉強可以。但我在榮總旁的攤子聚落買了一套六百塊錢的衣服，到現在都還在穿。前幾天那條褲子才終於膝蓋那邊開始有些裂開，才拿來當作踩腳布。你看我穿了幾年？差不多二十年有了，自己是這樣節省的；沒想到我這樣供養人家，人家還嫌那個不好，眞不知道該怎麼說才好。衣服要名牌的，可是僧服沒有名牌，什麼 Prada，什麼 Gucci，還是亞曼尼；那些名牌有沒有做僧服？應該是沒有，所以僧服沒有名牌，否則他們也會去買亞曼尼等名牌僧服穿的。

有的出家人則是專門要用好的，我想假使有機會其實應該把他們全國所有這些愛名牌的出家人找來，直接告訴他們說：「**以前在如來座下都是住在樹下、住在山洞裏面，收集乾的樹葉鋪了，這樣曲肱而眠，哪有穿什麼名牌？只有三衣一鉢。**」而且剛開始時的三衣是怎麼來的？去棄屍林撿來沒有完全破掉的裹屍布，撿來以後洗乾淨，但再怎麼洗也不乾淨，要用泥巴去搓，搓時剛好就染成灰色。如果那裡的泥巴是紅土，搓了以後剛好染成土紅色，就這樣穿。福德好的人每次去都撿到好的布，沒什麼破爛，所以他只要三塊長條縫起來就可以穿了；福德不好的人去撿時，老是撿到殘破的，就多縫幾條，於是漸漸變成四條、五條、六條、七條，最多得要九條才縫得起來一件外衣，所以就叫九條衣。

後來有人抱怨說：「你福氣這麼好，**我們都沒有辦法撿到好布料，都穿這種七條、九條的僧衣。**」他就說：「**不然我跟你換好了。**」他不貪好的僧衣，於是他的三條衣就跟人家換九條衣來穿，他願意穿最差的。後來人家就發覺：「**欸！原來穿九條衣的人修行最好，越不好的衣服他們都願意穿。**」喜歡穿那個縫得少的三條衣、四條衣，那是修行較不好的出家人，因爲他們貪好衣就變成這樣了。所以後來演變成一條好好的布，要先把它裁成九條再來縫；若是裁成七條、五條縫起來的，人家還不要，就變成現在這樣。所以你們看現在大紅祖衣（縵衣）一定是九條衣，沒有三條衣、四條衣、七條衣。剛開始沒有單數條的外衣，三、四、五、六、七、八、九條都有，這就是演變。所以現在爲了表示修行好，九條衣還不算，每一條還分成兩段或者三段，那到底要算是幾條衣？這就是一種錯誤的觀念。

其實修行好的人是越有福報的，他應該穿的只有三條衣，但人家想要時就給出去，穿得不好的人才會羨慕他穿的最好，所以來跟他換；但他心中無貪，當場就換了，所以後來變成穿得越差的人就是修行越好的人。那你們看現在那些大山頭的大和尚們穿的都很差，至少都是九條。其實那很費工，工資比布料還要貴。好在 Gucci 等名牌沒有做僧服，不然我保證海峽兩岸都會有很多出家人去買那個僧服；然後故意在什麼地方弄個標記，「**我這個是 Prada**」，不知道這牌子有沒有做衣服？還是做皮鞋的？都有啊？我是從電視上看來的，我這一生沒有穿過名牌，我曾穿過最好的就是勤益紡織公司的襯衫，也就買過一件，壞了也沒再買，都穿普通的。學佛以後就是一件七百塊的穿了，那你們看我冬天穿的那一件厚厚的黑外衣，裡面是人造棉；記得二十年前是一千二百元買的，反正都很便宜，也是在榮總旁邊的地攤買的。我還有一件長袍現在很少穿，因爲越來越不冷就很少穿，也是在那邊買的。那件長袍我記得是一千八百元，便宜到可以穿二十年。但是名牌衣服穿起來到底是什麼感覺？是飄飄然嗎？還是得意洋洋？我不知道，沒穿過。

但是話說回來，如來在世時，不但所有弟子們是山洞裡或樹下坐，就這樣過夜，初期都是這樣；連　如來自己都是這樣，人天至尊就在樹下坐著過一夜。那後來是開始有人供養了，有人供養了園林、精舍、講堂等，才開始有寺院住；但在初轉法輪最前面的七、八年，根本都是在樹下山洞過夜，向來都是這樣的。那麼出家過的是這樣的生活，當時大家的心態是怎麼樣呢？都是證得阿羅漢果的作意——就是隨時準備入無餘涅槃，所以根本沒想要什麼好的日用品或飲食、住居。

至於當時那麼多俱解脫或三明六通大解脫、慧解脫等大阿羅漢們，之所以沒入無餘涅槃，是因爲 佛陀不斷地有勝妙法演說出來，大家有這個法貪，因此沒有去取涅槃。後來開始有精舍園林，那是很多年以後的事，所以剛開始時大家的心態就是「無家爲家」，沒有家。出家不是要住到另一個家去，而是沒有家，所以隨遇而安。就譬如一隻候鳥，今天飛到哪裡就在那裡吃，晚上就在那裡睡，明天又飛到另一個地方就在那裡吃、在那裡睡，就這樣子過；什麼時候死了就死了，就剛好入涅槃。當時大家的心態都是這樣，只是因爲 如來方便善巧不斷教育，大家跟著學，後來學了般若，又因爲教外別傳而證悟，般若就懂了，然後又有第三轉法輪的方廣種智，大家都又跟著學，所以一直沒有人主動入涅槃。然後到《法華經》時就授記了，那就永遠不入涅槃，永遠當菩薩。

所以出家之前一定先要思惟說：「我爲什麼要出家？我決定出家是幹嘛？」一定有這樣的一個想法，然後確定自己要出家時才出家，那當然都是滿懷理想。可是有兩個原因導致後來偏差：第一，本來想：「我這樣就是開悟了，好極了！我是聖僧，是人天福田，大家應當恭敬禮拜於我，要供養奉侍於我。」被供養久了成爲習慣，就會希望有更多的供養，希望人家更恭敬；因此就會開始演變，一不小心就開始變化了。第二，當時他們都還不知道自己根本就悟錯了，等到後來有了正覺同修會出現，知道自己悟錯了，得懺悔就懺悔吧，既然悟錯了也懺悔了；但是老臉拉不下來，因爲是大師，怎麼可能再到正覺同修會來學呢？那只好走偏鋒：「我就把道場弄大一點，名聲更大一些。」這也是一種補償作用，都逃不開心理學家講的這個作用。

但是在正覺弘法之前還有一種人比較慎重，幫人家印證開悟，或是人家爲他印證開悟了，就把他們說的拿來跟經教比對檢驗，之後發覺不對。然後他又找別的大師去檢查，一一檢查後都認爲全都不對，好像天下都沒有實證的人了。然後聽說密宗假藏傳佛教可以即身成佛，「很厲害！那我來探究看看。」一探究結果跟佛法無關。這不是只有你們知道，很多研究社會科學的教授們都有深入去研究，他們很早就知道密宗是假的藏傳佛教，根本不是佛教，只是不敢去捅那個馬蜂窩。所以這樣討論了以後，有的人發覺那根本就不是佛法，認定末法時代不可能開悟，沒有辦法實證。

既然沒有辦法實證，這一類人就會有兩種，一種是出家，另一種在家。在家人就想：「**我就唸唸佛，死後去極樂世界算了。**」唸佛人既然不能實證三乘菩提，他們又在人間有錢財，不花白不花，所以他們常常南來北往，因為聽說哪裡新開了一定好吃的素食餐館，哪裡有什麼大法師，或者有什麼名牌，他們都去追求。那出家人中也有這些現象，也去求這些世間法來作滿足，因為他們想：「**反正法上沒有辦法實證，人家供養我，只要不是開口去跟人家要，多多益善，有什麼關係？**」但是受供久了以後慢心起來了，貪瞋就會增長，自己都沒有感覺，這其實是無可避免的。

但是他們忘了以前為什麼要出家，有的人沒忘，但是也無可奈何，因為無法實證。一直到後來正覺出現了，所以你們才來到這裡。你們進正覺以後也有不少人實證了，不然你們出了家，剃頭著染衣還燙了戒疤，而我可是沒有燙戒疤的，爲什麼你們要來跟我學？因爲來正覺終於可以滿足以前出家的願望，就是要證得佛法。但這是少數人，大多數的出家人跟你們不一樣，他們不想跟我這位在家人學，只好去走偏鋒了。所以當供養的信徒越來越多時，到後來他都看不在眼裡，他開始要求人家供養名牌；你們一定覺得很不可思議、無法想像，我告訴你就眞的有啊！出家人手裡有一堆名牌包包，我還沒提過名牌包包，不曉得那個感覺怎麼樣。我那個小包包叫作霹靂包，目前這一個算是最貴的，買兩千七百元，但這一個用了差不多三年有了；前些時候有一個同樣的仿製品，用一年多就壞了，現在這個大概還可以用個五、六年，一定沒問題。

可是那個名牌包一個最少也要五、六萬塊錢，聽說貴的一個名牌包要一百多萬元，用臺幣來糊也不必那麼多錢哪！可是有的比丘、比丘尼就這樣用，人家供養的僧袋他們嫌不好，其實那已經是非常精緻的僧袋了，還是覺得不夠好，要求買名牌包供養，人家只好去買了。但我請問，他們能不能拿出門去？不能咧！如果出家人手上拎著一個名牌包，那能看嗎？我在想，可能再一、二千年後會吧，可能會有出家人拎著名牌包在路上走，但這樣就是一種貪。

還有弟子們請師父開示，或者請師父來指點什麼，然後看著中午了，這弟子說：「旁邊過二、三家就是素食自助餐，請師父來那邊用齋。」師父眉頭皺起來。這弟子當然就明白了：師父不喜歡吃那個。趕快問：「那我們到某某區，大概五、六公里，眞的不遠，很近，有一家素食大餐廳。」五、六公里說不遠，說是很近、一會兒就到，「我們到那邊去吃。」師父說：「好！好！」就走了。那麼這樣是什麼貪？貪口腹之欲，這是貪味。再怎麼好吃也不過是味道好，跟味道不好的一樣，吃下去以後有沒有不同？全都一樣了。進到胃裡就全部一樣，所以貪的就是那個味道而已，就只是因爲味道而要跑那麼遠。以前這邊有一家長春素食，聽說臺中有好多學佛人跑上來吃，他們包車上來；學佛學到這個地步就是顚倒，這些都是貪。

還有就是，凡是寮房中的用物，臥鋪的墊子要買最好的，一個墊子聽說一、二十萬元還嫌不好，至於沙發得要一套五、六十萬的才算可以。你不要嘟起嘴來訝異，這是眞的，眞的有這種事情。然後那床鋪上的床墊得要有床包包住，聽說人家爲他買了床包一條兩千多塊錢，嫌那個不夠好，要去買更好的；至於床罩、棉被或其他的什麼用物，那就不在話下。

然而那到底是不是繫縛？是繫縛喔？被什麼所繫縛？被身外之物所繫縛。如果學佛人是被內我所繫縛（內我所就是心所法等，也就是見聞知覺性等），在末法時代這樣的學佛人都算好的，因爲他們不貪這些身外之物。可是像這樣的比丘或者比丘尼，都愛高級品、愛名牌，其他的不想要。那你想：「**他們能有戒品、定品、慧品、解脫品、解脫知見品嗎？**」一定不可能有，所以他們同在一起時談論的通常都是世間法的享受，一定是「**俱出惡聲**」，因爲談論的都是飲食衣服床臥等事。

可是從另一個層面來看，同樣是出家人，文殊菩薩、觀世音菩薩寶冠、臂釧、瓔珞、項鍊等無邊的莊嚴，有沒有過失？一點兒都沒有；因爲他們早已超越了三界愛的一切習氣種子，更別說是現行。那他們之所以要這樣穿戴，原因在哪裡？在示現菩薩道妙覺位即將成佛時，是福德圓滿的——要什麼有什麼。眾生如果開口要就布施出去，給了以後他們馬上又有了，因爲這是八地菩薩就辦得到的，不是從眾生那裡受供來的，而是他們有那個能力。他們以定果色隨時變現，眾生需要時就布施，他們就這樣示現完全無貪。因爲他們連貪的習氣種子都不存在了，就別說貪的現行，所以無過。

八地開始所示現的都是非常莊嚴，都是非常富有的。如果有一個人宣稱他成佛了，或者宣稱他是十地、九地、八地，結果都還需要人家供養他才能生活，那你想，他那個地到底是什麼地？就是地上劃一塊叫初地，再劃一塊是二地，再劃一塊，一直劃到第十塊叫作十地，那是戲論，不是第十地菩薩的境界。八地以上的大菩薩們都有定果色，所以諸大菩薩們如是穿金戴銀都無過失。那就像前些時講過一位燈指比丘，他全家都是財寶，因爲他揹回家的死屍竟然變成黃金，他把黃金死屍的手指剪下來賣掉，那金屍的手指就會再長出來。於是他把死屍的頭、手臂、小腿、大腿……等，一一剪下成爲金頭、金腿等，原來的死屍隨即又長出金頭、金腿等，積滿房中，所以用之不盡；如果有人來搶他的屍寶，取離他家時又變成屍體，丟回他家時又成爲黃金屍寶，因爲他在往世所行修補佛像手指的善淨業果報就是這樣；後來看破而捨家出家，名爲燈指比丘，那你叫他說：「**你生活上不許用黃金。**」他怎麼辦？除非把屍寶丟掉，又把他的往昔善業抹殺掉。所以他寮房裡如果會有很多黃金所成的各種人身，誰能夠說他有過？所以他縱使廣有資財也無過，因爲他的善業果報就是這樣。

所以大菩薩們怎樣奢華都可無過，但如果在初地、二地的出家菩薩們，千萬不要學大菩薩們；其實我這句話叫作廢話，因爲初地、二地菩薩絕對不會去學，菩薩在五地、六地之內大概都是越往上地就越樸素。假使哪天我去買了名錶，這一顆三百萬；三百萬不算什麼，聽說有三問錶，一顆要一千來萬臺幣，我不曉得爲何那麼貴；如果哪一天我也去買了三問錶戴在手上，又買了一串瓔珞掛起來，改穿西裝亞曼尼，皮鞋雪亮雪亮；你們如果看見這個現象不用跟我 Say goodbye，可以直接走人。只有到了三地滿心特別是意生身發起之後，那麼他的意生身會示現莊嚴相，才會佩戴瓔珞寶冠等，以這模樣去他方世界或者在此世界，入於眾生有緣者的夢中去度化有情，否則他一定是很樸素地住在人間。

如果三地心未滿或者已經到了四地還沒有意生身，他也會很樸素，因爲他沒有意生身需要以莊嚴相化現去攝受眾生，因此不需要示現那個模樣。當然啦！如果這位在家的初地、二地、三地菩薩家裡錢多到不得了，反正都是億來億去，那他每天都布施好幾萬元，經年累月就是這樣在布施，那他要穿得怎麼豪華我都沒意見，我相信 如來也不會有意見，因爲他就是要示現給眾生看——菩薩就是這麼有福報；是一種示現，那也無妨。所以我說在家菩薩如果家裡很有錢，如是都可以無過。假使哪一天我們會裡哪位老師、哪個同修，買了勞斯萊斯、請了司機開車，我都不會皺一下眉頭，我會隨喜，因爲他家錢太多了，而且每天都在布施，護持正法也很努力，那我都沒有任何意見，而且隨喜。

這裡要談一個觀念，我聽到有人私底下在講：「師兄！你可以開更好的車子，家財萬貫爲什麼開這種車子？」這位師兄說：「不行，導師都開那種車子，我怎麼能開更好的？」但我沒有設立這個規矩，也沒有這個道理。假使每一年我都繼續開破車，那你們大家都要跟我開破車喔？沒這個道理。因爲這是個人習慣的問題，有人夏天去到我家裡，跟我很熟，看到我穿的內衣破了，他說：「太誇張了吧？這件內衣您還在穿？」我說：「我又不穿出門，有什麼關係。」我就這樣穿，習慣就好了，因爲它只是蔽體之用，別讓人家一看說：「這某某人在家裡都打赤膊。」有一個基本禮節就好了。所以不必用比較的方式，我開什麼車是我個人的事，我有個人的安排、個人的打算。

但是我有個原則，除非必要，不會去買雙B的車，不是我對它們有什麼厭惡或者怎麼樣，因爲我覺得以我的身分、財力，我開現在的車子剛剛好；當然雙B也有便宜一點的、也有一兩百萬元的，所以我講的是雙B的頂級車。但這是個人的選擇問題，請大家不必拿來與我相提並論。所以如果哪個同修家裡幾十億元、幾百億元，或者現金就已經有好幾億元都用不著，他要買一輛三千萬的勞斯萊斯來開，沒什麼不可以，這跟我開什麼車無關，請大家千萬不要相提並論，這個觀念我先要跟諸位講清楚。

現在說回來，這一些名牌或者高級品的貪著等，對出家人而言是有過失的。因爲四事供養都來自施主，成爲人家的福田時，一分一毫都有因果，應該怎麼樣來弘護正法而使自己受人供養這部分可以不至於減損自己的福德，這是必須要考慮的。這是出家時應該要有的觀念，因爲諸位將來也有可能出家。你可別說：「**我又沒出家，您跟我講這個幹嘛？**」這不一定。如果在家人每天樂善好施，那他用的都是高級品，也沒有過失。你們出家的比丘、比丘尼就不用說這個，因爲老實講，你們未來世也不一定世世都出家，所以這個知見要具足圓滿來函蓋。那我如果出家，我的原則是受供了以後，我就上供和尚去，不在自己的寮房中積存。我一定先供佛，供佛完了就送到和尚方丈室去；和尚如果有發給誰，那就是和尚的事，跟我無關；如果和尚到處都發了，所有人都有了，發不出去了，再發來給我，那我也收，也不必拒絕；即使我都有三件了，用不著，我也收，因為那是「**長者賜，不可違**」。也就是說這個原則或者觀念，大家要建立起來。

出家了，跟在家時的作法應該是有所不同。如果身價幾十億臺幣、幾十億人民幣，用一輛勞斯萊斯，公司裡已經請了司機，那你出去辦事時會不會覺得說：「**不錯！我有這一輛勞斯萊斯。**」會不會？不會。因為對你來講這不算什麼，你不會對這輛車以及對於這樣的威儀起貪著，那就沒有過失。可是如果起了一個分別心：「**你看！有哪一些人開得起、坐得起勞斯萊斯；滿路上看，這只是 Benz，那只是 BMW，太差了。**」縱使心中沒有語言的這種念出現時，都有了過失，這是一個正確的概念。也就是說，在家菩薩無妨極盡人間的享受，但沒有絲毫的執著而努力在利樂眾生上面，那就無過。如果起一念分別，覺得有這些上等高級品享用，然後覺得自豪乃至於輕視於他人，都是過失。

所以論到「衣服飲食床臥」時，雖然有議論不一定有過失，譬如今晚我坐在這裡講了這麼多「衣服飲食」、也有談到「床臥」，有沒有過失？沒有。因爲是在說明其中的道理，那麼「床臥」要符合菩薩戒的規定，臥指的是臥具，床不是指臥具，床是接待賓客時所坐的椅子，古時叫作床。菩薩戒不是講嗎：不可以坐臥高廣大床。既高又廣的大床，是接待賓客用的，也就是相當於現在說的椅子。如果那個椅子是既高又廣，那就是過失；因爲菩薩要行四攝法，其中有一個叫作同事，所以你的坐椅要跟對方是一樣的，這樣人家才不會跟你距離很遠。所以「坐臥高廣大床」，這高廣大床不是指床鋪，而是指接見賓客用的坐椅。「高廣大床」在印度，有的高達一個人的身高，譬如國王座椅的高度可以是超過我的身高，那國王在上面或坐或臥，才是眞正的高廣大床；如果是大臣，當然不敢跟國王一樣高，也不敢跟國王一樣大，但一樣是可以躺的。他如果累了就躺下來，別人繼續坐在地上或椅子上；就是這樣接見賓客用的，因爲那是他的身分地位，但菩薩不可這樣。

所以「床、臥」是兩個東西，床就是接待賓客時所坐的坐具，臥才是指床鋪，睡覺用的床鋪。但是破戒比丘們同在一起時之所談論，不會是五分法身這些善品法，所以「但論衣服飲食床臥」。那他們平常受人供養，讓別人來供養他們什麼呢？「樹木華果」。因為大乘法開始講授之後，出家人就不許肉食了，在初轉法輪的阿含期，居士們供養什麼他們就吃什麼；到了般若宣講之後，開始施設五淨肉。那出家人受施時人家供養了肉邊菜，還得要用水漂洗過，使它沒有肉味才可以吃；至於到第三轉法輪時期就全部禁絕肉食了。

出家人是不許吃肉的，那這樣一來，由於心理補償作用，就有寺院精舍等需要好的樹木。一般人不會覺得好的樹木有什麼，到野外去到處都是樹木，可是好的樹木不多；那現在大家生活品質提升以後，樹木需要量很大，所以現在樹木很貴。其實不用講現在，以前中部不是一個天下第一高所以號稱證量最高的禪寺嗎？人家問說：「你們師父為什麼蓋全球最高的寺廟？」弟子們回答說：「因為我們師父證量最高。」什麼時候咱們來蓋一間比他更高的。這是笑話啦！那時聽說他們買的樹木（那已經是十幾年前的事了），一棵兩百多萬元算是普通的，所以說樹木貴起來嚇死人的。

你看現在要雕一尊紅檜佛像，如果是兩尺多高的佛像，那一塊紅檜就要多少錢了；如果是黃檜，那更貴。黃檜就是眞柏或者扁柏，如果是三丈高、年代很久的，那一棵要多少錢？前年北京市有一則新聞播報出來，好像是北京市公園，有一個植物專家看見了說：「這裡竟然會有黃花梨，這一棵至少也要值得一百來萬人民幣吧。」本來都沒事，這句話傳出去沒一週，就被人偷偷砍走了。但有那麼貴嗎？應該沒有吧！因爲那一棵樹的樹幹直徑看來不過就是二十幾公分，我看它那個樹頭大概只有這麼大而已；如果那一棵要一百多萬人民幣，我們這個紅花梨佛龕一座做起來大概要六、七百萬元臺幣，否則做不起來。因此說那也是亂喊價。但好的樹還是很貴，那位賣黑心油的人，前年種了一棵樹，好像是去年吧，聽說一千多萬元臺幣，嚇不嚇人？種在地上，不識貨的人說不過就是一棵樹；識貨的說這要一千多萬，就在那邊炫耀說：「你們看，我們寺裡有什麼樹、有什麼樹……。」將來正覺寺我們不去買那種樹，買不下手。

你們如果去到祖師堂，看見還有幾棵樹不錯，都是人家捐的，也就只是五葉松、香楓，後來也有黑松等；人家想要作功德，捐了來，我們都還要構想很久：要種在哪裡？讓人家一直催問：「我到底什麼時候捐給你們啊！」

都是這樣。然後像那些五葉松，我們漸漸栽培整理，現在比較漂亮了，多數是人家賣了地以後來告訴我說：「我這些樹木沒有賣給他，我只賣地，那我這些樹用來供養三寶。」所以我們去挖回來，臨時種著，將來正覺寺要用。貴的樹實在是買不下手，我也不想去看樹；有人捐了就捐，我也隨喜，只要不是捐給我個人，都沒事。

受取布施樹木，樹木其實也是一個很貴的項目；可是花與果也有貴的，貴起來也嚇死人。花在古時不是取其貴，而是取其美來供養三寶，所以古時叢林裡種芍藥、種牡丹的不少，大部分都是種芍藥。芍藥開得很美，那目的爲了莊嚴道場。可是有的盆栽還眞的很貴，盆子裡種的看起來小的，但已經三百年，那要多少錢買？但有的人看中意，他就買了。

十幾年前、大約二十年了，我們有位女眾同修跟她先生去寒舍參觀，旁邊正好有兩位比丘尼，她們在跟老闆討論一個硯臺的價錢；那一方硯臺，她們買來要作什麼？是因爲要爲師父作生日，結果後來多少錢成交的？六十萬出頭成交，只是一方硯臺。我聽了就說：「是不是那六十萬的硯臺拿來寫毛筆字，就可以龍飛鳳舞？」不能啊！那就是聚斂，就是把它收藏起來作爲財寶。我的想法，不管什麼都拿來供佛的。佛不會要求我說：「你寫這一張疏文時，得要用六十萬元的硯臺來寫。」佛不會這樣要求。佛也不會說：「你供養我時應該要怎麼樣華麗的供養。」佛從來沒有這樣要求過。人家隨意供養什麼 佛就隨意受用；如果哪個弟子需要，祂就轉手給了弟子。這是 如來的風範，我們得要學。

所以有時候你供養人家水果，有的師父看不在眼裡，你得要供養非時果他才會喜歡，而且那非時果得要很漂亮很好吃。非時果懂嗎？非時出產的水果，譬如說你冬天供養了他一顆巨大又甜又多汁的西瓜，他就高興死了！他想：「這一顆西瓜一定好幾千塊錢才能買得到，稀有啊！」如果是當令的水果，就不看在眼裡。那有的居士很懂得供養，因爲他知道師父不喜歡吃非時果，因爲師父常常嫌說：「非時果非常貴。」所以他就送時新（時間的時，新舊的新），這個名詞你們聽不懂，就是這個時節第一批出產的水果或好菜，叫作時新。比如荔枝有一個品種叫作玉荷包，第一批剛上市的；或者甚至於有居士去跟老闆講：「你上市前幾天先採一些最好的給我，然後才可以上市，怎麼貴都沒關係。」他去買來送給師父：「師父！請您嚐嚐時新，這水果還沒有上市。」表示是當令的食品，但老實說時新也是貴。往世就有人很懂得供養，用這個東西來供養我，我哪敢用！施主都已經告訴我是時新了，那就趕快供佛去！供完撤下來就送到和尚方丈室去，哪敢自己就用？眞的不敢用！但是 克勤大師不貪，數量多就會分給所有的僧眾；如果剛好就只有那麼一顆，例如有一次就是只有一顆，他切了一半，就拿到我房間來，那我就用，所謂「和尚賜！不可違」哪！

這就是說其實水果有時也很貴，你看前幾天網路新聞報導說，大陸一顆什麼瓜，賣得五十幾萬元，不曉得是否已經換算爲臺幣報導出來的。這種事情在日本也很常見，一顆香瓜拍賣結果相當於臺幣十幾萬元，幾乎每年都有。所以你說水果便宜嗎？也要看什麼水果。但那些破戒比丘受施的都希望是最好的，於是就出現這種現象：「受取布施樹木華果」。

但這樣的破戒比丘不會專心在道業上用功，總是「爲貴人使」，被貴人所使喚，去爲貴人作某些事。有時被貴人使喚以後就說：「人家貴人請我去的啊！」也許是國王、也許大臣、也許高官請了他，去幹嘛呢？去「論國土吉凶安危」或者「戲笑眾事」。國土的吉凶安危，這其實在臺灣也看得很習慣了；有好多總統都會找風水師討論風水，說哪裡好住、哪裡不好住，辦公室裡要坐哪一方、面朝某一方，房子裡應該有什麼、不應該有什麼。然後這要討論「**山有情、山無情，水有情、水無情**」，就討論這一些。有些出家人還很喜歡一件事情，就是排命盤、紫微斗數，或者鐵板神算；也有人去摸骨，這就是出家的世俗人。

如果比丘被貴人傳喚了去是討論這些事情，就是犯戒，這是犯戒的。但有時我也會跟一些師兄弟、師兄姊們談風水，我無過，我不犯戒。為什麼如此？因為我講的眞是風與水的道理，不是風水學的內容，否則以前他們出去尋找正覺寺的用地時，就不懂得選擇了。懂風水就是你要懂得看風勢與水勢，至於所謂蛤蟆穴、蝦子穴、龍穴，那都是取其現境而言之，主要是看風勢、水勢。因此以前開始要找禪三道場時，就教導他們：你們要去找禪三道場時要領得把握好，一定不要在山脈的稜線上面，因為那不能住人，不但不能住人而且無水可用；而且冬天冷死人，到了下雨時，雨聲也嚇死人，颱風來時那叫作鬼哭神號，所以稜線上不要買。那要選擇什麼地方呢？最好是有山坳，但山坳不能低，否則水勢一來就沖走了；就在一個山坳中間往上的地方，不要山坳的正中央，而且要避開中心一些，我都教導這些道理。也不能在山的最高點，因爲沒有水可用；也不要朝北，一定要在山脈的南面，這叫作山陽；如果是要蓋有應公廟、姑娘廟，那就蓋在山陰，因爲那邊陰暗，適合鬼神。咱們三寶光明無量，寺院不能建在山陰，當然要在山陽。但是最好兩側都有山遮住，颱風來時不會直接掃到，常住可以住得安心。我講的這些就是風勢與水勢，難道不叫風水嗎？這也是風水，但不是風水師講的風水。

我也吩咐他們能觀察到的話，最好觀察清楚，不要是順向坡，免得到時整片山坡就像船一樣滑走了，這一些無非也是「國土吉凶」。可是我說了就沒有過失，因爲我不是拿來營業。那麼我說的是將來寺院蓋了起來以後，常住能住得安生或不安生，這才是重要的事。如果常住住得不安生，要他們好好弘法就不可能，這就是「論國土吉凶安危」，但不是以這個作爲職業去換取生活上的資糧。

那麼「戲笑眾事」咱們就不需要談，可是比丘如果懂音律還懂很多很多的世間法，那人家達官貴人聽說了就來召喚讚歎：「這位比丘眞的很有智慧。」其實都是世間法，就會找他去討論，但這一些都妨礙他的解脫道實修，也妨礙他的佛菩提道進修，使他的心越來越散亂、越來越攀緣，都是心外求法，這些都叫作「諸不善語」。

這一些人可想而知「常於日夜伺求塵染」，所以他們對於「樹木華果衣服飲食床臥」等都非常有興趣；只要有什麼展覽就一定去參觀。這樣的比丘到了末法時代的今天，又增加一個現象，就是到處去觀光、遊玩，你們一定有人跟過師父組團去觀光或出國去觀光，那還得要平常對師父很巴結的才跟得上，否則還跟不上。眞的去觀光，不是去說法弘化。

所以顯然我是跟不上潮流的，因爲我的想法很落伍。我的想法是說，不論去哪裡玩，看來看去都是自己的內相分；既然都是自己的內相分，要觀光如果有作夢，夢到去天界觀光就行了，因爲還是自己的內相分。去美國大峽谷、去日本北海道、去澳洲大堡礁，你有眞的看到實景嗎？眞看到是你的眼睛，可是你的眼睛不是心，不可能有看到；而覺知心是心，不可能看到色塵，所以你看到的是你的如來藏變生給你的內相分色塵。既是如來藏變給你的內相分，那有什麼好看？眞要看的話，等將來意生身發起來，到別的世界去度眾生，路途上你要看什麼都有，比人間勝妙多了；心放大一點，對人間就覺得沒什麼好看。所以觀光這個現象也已經在佛門中出現，由大法師率團去觀光，而且還不是只有一次，你說佛教的未來怎麼辦？這眞的叫作末法。所以他們都是「日夜伺求塵染」，都在六塵境界裡追求。那如來可有警告在先：「比丘如是身業不淨、口業不淨、意業不淨，當墮地獄。」眞的很可憐！可是當你說他們可憐時，他們反而跟你回嘴說：「你才可憐！」眞的無可奈何。

今天有一位老師寄一個訊息給我，可能你們很多人還不知道。昭慧法師在她的臉書上說：她們的學術會議，有大陸來的學者告訴她們說，大陸的佛教界要爭取漢傳佛教的話語權，也就是發言權。那昭慧怎麼回應？她在自己的臉書上寫了，大意是說：當你們大陸佛教界說要跟我們爭取話語權時，我給你們的答覆就是「休想」。是不是？她好像說是休想。然後責備他們說：你們當年大陸佛教一文不名時，是什麼人幫你們籌款、幫你們復興蓋寺廟的？現在你們這樣作……等，就講了一堆。我讀完了就想：「都沒有談到佛法的修證。」

那我現在提起這件事情時就想起來，不管是漢傳佛教或者藏傳佛教或者南傳佛教的話語權，是誰才能有？對喔！只有正覺才有話語權。他們不管怎麼爭，爭來爭去就如同古時聲聞部派佛教那一些僧人在爭執大乘的法義一樣；他們都沒有實證，就算爭到話語權，當代的人聽完過去了，或者當代人讀完過去了，會流傳下去嗎？不會；只會留下事相上的文獻作後代的證據，也許後代的人又取來作爲大乘菩薩們在與人相爭的證據，但其實都與菩薩們無關。所以假使有人來告訴我說：「**我們某某國的佛教界跟他們爭話語權。**」我說：「**隨喜、隨喜！你就大聲去講！**」讓他去講，看誰要聽他的。所以那些人，不管是挑戰者或被挑戰者，其實都是沒智慧。在佛法中誰的發言有分量？只有實證者啊！沒有實證的人聲勢再怎麼龐大也沒有用，所以我說他們腦筋眞的是有問題。這問題我們就不談它了，話語權不是用爭的，而是看你有沒有那個實質。

如果這家公司製造出來的產品很爛，他作再大的廣告，銷路也不會好；別家產品非常精良，只要作個小小的廣告而且只作一次就夠了，因爲口碑很好。人家嘴裡講出來的就是他最好的廣告，這才是眞正有話語權的人；在那邊大呼小叫，租了好幾輛大卡車、弄了大聲公，在大街小巷一直吵著，人家也不會買的，因爲他的產品不好。這顯示什麼？顯示那一些要爭話語權的人

「身業不淨、口業不淨、意業不淨」，那「破戒比丘」們正好是如此。他們不斷要去爭話語權，然後對皇帝都說好聽的；以現在的名詞就是說，對總統、對主席都說好聽的。當權者很關心宗教時，結果是警察局往上報告說：「現在宗教界好亂好亂！」結果各個寺院報上來都說：「現在宗教一片和諧，佛法昌盛！」那你說到底當權者要信誰的？這時當權者是不是要罵各寺院？當然要罵啊！道理是一樣的。這也是因為他們「意業不淨」才會亂講話。

所以這樣的破戒比丘一天到晚都在世俗法上用心，三業不淨死後「當墮地獄」。可是當代的那一些破戒比丘們，他們對這一件事情有在意嗎？根本就不在意。但我在想，正覺弘法二十來年，他們到現在還是不在意的，就好比牧牛人一樣，反正那一條牛被老虎吃掉了，死一百條跟死一條不是一樣嗎？大概是這樣想的吧。所以目前還沒有看見他們有什麼對正法久遠流傳的護持行動出來，我們為他們很擔心；但是我們擔心沒用，人家不擔心，所以我們也就放下，也不擔心了。能說的說了，他們聽不聽、讀不讀，我們就不管了。

如來又吩咐說：「舍利弗！是破戒比丘樂於闇冥，如彼蝙蝠；聞說正經以爲憂惱，所以者何？如實說故。」唉！眞的叫作「心有慼慼焉」。回想我們弘法的前十五年正是這個遭遇。我們說的是智慧光明之法，但是破戒比丘「樂於闇冥，如彼蝙蝠」，當他們聽到人家演說眞正的經典義理出來，心中憂愁惱怒，不斷地無根毀謗我們；是一直到這五、六年來，才算不被大山頭們公開毀謗。他們以前都是私下抵制毀謗，說我們是邪魔外道；那都是平常話，我都聽得很習慣了。那爲什麼我們會使人家產生「憂惱」，因爲我們「如實說」的緣故；如果我們不如實說，跟他們一樣講離念靈知那一套，他們就不會「憂惱」，我們就不會被毀謗。所以這樣說起來，「如實說」的人還眞要有勇氣；看起來我的勇氣還不錯，「如實說」也說了二十來年。今天講到這裡。

《佛藏經》我們上週講到二十七頁第一段第三行「如實說故」，今天要從下一句起講。上週最後說：「破戒比丘……聞說正經以爲憂惱，」是因爲講述眞正經典的比丘或菩薩們，他們是「如實說故」。那麼「如實說」時他們聽不下去，因爲「如實說」會使破戒者生起憂惱而聽不下去。這個現象不是古時候才存在的，而是現在更會存在的。但是現在這個現象的存在，其實在臺灣或大陸佛教界本來並不存在，因爲那時還沒有正覺。爲什麼沒有正覺就不存在這個現象呢？因爲大家同樣破戒、同樣亂說法、同樣大妄語。結果來了正覺「**如實說故**」，講出來的佛法以及解釋的經典內容跟人家都不一樣，所以咱們弘法的早期經常被人家指責的一種說法是：「**大家都這麼說，就只有你們正覺那樣說，爲什麼你們講的都跟人家不一樣，顯然你們這個法有問題。**」

可是接下來問題不在我們身上，而在他們身上，因爲他們想方設法引經據論以及從道理上要來推翻正覺，結果推翻不了，所以他們心中開始生起「憂惱」。剛開始弘法時，正覺是任何人都可以糟蹋的，隨便一個初機學人也來罵正覺；可是有一個現象很特殊，就是佛教界有很多人罵，但是那些大山頭的大法師們沒一個人敢罵，包括他們所最推崇的釋印順、而且推之爲導師，而釋印順他們師徒幾個人也都不敢罵，沒有一個人敢寫出一個字兒來評論正覺。這很奇怪！

現在佛教界的評論完全改觀，他們以另一個方式來評論，那個評論是一個很有趣的例子，而這種例子不斷在發生之中。每當有徒弟跟師父請示說：

「師父！我們修學佛法這麼久了，我們也想要證悟，不然佛法都不能眞的理解，那我們該怎麼辦？」師父就說：「你去正覺！」現在這個現象就很普遍存在了，這也是一種評論，是正面的。所以我們的「如實說」固然會讓人起「憂惱」，但是會生起「憂惱」的人是漸漸在減少中，因爲他們心裡想：「看來正覺的法是眞正的符合佛說的三乘菩提，看來正覺那些親教師們都是有實證的，而且一上電視說法就是十幾個人、二十幾人，很多有證量的老師，那咱們學聰明點兒，還是閉嘴不言最保險。」所以現在只剩下密宗假藏傳佛教在罵正覺，但密宗假藏傳佛教不是佛教徒，他們怎麼罵無所謂。

這表示兩岸佛教界本來沒有是非，後來出了個正覺「如實說故」才開始有是非；紛紛擾擾久了以後，是非又漸漸消失，大家的「憂惱」好像已不存在了。我說的是好像，因爲他們會這樣想：「反正以前大妄語也都大妄語過了，破壞佛法、亂說佛法也都破壞過、亂說過了，該懺悔的懺悔也就算了，以後閉嘴不談正覺。可不能稱讚，因爲稱讚了怕正覺的勢力變大了，那可不得了；我們不評論就不會招來反擊，信眾流失就少。那也無所謂，趕快轉型，轉型成功了根本用不著罵，反正我日子快活得很！」所以各大山頭轉型成功後口袋裡麥克麥克，因此他們就好像不太憂惱了；這在表面上看就是好現象，也就是我們想要看到的現象。

但是講了很深奧、很勝妙的《法華經》之後，我們接著來講《佛藏經》，這部《佛藏經》講完出版以後，保證又會有人生起憂惱；但他們怪不到我頭上來，因為我都是依照 世尊的聖教說的，並沒有違背或擅自增添 如來的聖教。這《佛藏經》應該算是加重分量的針砭，因為有時對某一些人溫言軟語是沒用的，世尊得要痛下針砭才有用！《佛藏經》就是我們講完最勝妙幽隱的《法華經》之後故意要講的，本來《法華經》應該是最後講，可是我想《法華經》沒有真的把它講出來印出去，讓佛門四眾讀後如實理解，我直接講《佛藏經》印出去，那又會招來一番痛罵，豈不是又害眾生造口業？如果《法華經》講完了不講《佛藏經》，那也有兩個原因是我辦不到的，因為末法時代佛教界這個模樣，叫我不講《佛藏經》我覺得遺憾，真的不甘心。第二個原因是講完《法華經》以後我都不再講經了嗎？那我要幹啥？諸位又能再聽到世尊什麼勝妙的教導嗎？所以我還是得要講，所以《法華經講義》出版完了，接著就是出版最刺激的《佛藏經講義》。

以前桃園縣我們不講哪個市鎮，桃園縣現在叫作桃園市，有一個專門弘揚淨土法門的道場，人家去問師父說：「《佛藏經》可不可以讀啊？因為那裡面很多了義的法，太棒了！」那住持和尚說：「可以讀，但是只許讀前半部，不可以讀後半部。」那麼諸位聽了這兩三週 如來的開示，大概就可以知道為什麼不可以讀後半部了。那位住持和尚前些時候也已經往生了，那什麼名號咱們不提，知之者知之，不知者不知，這就好了。也就是說，到了末法時代連依文解義者幾乎都不存在了，所以就有很多大法師、小法師是胡扯一通亂說法！亂說法說久了，名聞利養都有了，突然來了個正覺「如實說故」，那大家當然就會很憂惱。

那麼「破戒比丘」們的「憂惱箭」，從第一支講到這第五支來，後面還有五支。前面這五支都還沒講完，如來針對這第五支「憂惱箭」最後作一個結論：「世間之人不喜實說，但樂順意；如是比丘於說法者心不清淨，重更為罪，增益地獄。」這不就是末法時代的現象嗎？我們看見、遇見的正是如此；世間之人都喜歡聽好聽的話，學佛的人證悟之前算不算世間之人？算喔！我特別是指會外的學佛人，他們跟諸位不一樣。諸位小參時如果被親教師斥責說：「你這個不對，胡思亂想，打妄想，包起來放到屋子角落裡，別理它，等以後禪三悟了再拿來檢驗，才知道你錯得多離譜。」被親教師當面指斥了以後會不會生氣？不會！這表示說逆耳忠言諸位聽得進去。有的人被親教師斥責以後心裡歡喜說：「好在我沒有認爲這樣就是證悟，也沒有跟人家說我開悟了，不然我就犯了大妄語業。」所以心裡很感謝親教師。

可是外面一般學佛人不是這樣的，我們早期弘法本來都不指說什麼人對、什麼人錯，可是人家都要說我們錯，因爲我們講的法跟他們不一樣。然後我們不指名道姓而純作法義討論，他們依舊繼續毀謗我們，既然這樣子，我不如就明著講，所以開始指名道姓來檢點諸方。以前我都讚歎他們，但他們不但不讚歎咱們，還說我們不對，甚至說咱們是邪魔外道；既然無法和平共存，佛法第一義中「殺生」的事情我又不是不會作，所以我開始「殺生」——殺那些大邪見、大我慢的眾生五陰邪見身，把他們的慢心邪見全部都殺掉；殺掉以後他們罵得更厲害，就只不落實在文字罷了。於是二十年之前一直到十年前這中間，罵我們的佛教界大法師、小法師與居士們太多了。

那一些人要罵咱們，原因不外兩種，第一種是他們修了密宗假藏傳佛教又在推廣密宗假藏傳佛教；什麼大樂光明、無上瑜伽、俱生樂等，他們都非常嫻熟、很熟悉了，個個都放不下來，偏偏第八識妙理又不是他們所能理解的，因此他們要罵我們。另外一種是因爲大妄語，那麼我們所講的了義法，雖然沒指名道姓說他們悟錯了，可是徒眾們讀了我們的書後一比對就知道他們悟錯了，於是他們也罵我們。大約就是這兩種人。那這樣的人不管他們是比丘、比丘尼或密宗假藏傳佛教的法王信徒們，全都叫作「**心不清淨**」；當然，他們爲什麼要罵，原因諸位都已經明白了，可是正因爲「**心不清淨**」所以才要罵人；如果他們是清淨心，一讀到我們的書一定嚇出一身冷汗，然後趕快　佛前去懺悔，又找了大眾來共同在　佛前發露懺悔，然後那天晚上睡覺前一定慶幸說：「**好在有蕭平實把眞正的法講了出來，否則到死我都不明白自己爲什麼會成就大妄語業，來世可能要下墮惡道。**」因爲他知道大妄語罪已經懺滅了，來世不用入三惡道，當然要感謝這蕭平實才對。

可是仍然有一部分人「**心不清淨**」繼續罵，但不寫在文字上，最有名的應該就是慧□法師，他亂評論正覺，把經文東拉西湊來評論正覺的法，我們游老師出了書論理辨正；但是他又私下針對出家眾寫了文章亂作評論，這一回他不公開發表，只在《僧伽雜誌》上刊登；他沒想到僧伽不是只有他家有，咱們正覺也有僧伽，同樣會讀到。但我看透了這種人，因爲這種人是世俗人，如果不對症下藥他還會繼續寫。於是我說，一事不煩二主，依舊勞請游老師來寫一本回應的書。可是這本書，一開始我就說：「**這本書不跟人家免費結緣，我要售賣賺錢。**」他寫了文章或寫了什麼出來罵我，我們回應了就賺錢，這樣他看到了心裡想：「**唉呀！竟然用回應我的書籍去賺錢，我幹嘛製造機會給正覺賺錢，這麼笨。**」所以已經好幾年沒再寫文章來罵正覺了。如果有機會，我會請游老師繼續回應再賣書賺錢。

這意思是說這種人叫作「**世間之人**」，都在利與害上面著眼，不在法上用心；眞要是在法上用心的人，我們那麼多的書，每一本都證明佛法是八識論的正理，甚至用《阿含正義》來證明在原始佛法中本來就是八識論；既然是八識論，所謂的開悟當然不會是證得第六意識離念靈知，一定證得更勝妙的第八識如來藏。但第八識如來藏不會有意識那麼多的心所法，只有意識因爲離念靈知而具足五個遍行心所法，並且具足五個別境心所法，還有善十一心所法也能相應；此外，那二十個隨煩惱，加上四個不定心所法，一定都會相應，怎麼說都不可能把意識說成第八識眞如。那他偏偏要認定佛法是六識論，說禪宗的開悟是悟得離念靈知第六意識，正是自顯其無明。

我搞不懂他到底讀不讀《六祖壇經》？六祖早就講過了：開悟是證如來藏，但如來藏不是意識，而是出生意識的心！這個道理很淺顯，不知道他爲什麼想不通，所以歸根結蒂我只能說他是個「**世間之人**」；眞正學佛的人看到正覺印行這麼多的書，包括《阿含正義》書中都說人類總共有八個識，不是只有六個識；正常的佛弟子只要沒有文字障，讀了都懂，偏偏那位慧□法師不懂，那我只好說，只有一個原因致使他讀不懂：因爲他是「**世間之人**」，不喜「**如實說**」。哪一天如果太陽打西邊出來時，我寫個書面出來說：我向佛教界懺悔，開悟應該是悟離念靈知才對。保證他聽了一定很歡喜。可是我如果這樣講，正覺就得趕快關門了，因爲我如果明明知道悟的是如來藏，而故意說開悟是離念靈知，那就是居心叵測，是故意壞法，這時護法神等眾菩薩們如果還能安忍，但你們還能袖手旁觀嗎？不可能。因爲這一定是故意謗法、謗佛、謗菩薩們，而且根本、方便、成已三罪具足；只要這故謗三寶的話一說出口，不趕快用天雷把蕭平實打死還要等待何時？應當如此啊！因爲那是職責所在。

所以不喜歡「如實說」的人都是「世間之人」，而這些「世間之人……但樂順意；」只喜歡聽人家隨順他的意思去講，忠言苦口逆耳，千萬別對他們提起。但是 世尊卻說像這樣的比丘們，「於說法者心不清淨」，剛開始都還沒開口毀謗，只是「心不清淨」，因為他們只「『罵』在心裡口不開」，這樣就已經是有罪了。如果心裡罵過了，還從嘴裡罵出來，並且還形之於文字，那不只是「重更為罪」了，要叫作數更為罪。即使他們只是「心不清淨」心裡很生氣，恨這個「如實說」的善知識就已經是重罪了，「重更為罪」就是本來已經有的地獄罪，再重新增加更重的罪行；那麼本來也許只會生在邊地獄或其他痛苦比較少的地獄，但因為他對「如實說」法者「心不清淨」所以「重更為罪」而加重時，就往苦受比較重的地獄去受果，所以叫作「增益地獄」。

（未完，詳續第十四輯演繹。）

佛教正覺同修會〈修學佛道次第表〉

第一階段
＊以憶佛及拜佛方式修習動中定力。
＊學第一義佛法及禪法知見。
＊無相拜佛功夫成就。
＊具備一念相續功夫—動靜中皆能看話頭。
＊努力培植福德資糧，勤修三福淨業。

第二階段
＊參話頭，參公案。
＊開悟明心，一片悟境。
＊鍛鍊功夫求見佛性。
＊眼見佛性〈餘五根亦如是〉親見世界如幻，成就如幻觀。
＊學習禪門差別智。
＊深入第一義經典。
＊修除性障及隨分修學禪定。
＊修證十行位陽焰觀。

第三階段
＊學一切種智真實正理—楞伽經、解深密經、成唯識論…。
＊參究末後句。
＊解悟末後句。
＊透牢關—親自體驗所悟末後句境界，親見實相，無得無失。
＊救護一切眾生迴向正道。護持了義正法，修證十迴向位如夢觀。
＊發十無盡願，修習百法明門，親證猶如鏡像現觀。
＊修除五蓋，發起禪定。持一切善法戒。親證猶如光影現觀。
＊進修四禪八定、四無量心、五神通。進修大乘種智，求證猶如谷響現觀。

佛菩提二主要道次第概要表——二道並修，以外無別佛法

佛菩提道——大菩提道

遠波羅蜜多

資糧位

十信位修集信心 —— 一劫乃至一萬劫

初住位修集布施功德（以財施爲主）。

二住位修集持戒功德。

三住位修集忍辱功德。

四住位修集精進功德。

五住位修集禪定功德。

六住位修集般若功德（熏習般若中觀及斷我見，加行位也）。

七住位明心般若正觀現前，親證本來自性清淨涅槃。

八住位起於一切法現觀般若中道。漸除性障。

十住位眼見佛性，世界如幻觀成就。

外門廣修六度萬行

見道位

一至十行位，於廣行六度萬行中，依般若中道慧，現觀陰處界猶如陽焰，至第十行滿心位，陽焰觀成就。

一至十迴向位熏習一切種智；修除性障，唯留最後一分思惑不斷。第十迴向滿心位成就菩薩道如夢觀。

內門廣修六度萬行

初地：第十迴向位滿心時，成就道種智一分（八識心王一一親證後，領受五法、三自性、七種第一義、七種性自性、二種無我法）復由勇發十無盡願，成通達位菩薩。復又永伏性障而不具斷，能證慧解脫而不取證，由大願故留惑潤生。此地主修法施波羅蜜多及百法明門。證「猶如鏡像」現觀，故滿初地心。

二地：初地功德滿足以後，再成就道種智一分而入二地；主修戒波羅蜜多及一切種智。滿心位成就「猶如光影」現觀，戒行自然清淨。

解脫道：二乘菩提

→ 斷三縛結，成初果解脫

→ 薄貪瞋癡，成二果解脫

→ 斷五下分結，成三果解脫

入地前的四加行令煩惱障現行悉斷，成四果解脫，留惑潤生。分段生死已斷，煩惱障習氣種子開始斷除，兼斷無始無明上煩惱。

近波羅蜜多 — 修道位

三地：二地滿心再證道種智一分，故入三地。此地主修忍波羅蜜多及四禪八定、四無量心、五神通。能成就俱解脫果而不取證，留惑潤生。滿心位成就「猶如谷響」現觀及無漏妙定意生身。

四地：由三地再證道種智一分故入四地。主修精進波羅蜜多，於此土及他方世界廣度有緣，無有疲倦。進修一切種智，滿心位成就「如水中月」現觀。

五地：由四地再證道種智一分故入五地。主修禪定波羅蜜多及一切種智，斷除下乘涅槃貪。滿心位成就「變化所成」現觀。

六地：由五地再證道種智一分故入六地。此地主修般若波羅蜜多——依道種智現觀十二因緣一一有支及意生身化身，皆自心眞如變化所現，「非有似有」，成就細相觀，不由加行而自然證得滅盡定，成俱解脫大乘無學。

七地：由六地「非有似有」現觀，再證道種智一分故入七地。此地主修一切種智及方便波羅蜜多，由重觀十二有支一一支中之流轉門及還滅門一切細相，成就方便善巧，念念隨入滅盡定。滿心位證得「如犍闥婆城」現觀。

七地滿心斷除故意保留之最後一分思惑時，煩惱障所攝色、受、想三陰有漏習氣種子全部斷盡。

大波羅蜜多

八地：由七地極細相觀成就故再證道種智一分而入八地。此地主修一切種智及願波羅蜜多。至滿心位純無相觀任運恆起，故於相土自在，滿心位復證「如實覺知諸法相意生身」故。

九地：由八地再證道種智一分故入九地。主修力波羅蜜多及一切種智，成就四無礙，滿心位證得「種類俱生無行作意生身」。

十地：由九地再證道種智一分故入此地。此地主修一切種智——智波羅蜜多。滿心位起大法智雲，及現起大法智雲所含藏種種功德，成受職菩薩。

等覺：由十地道種智成就故入此地。此地應修一切種智，圓滿等覺地無生法忍；於百劫中修集極廣大福德，以之圓滿三十二大人相及無量隨形好。

煩惱障所攝行、識二陰無漏習氣種子任運漸斷，所知障所攝上煩惱任運漸斷。

圓滿波羅蜜多 — 究竟位

妙覺：示現受生人間已斷盡煩惱障一切習氣種子，並斷盡所知障一切隨眠，永斷變易生死無明，成就大般涅槃，四智圓明。人間捨壽後，報身常住色究竟天利樂十方地上菩薩；以諸化身利樂有情，永無盡期，成就究竟佛道。

斷盡變易生死
成就大般涅槃

佛子**蕭平實** 謹製
（二〇〇九、〇二 修訂）
（二〇一二、〇二 增補）

圓滿成就究竟佛果

佛教正覺同修會 共修現況 及 招生公告　2021/04/21

一、共修現況：（請在共修時間來電，以免無人接聽。）

台北正覺講堂 103 台北市承德路三段 277 號九樓 捷運淡水線圓山站旁
Tel..**總機** 02-25957295（晚上）（**分機：九樓**辦公室 10、11；知客櫃檯 12、13。 **十樓**知客櫃檯 15、16；書局櫃檯 14。 **五樓**辦公室 18；知客櫃檯 19。**二樓**辦公室 20；知客櫃檯 21。）
Fax..25954493

第一講堂　台北市承德路三段 277 號九樓

禪淨班：週一晚班、週三晚班、週四晚班、週五晚班、週六下午班、週六上午班（共修期間二年半，全程免費。皆須報名建立學籍後始可參加共修，欲報名者詳見本公告末頁。）

增上班：瑜伽師地論詳解：單週六晚班。雙週六晚班（重播班）。17.50～20.50。平實導師講解，2003 年 2 月開講至今，僅限已明心之會員參加。

禪門差別智：每月第一週日全天　平實導師主講（事冗暫停）。

解深密經詳解　本經從六度波羅蜜多談到八識心王，再詳論大乘見道所證眞如，然後論及悟後進修的相見道位所觀七眞如，以及入地後的十地所修，乃至成佛時的四智圓明一切種智境界，皆是可修可證之法，流傳至今依舊可證，顯示佛法眞是義學而非玄談，淺深次第皆所論及之第一義諦妙義。已於 2021 年三月下旬起開講，由 平實導師詳解。每逢週二晚上開講，第一至第六講堂都可同時聽聞，歡迎菩薩種性學人，攜眷共同參與此殊勝法會現場聞法，不限制聽講資格。本會學員憑上課證進入第一至第四講堂聽講，會外學人請以身分證件換證進入聽講（此爲大樓管理處安全管理規定之要求，敬請諒解）；第五及第六講堂（B1、B2）對外開放，不需出示任何證件，請由大樓側門直接進入。

第二講堂　台北市承德路三段 267 號十樓。

禪淨班：週一晚班。

進階班：週三晚班、週四晚班、週五晚班、週六早班、週六下午班。禪淨班結業後轉入共修。

解深密經詳解：平實導師講解。每週二 18.50~20.50 影像音聲即時傳輸

第三講堂　台北市承德路三段 277 號五樓。

禪淨班：週六下午班。

進階班：週一晚班、週三晚班、週四晚班、週五晚班。

解深密經詳解：平實導師講解。每週二 18.50~20.50 影像音聲即時傳輸

第四講堂　台北市承德路三段 267 號二樓。

進階班：週一晚班、週三晚班、週四晚班（禪淨班結業後轉入共修）。

解深密經詳解：平實導師講解。每週二 18.50~20.50 影像音聲即時傳輸

第五、第六講堂

念佛班　每週日晚上，第六講堂共修（B2），一切求生極樂世界的三寶弟子皆可參加，不限制共修資格。

進階班：週一晚班、週三晚班、週四晚班。

解深密經詳解：平實導師講解。每週二 18.50~20.50 影像音聲即時傳輸。第五、第六講堂爲**開放式講堂**，不需以身分證件換證即可進入聽講，台北市承德路三段 267 號地下一樓、地下二樓。每逢週二晚上講經時段開放給會外人士自由聽經，請由大樓側面梯階逕行進入聽講。**聽講者請尊重講者的著作權及肖像權，請勿錄音錄影，以免違法；若有錄音錄影被查獲者，將依法處理。**

正覺祖師堂　大溪區美華里信義路 650 巷坑底 5 之 6 號（台 3 號省道 34 公里處　妙法寺對面斜坡道進入）電話 03-3886110　傳眞 03-3881692 本堂供奉　克勤圓悟大師，專供會員每年四月、十月各三次精進禪三共修，兼作本會出家菩薩掛單常住之用。開放參訪日期請參見本會公告。教內共修團體或道場，得另申請其餘時間作團體參訪，務請事先與常住確定日期，以便安排常住菩薩接引導覽，亦免妨礙常住菩薩之日常作息及修行。

桃園正覺講堂（第一、第二講堂）：桃園市介壽路 286、288 號 10 樓（陽明運動公園對面）電話：03-3749363（請於共修時聯繫，或與台北聯繫）

禪淨班：週一晚班（1）、週一晚班（2）、週三晚班、週四晚班、週五晚班。

進階班：週四晚班、週五晚班、週六上午班。

增上班：雙週六晚班（增上重播班）。

解深密經詳解：平實導師講解。每週二晚上，以台北正覺講堂所錄 DVD 放映；歡迎會外學人共同聽講，不需出示身分證件。

新竹正覺講堂　新竹市東光路 55 號二樓之一　電話 03-5724297（晚上）

第一講堂：

禪淨班：週五晚班。

進階班：週三晚班、週四晚班、週六上午班。由禪淨班結業後轉入共修

增上班：單週六晚班。雙週六晚班（重播班）。

解深密經詳解：平實導師講解。每週二晚上，以台北正覺講堂所錄 DVD 放映。歡迎會外學人共同聽講，不需出示身分證件。

第二講堂：

禪淨班：週一晚班、週三晚班、週四晚班、週六上午班。

解深密經詳解：每週二晚上與第一講堂同步播放講經 DVD。

第三、第四講堂：裝修完畢，即將開放。

台中正覺講堂　04-23816090（晚上）

第一講堂　台中市南屯區五權西路二段 666 號 13 樓之四（國泰世華銀行樓上。鄰近縣市經第一高速公路前來者，由五權西路交流道可以快速到達，大樓旁有停車場，對面有素食館）。

禪淨班：週四晚班、週五晚班。

進階班：週一晚班、週三晚班、週六上午班（由禪淨班結業後轉入共修）。

增上班：單週六晚班。雙週六晚班（重播班）。

解深密經詳解：平實導師講解。每週二晚上，以台北正覺講堂所錄 DVD 放映。歡迎會外學人共同聽講，不需出示身分證件。

第二講堂　台中市南屯區五權西路二段 666 號 4 樓

禪淨班：週一晚班、週三晚班。

第三講堂台中市南屯區五權西路二段 666 號 4 樓

禪淨班：週一晚班。

第四講堂台中市南屯區五權西路二段 666 號 4 樓。

進階班：週一晚班、週四晚班、週六上午班，由禪淨班結業後轉入共修

解深密經詳解：每週二晚上與第一講堂同步播放講經 DVD。

嘉義正覺講堂　嘉義市友愛路 288 號八樓之一　電話：05-2318228

第一講堂：

禪淨班：週四晚班、週五晚班、週六上午班。

進階班：週一晚班、週三晚班（由禪淨班結業後轉入共修）。

增上班：單週六晚班。雙週六晚班（重播班）。

解深密經詳解：平實導師講解。每週二晚上，以台北正覺講堂所錄 DVD 放映。歡迎會外學人共同聽講，不需出示身分證件。

第二講堂　嘉義市友愛路 288 號八樓之二。

第三講堂　嘉義市友愛路 288 號四樓之七。

禪淨班：週一晚班、週三晚班。

台南正覺講堂

第一講堂　台南市西門路四段 15 號 4 樓。06-2820541（晚上）

禪淨班：週一晚班、週三晚班、週四晚班、週五晚班、週六下午班。

增上班：單週六晚班。雙週六晚班（重播班）。

第二講堂　台南市西門路四段 15 號 3 樓。

解深密經詳解：每週二晚上與第三講堂同步播放講經 DVD。

第三講堂　台南市西門路四段 15 號 3 樓。

進階班：週一晚班、週三晚班、週四晚班、週五晚班（由禪淨班結業後轉入共修）。

解深密經詳解：平實導師講解。每週二晚上，以台北正覺講堂所錄 DVD 放映。歡迎會外學人共同聽講，不需出示身分證件。。

高雄正覺講堂　高雄市新興區中正三路 45 號五樓 07-2234248（晚上）

第一講堂（五樓）：

禪淨班：週一晚班、週三晚班、週四晚班、週五晚班、週六上午班。

增上班：單週六晚班。雙週六晚班（重播班）。

解深密經詳解：平實導師講解。每週二晚上，以台北正覺講堂所錄 DVD 放映。歡迎會外學人共同聽講，不需出示身分證件。

第二講堂（四樓）：

進階班：週三晚班、週四晚班、週六上午班（由禪淨班結業後轉入共修）。

解深密經詳解：每週二晚上與第一講堂同步播放講經 DVD。

第三講堂（三樓）：

進階班：週四晚班（由禪淨班結業後轉入共修）。

香港正覺講堂

香港新界葵涌打磚坪街 93 號維京科技商業中心A 座 18 樓。

電話：(852) 23262231

英文地址：18/F, Tower A, Viking Technology & Business Centre, 93 Ta Chuen Ping Street, Kwai Chung, N.T., Hong Kong.

禪淨班：雙週六下午班、雙週日下午班、單週六下午班、單週日下午班

進階班：雙週五晚上班、雙週日早上班（由禪淨班結業後轉入共修）。

增上班：每月第一週週日，以台北增上班課程錄成 DVD 放映之。

增上重播班：每月第一週週六，以台北增上班課程錄成 DVD 放映之。

大法鼓經詳解：平實導師講解。每週六、日 19:00～21:00，以台北正覺講堂所錄 DVD 放映;歡迎會外學人共同聽講,不需出示身分證件。

美國洛杉磯正覺講堂　☆已遷移新址☆

825 S. Lemon Ave Diamond Bar, CA 91789 U.S.A.

Tel. (909) 595-5222（請於週六 9:00~18:00 之間聯繫）

Cell. (626) 454-0607

禪淨班：每逢週末 16：00~18：00 上課。

進階班：每逢週末上午 10：00~12：00 上課。

解深密經詳解：平實導師講解。每週六下午 13：30~15：30 以台北所錄 DVD 放映。歡迎各界人士共享第一義諦無上法益，不需報名。

二、招生公告　本會台北講堂及全省各講堂、香港講堂，每逢四月、十月下旬開新班，每週共修一次（每次二小時。開課日起三個月內仍可插班）；但美國洛杉磯共修處之禪淨班得隨時插班共修。各班共修期間皆爲二年半，全程免費，欲參加者請向本會函索報名表（各共修處皆於共修時間方有人執事，非共修時間請勿電詢或前來洽詢、請書），或直接從本會官方網站(http://www.enlighten.org.tw/newsflash/class)或成佛之道網站下載報名表。共修期滿時，若經報名禪三審核通過者，可參加四天三夜之禪三精進共修，有機會明心、取證如來藏，發起般若實相智慧，成爲實義菩薩，脫離凡夫菩薩位。

三、新春禮佛祈福　農曆年假期間停止共修：自農曆新年前七天起停止共修與弘法，正月 8 日起回復共修、弘法事務。新春期間正月初一～初七 9.00～17.00 開放台北講堂、正月初一~初三開放新竹、台中、嘉義、台南、高雄講堂，以及大溪禪三道場（正覺祖師堂），方便會員供佛、祈福及會外人士請書。美國洛杉磯共修處之休假時間，請逕詢該共修處。

密宗四大派修雙身法，是外道性力派的邪法；又以生滅的識陰作爲常住法，是常見外道，是假的藏傳佛教。

西藏覺囊巴以他空見弘揚第八識如來藏勝法，才是真藏傳佛教

佛教正覺同修會　弘法行事表　2021/04/21

1、**禪淨班**　以無相念佛及拜佛方式修習動中定力，實證一心不亂功夫。傳授解脫道正理及第一義諦佛法，以及參禪知見。共修期間：二年六個月。每逢四月、十月開新班，詳見招生公告表。

2、**進階班**　禪淨班畢業後得轉入此班，進修更深入的佛法，期能證悟明心。各地講堂各有多班，繼續深入佛法、增長定力，悟後得轉入增上班修學道種智，期能證得無生法忍。

3、**增上班 瑜伽師地論**詳解　詳解論中所言凡夫地至佛地等 17 師之修證境界與理論，從凡夫地、聲聞地……宣演到諸地所證無生法忍、一切種智之眞實正理。由平實導師開講，每逢一、三、五週之週末晚上開示，僅限已明心之會員參加。2003 年二月開講至今，預定 2021 年講畢。

4、**解深密經**詳解　本經所說妙法極爲甚深難解，非唯論及佛法中心主旨的八識心王及般若實證之標的，亦論及眞見道之後轉入相見道位中應該修學之法，即是七眞如之觀行內涵，然後始可入地。亦論及見道之後，如何與解脫及佛菩提智相應，兼論十地進修之道，末論如來法身及四智圓明的一切種智境界。如是眞見道、相見道、諸地修行之義，傳至今時仍然可證，顯示佛法眞是義學而非玄談或思想，有實證之標的與內容，非諸思惟研究者之所能到，乃是離言絕句之第八識第一義諦妙義。已於 2021 年三月下旬開講，由平實導師詳解。不限制聽講資格。

5、**精進禪三**　主三和尙：平實導師。於四天三夜中，以克勤圓悟大師及大慧宗杲之禪風，施設機鋒與小參、公案密意之開示，幫助會員剋期取證，親證不生不滅之眞實心——人人本有之如來藏。每年四月、十月各舉辦三個梯次；平實導師主持。僅限本會會員參加禪淨班共修期滿，報名審核通過者，方可參加。並選擇會中定力、慧力、福德三條件皆已具足之已明心會員，給以指引，令得眼見自己無形無相之佛性遍佈山河大地，眞實而無障礙，得以肉眼現觀世界身心悉皆如幻，具足成就如幻觀，圓滿十住菩薩之證境。

6、**阿含經**詳解　選擇重要之阿含部經典，依無餘涅槃之實際而加以詳解，令大眾得以現觀諸法緣起性空，亦復不墮斷滅見中，顯示經中所隱說之涅槃實際—如來藏—確實已於四阿含中隱說；令大眾得以聞後觀行，確實斷除我見乃至我執，證得**見到**眞現觀，乃至**身證**……等眞現觀；已得大乘或二乘見道者，亦可由此聞熏及聞後之觀行，除斷我所之貪著，成就慧解脫果。由平實導師詳解。不限制聽講資格。

7、**成唯識論**詳解　詳解一切種智眞實正理，詳細剖析一切種智之微細深妙廣大正理；並加以舉例說明，使已悟之會員深入體驗所證如來藏之微密行相；及證驗見分相分與所生一切法，皆由如來藏—阿賴耶識—直接或展轉而生，因此證知一切法無我，證知無餘涅槃之本際。將於增上班《瑜伽師地論》講畢後，由平實導師重講。僅限已明心之會員參加。

8、**精選如來藏系經典**詳解　精選如來藏系經典一部，詳細解說，以此完全印證會員所悟如來藏之眞實，得入不退轉住。另行擇期詳細解說之，由平實導師講解。僅限已明心之會員參加。

9、**禪門差別智**　藉禪宗公案之微細淆訛難知難解之處，加以宣說及剖析，以增進明心、見性之功德，啓發差別智，建立擇法眼。每月第一週日全天，由平實導師開示，僅限破參明心後，復又眼見佛性者參加（事冗暫停）。

10、**枯木禪**　先講智者大師的《小止觀》，後說《釋禪波羅蜜》，詳解四禪八定之修證理論與實修方法，細述一般學人修定之邪見與岔路，及對禪定證境之誤會，消除枉用功夫、浪費生命之現象。已悟般若者，可以藉此而實修初禪，進入大乘通教及聲聞教的三果心解脫境界，配合應有的大福德及後得無分別智、十無盡願，即可進入初地心中。親教師：平實導師。未來緣熟時將於正覺寺開講。不限制聽講資格。

註：本會例行年假，自 2004 年起，改爲每年農曆新年前七天開始停息弘法事務及共修課程，農曆正月 8 日回復所有共修及弘法事務。新春期間（每日 9.00~17.00）開放台北講堂，方便會員禮佛祈福及會外人士請書。大溪區的正覺祖師堂，開放參訪時間，詳見〈正覺電子報〉或成佛之道網站。本表得因時節因緣需要而隨時修改之，不另作通知。

佛教正覺同修會　贈閱書籍 目錄　2018/10/20

1.**無相念佛**　平實導師著　回郵36元
2.**念佛三昧修學次第**　平實導師述著　回郵52元
3.**正法眼藏—護法集**　平實導師述著　回郵76元
4.**真假開悟簡易辨正法&佛子之省思**　平實導師著　回郵26元
5.**生命實相之辨正**　平實導師著　回郵31元
6.**如何契入念佛法門**（附：印順法師否定極樂世界）平實導師著　回郵26元
7.**平實書箋**—答元覽居士書　平實導師著　回郵52元
8.**三乘唯識**—如來藏系經律彙編　平實導師編　回郵80元
（精裝本　長27㎝　寬21㎝　高7.5㎝　重2.8公斤）
9.**三時繫念全集**—修正本　回郵掛號52元（長26.5㎝×寬19㎝）
10.**明心與初地**　平實導師述　回郵31元
11.**邪見與佛法**　平實導師述著　回郵36元
12.**甘露法雨**　平實導師述　回郵36元
13.**我與無我**　平實導師述　回郵36元
14.**學佛之心態**—修正錯誤之學佛心態始能與正法相應 孫正德老師著 回郵52元
附錄：平實導師著**《略說八、九識並存…等之過失》**
15.**大乘無我觀**—《悟前與悟後》別說　平實導師述著　回郵36元
16.**佛教之危機**—中國台灣地區現代佛教之真相（附錄：公案拈提六則）
平實導師著　回郵52元
17.**燈　影**—燈下黑（覆「求教後學」來函等）　平實導師著　回郵76元
18.**護法與毀法**—覆上平居士與徐恒志居士網站毀法二文
張正圜老師著　回郵76元
19.**淨土聖道**—兼評**選擇本願念佛**　正德老師著　**由正覺同修會購贈**　回郵52元
20.**辨唯識性相**—對「紫蓮心海《辯唯識性相》書中否定阿賴耶識」之回應
正覺同修會 台南共修處法義組 著　回郵52元
21.**假如來藏**—對法蓮法師《如來藏與阿賴耶識》書中否定阿賴耶識之回應
正覺同修會 台南共修處法義組 著　回郵76元
22.**入不二門**—公案拈提集錦 第一輯（於平實導師公案拈提諸書中選錄約二十則，
合輯爲一冊流通之）平實導師著　回郵52元
23.**真假邪說**—西藏密宗索達吉喇嘛《破除邪說論》真是邪說
釋正安法師著　上、下冊回郵各52元
24.**真假開悟**—真如、如來藏、阿賴耶識間之關係　平實導師述著　回郵76元
25.**真假禪和**—辨正釋傳聖之謗法謬說　孫正德老師著　回郵76元
26.**眼見佛性**—駁慧廣法師**眼見佛性的含義**文中謬說
游正光老師著　回郵52元

27.**普門自在**—公案拈提集錦 第二輯（於平實導師公案拈提諸書中選錄約二十則，合輯爲一冊流通之）平實導師著　回郵52元

28.**印順法師的悲哀**—以現代禪的質疑為線索　恒毓博士著　回郵52元

29.**識蘊真義**—現觀識蘊內涵、取證初果、親斷三縛結之具體行門。
—依《成唯識論》及《唯識述記》正義，略顯安慧《大乘廣五蘊論》之邪謬
平實導師著　回郵76元

30.**正覺電子報** 各期紙版本　免附回郵　每次最多函索三期或三本。
（已無存書之較早各期，不另增印贈閱）

31.**現代人應有的宗教觀**　蔡正禮老師 著　回郵31元

32.**遠惑趣道**—正覺電子報般若信箱問答錄　第一輯　回郵52元

33.**遠惑趣道**—正覺電子報般若信箱問答錄　第二輯　回郵52元

34.**確保您的權益**—器官捐贈應注意自我保護　游正光老師 著　回郵31元

35.**正覺教團電視弘法三乘菩提 DVD 光碟（一）**

由正覺教團多位親教師共同講述錄製 DVD 8片，MP3一片，共9片。有二大講題：一爲「三乘菩提之意涵」，二爲「學佛的正知見」。內容精闢，深入淺出，精彩絕倫，幫助大眾快速建立三乘法道的正知見，免被外道邪見所誤導。有志修學三乘佛法之學人不可不看。（製作工本費100元，回郵 52元）

36.**正覺教團電視弘法 DVD 專輯（二）**

總有二大講題：一爲「三乘菩提之念佛法門」，一爲「學佛正知見（第二篇）」，由正覺教團多位親教師輪番講述，內容詳細闡述如何修學念佛法門、實證念佛三昧，以及學佛應具有的正確知見，可以幫助發願往生西方極樂淨土之學人，得以把握往生，更可令學人快速建立三乘法道的正知見，免於被外道邪見所誤導。有志修學三乘佛法之學人不可不看。（一套17片，工本費160元。回郵 76元）

37.**喇嘛性世界**—揭開假藏傳佛教譚崔瑜伽的面紗　張善思 等人合著
由正覺同修會購贈　回郵52元

38.**假藏傳佛教的神話**—性、謊言、喇嘛教　張正玄教授編著
由正覺同修會購贈　回郵52元

39.**隨　緣**—理隨緣與事隨緣　平實導師述　回郵52元。

40.**學佛的覺醒**　正枝居士 著　回郵52元

41.**導師之真實義**　蔡正禮老師 著　回郵31元

42.**淺談達賴喇嘛之雙身法**—兼論解讀「密續」之達文西密碼
吳明芷居士 著　回郵31元

43.**魔界轉世**　張正玄居士 著　回郵31元

44.**一貫道與開悟**　蔡正禮老師 著　回郵31元

45.**博愛**—愛盡天下女人　正覺教育基金會 編印　回郵36元

46.**意識虛妄經教彙編**—實證解脫道的關鍵經文　正覺同修會編印　回郵36元

47.**邪箭囈語**—破斥藏密外道多識仁波切《破魔金剛箭雨論》之邪說

陸正元老師著　上、下冊回郵各 52 元

48.**真假沙門**—依 佛聖教闡釋佛教僧寶之定義

蔡正禮老師著　俟正覺電子報連載後結集出版

49.**真假禪宗**—藉評論釋性廣《印順導師對變質禪法之批判

及對禪宗之肯定》以顯示真假禪宗

附論一：凡夫知見 無助於佛法之信解行證

附論二：世間與出世間一切法皆從如來藏實際而生而顯

余正偉老師著　俟正覺電子報連載後結集出版　回郵未定

★ 上列贈書之郵資，係台灣本島地區郵資，大陸、港、澳地區及外國地區，請另計酌增（大陸、港、澳、國外地區之郵票不許通用）。尚未出版之書，請勿先寄來郵資，以免增加作業煩擾。

★ 本目錄若有變動，唯於後印之書籍及「成佛之道」網站上修正公佈之，不另行個別通知。

函索書籍請寄：佛教正覺同修會　103 台北市承德路 3 段 277 號 9 樓

台灣地區函索書籍者請附寄郵票，無時間購買郵票者可以等值現金抵用，但不接受郵政劃撥、支票、匯票。大陸地區得以人民幣計算，國外地區請以美元計算（請勿寄來當地郵票，在台灣地區不能使用）。欲以掛號寄遞者，請另附掛號郵資。

親自索閱：正覺同修會各共修處。　★請於共修時間前往取書，餘時無人在道場，請勿前往索取；共修時間與地點，詳見書末正覺同修會共修現況表（以近期之共修現況表為準）。

註：正智出版社發售之局版書，請向各大書局購閱。若書局之書架上已經售出而無陳列者，請向書局櫃台指定洽購；若書局不便代購者，請於正覺同修會共修時間前往各共修處請購，正智出版社已派人於共修時間送書前往各共修處流通。 郵政劃撥購書及 大陸地區 購書，請詳別頁正智出版社發售書籍目錄最後頁之說明。

成佛之道 網站：http://www.a202.idv.tw　正覺同修會已出版之結緣書籍，多已登載於 成佛之道 網站，若住外國、或住處遙遠，不便取得正覺同修會贈閱書籍者，可以從本網站閱讀及下載。　書局版之《宗通與說通》亦已上網，台灣讀者可向書局洽購，售價 300 元。《狂密與真密》第一輯~第四輯，亦於 2003.5.1.全部於本網站登載完畢；台灣地區讀者請向書局洽購，每輯約 400 頁，售價 300 元（網站下載紙張費用較貴，容易散失，難以保存，亦較不精美）。

＊＊假藏傳佛教修雙身法，非佛教＊＊

正智出版社 籌募弘法基金發售書籍目錄　2020/11/14

1.**宗門正眼**—公案拈提 第一輯 重拈　平實導師著　500 元
因重寫內容大幅度增加故，字體必須改小，並增為 576 頁 主文 546 頁。比初版更精彩、更有內容。初版《禪門摩尼寶聚》之讀者，可寄回本公司免費調換新版書。免附回郵，亦無截止期限。（2007 年起，每冊附贈本公司精製公案拈提〈超意境〉CD 一片。市售價格 280 元，多購多贈。）
2.**禪淨圓融**　平實導師著　200 元（第一版舊書可換新版書。）
3.**真實如來藏**　平實導師著　400 元
4.**禪—悟前與悟後**　平實導師著　上、下冊，每冊 250 元
5.**宗門法眼**—公案拈提 第二輯　平實導師著　500 元
（2007 年起，每冊附贈本公司精製公案拈提〈超意境〉CD 一片）
6.**楞伽經詳解**　平實導師著　全套共 10 輯　每輯 250 元
7.**宗門道眼**—公案拈提 第三輯　平實導師著　500 元
（2007 年起，每冊附贈本公司精製公案拈提〈超意境〉CD 一片）
8.**宗門血脈**—公案拈提 第四輯　平實導師著　500 元
（2007 年起，每冊附贈本公司精製公案拈提〈超意境〉CD 一片）
9.**宗通與說通**—成佛之道 平實導師著 主文 381 頁 全書 400 頁售價 300 元
10.**宗門正道**—公案拈提 第五輯　平實導師著　500 元
（2007 年起，每冊附贈本公司精製公案拈提〈超意境〉CD 一片）
11.**狂密與真密 一～四輯**　平實導師著　西藏密宗是人間最邪淫的宗教，本質不是佛教，只是披著佛教外衣的印度教性力派流毒的喇嘛教。此書中將西藏密宗密傳之男女雙身合修樂空雙運所有祕密與修法，毫無保留完全公開，並將全部喇嘛們所不知道的部分也一併公開。內容比大辣出版社喧騰一時的《西藏慾經》更詳細。並且函蓋藏密的所有祕密及其錯誤的中觀見、如來藏見……等，藏密的所有法義都在書中詳述、分析、辨正。每輯主文三百餘頁　每輯全書約 400 頁　售價每輯 300 元
12.**宗門正義**—公案拈提 第六輯　平實導師著　500 元
（2007 年起，每冊附贈本公司精製公案拈提〈超意境〉CD 一片）
13.**心經密意**—心經與解脫道、佛菩提道、祖師公案之關係與密意　平實導師述　300 元
14.**宗門密意**—公案拈提 第七輯　平實導師著　500 元
（2007 年起，每冊附贈本公司精製公案拈提〈超意境〉CD 一片）
15.**淨土聖道**—兼評「選擇本願念佛」　正德老師著　200 元
16.**起信論講記**　平實導師述著　共六輯　每輯三百餘頁　售價各 250 元
17.**優婆塞戒經講記**　平實導師述著 共八輯 每輯三百餘頁 售價各 250 元
18.**真假活佛**—略論附佛外道盧勝彥之邪說（對前岳靈犀網站主張「盧勝彥是證悟者」之修正）　正犀居士（岳靈犀）著　流通價 140 元
19.**阿含正義**—唯識學探源　平實導師著　共七輯　每輯 300 元

20.**超意境** CD 以平實導師公案拈提書中超越意境之頌詞，加上曲風優美的旋律，錄成令人嚮往的超意境歌曲，其中包括正覺發願文及平實導師親自譜成的黃梅調歌曲一首。詞曲雋永，殊堪翫味，可供學禪者吟詠，有助於見道。內附設計精美的彩色小冊，解說每一首詞的背景本事。每片 280 元。【每購買公案拈提書籍一冊，即贈送一片。】

21.**菩薩底憂鬱** CD 將菩薩情懷及禪宗公案寫成新詞，並製作成超越意境的優美歌曲。 1.主題曲〈菩薩底憂鬱〉，描述地後菩薩能離三界生死而迴向繼續生在人間，但因尚未斷盡習氣種子而有極深沈之憂鬱，非三賢位菩薩及二乘聖者所知，此憂鬱在七地滿心位方才斷盡；本曲之詞中所說義理極深，昔來所未曾見；此曲係以優美的情歌風格寫詞及作曲，聞者得以激發嚮往諸地菩薩境界之大心，詞、曲都非常優美，難得一見；其中勝妙義理之解說，已印在附贈之彩色小冊中。 2.以各輯公案拈提中直示禪門入處之頌文，作成各種不同曲風之超意境歌曲，值得玩味、參究；聆聽公案拈提之優美歌曲時，請同時閱讀內附之印刷精美說明小冊，可以領會超越三界的證悟境界；未悟者可以因此引發求悟之意向及疑情，眞發菩提心而邁向求悟之途，乃至因此眞實悟入般若，成眞菩薩。 3.正覺總持咒新曲，總持佛法大意；總持咒之義理，已加以解說並印在隨附之小冊中。本 CD 共有十首歌曲，長達 63 分鐘。每盒各附贈二張購書優惠券。每片 280 元。

22.**禪意無限** CD 平實導師以公案拈提書中偈頌寫成不同風格曲子，與他人所寫不同風格曲子共同錄製出版，幫助參禪人進入禪門超越意識之境界。盒中附贈彩色印製的精美解說小冊，以供聆聽時閱讀，令參禪人得以發起參禪之疑情，即有機會證悟本來面目而發起實相智慧，實證大乘菩提般若，能如實證知般若經中的眞實意。本 CD 共有十首歌曲，長達 69 分鐘，每盒各附贈二張購書優惠券。每片 280 元。

23.**我的菩提路**第一輯　釋悟圓、釋善藏等人合著　售價 300 元

24.**我的菩提路**第二輯　郭正益等人合著　售價 300 元（停售，俟改版後另行發售）

25.**我的菩提路**第三輯　王美伶等人合著　售價 300 元

26.**我的菩提路**第四輯　陳晏平等人合著　售價 300 元

27.**我的菩提路**第五輯　林慈慧等人合著　售價 300 元

28.**我的菩提路**第六輯　劉惠莉等人合著　售價 300 元

29.**我的菩提路**第七輯　余正偉等人合著　售價 300 元　預定 2021/6/30 出版

30.**鈍鳥與靈龜**—考證後代凡夫對大慧宗杲禪師的無根誹謗。

平實導師著 共 458 頁 售價 350 元

31.**維摩詰經講記** 平實導師述 共六輯 每輯三百餘頁 售價各 250 元

32.**真假外道**—破劉東亮、杜大威、釋證嚴常見外道見　正光老師著　200 元

33.**勝鬘經講記**—兼論印順《勝鬘經講記》對於《勝鬘經》之誤解。

平實導師述　共六輯　每輯三百餘頁　售價250 元

34.**楞嚴經講記** 平實導師述 共**15**輯，每輯三百餘頁 售價300元
35.**明心與眼見佛性**—駁慧廣〈蕭氏「眼見佛性」與「明心」之非〉文中謬說
正光老師著 共448頁 售價300元
36.**見性與看話頭** 黃正倖老師 著，本書是禪宗參禪的方法論。
內文375頁，全書416頁，售價300元。
37.**達賴真面目**—玩盡天下女人 白正偉老師 等著 中英對照彩色精裝大本 800元
38.**喇嘛性世界**—揭開假藏傳佛教譚崔瑜伽的面紗 張善思 等人著 200元
39.**假藏傳佛教的神話**—性、謊言、喇嘛教 正玄教授編著 200元
40.**金剛經宗通** 平實導師述 共九輯 每輯售價250元。
41.**空行母**—性別、身分定位，以及藏傳佛教。
珍妮·坎貝爾著 呂艾倫 中譯 售價250元
42.**末代達賴**—性交教主的悲歌 張善思、呂艾倫、辛燕編著 售價250元
43.**霧峰無霧**—給哥哥的信 辨正釋印順對佛法的無量誤解
游宗明 老師著 售價250元
44.**霧峰無霧**—第二輯—救護佛子向正道 細說釋印順對佛法的各類誤解
游宗明 老師著 售價250元
45.**第七意識與第八意識？**—穿越時空「超意識」
平實導師述 每冊300元
46.**黯淡的達賴**—失去光彩的諾貝爾和平獎
正覺教育基金會編著 每冊250元
47.**童女迦葉考**—論呂凱文〈佛教輪迴思想的論述分析〉之謬。
平實導師 著 定價180元
48.**人間佛教**—實證者必定不悖三乘菩提
平實導師 述，定價400元
49.**實相經宗通** 平實導師述 共八輯 每輯250元
50.**真心告訴您(一)**—達賴喇嘛在幹什麼？
正覺教育基金會編著 售價250元
51.**中觀金鑑**—詳述應成派中觀的起源與其破法本質
孫正德老師著 分爲上、中、下三冊，每冊250元
52.**藏傳佛教要義**—《狂密與真密》之簡體字版 平實導師 著 上、下冊
僅在大陸流通 每冊300元
53.**法華經講義** 平實導師述 共二十五輯 每輯300元
已於2015/05/31起開始出版，每二個月出版一輯
54.**西藏「活佛轉世」制度**—附佛、造神、世俗法
許正豐、張正玄老師合著 定價150元
55.**廣論三部曲** 郭正益老師著 定價150元
56.**真心告訴您(二)**—達賴喇嘛是佛教僧侶嗎？
—補祝達賴喇嘛八十大壽
正覺教育基金會編著 售價300元

57.**次法**—實證佛法前應有的條件

張善思居士著　分為上、下二冊，每冊 250 元

58.**涅槃**—解說四種涅槃之實證及內涵　平實導師著　上、下冊　各 350 元

59.**山法**—西藏關於他空與佛藏之根本論

篤補巴‧喜饒堅贊著　　傑弗里‧霍普金斯英譯

張火慶教授、呂艾倫老師中譯　精裝大本 1200 元

60.**佛藏經講義**　平實導師述　2019 年 7 月 31 日開始出版　共 21 輯

每二個月出版一輯，每輯 300 元。

61.**假鋒虛焰金剛乘**—揭示顯密正理，兼破索達吉師徒《般若鋒兮金剛焰》

釋正安法師著　簡體字版　即將出版　售價未定

62.**廣論之平議**—宗喀巴《菩提道次第廣論》之平議　正雄居士著

約二或三輯　俟正覺電子報連載後結集出版　書價未定

63.**大法鼓經講義**　平實導師講述　《佛藏經講義》出版後發行，每輯 300 元

64.**不退轉法輪經講義**　平實導師講述　《大法鼓經講義》出版後發行

65.**八識規矩頌**詳解　○○居士　註解　出版日期另訂　書價未定。

66.**中觀正義**—註解平實導師《中論正義頌》。

○○法師（居士）著　出版日期未定　書價未定

67.**中論正義**—釋龍樹菩薩《中論》頌正理。

孫正德老師著　出版日期未定　書價未定

68.**中國佛教史**—依中國佛教正法史實而論。○○老師　著　書價未定。

69.**印度佛教史**—法義與考證。依法義史實評論印順《印度佛教思想史、佛教史地考論》之謬說　正偉老師著　出版日期未定　書價未定

70.**阿含經講記**—將選錄四阿含中數部重要經典全經講解之，講後整理出版。

平實導師述　約二輯　每輯 300 元　出版日期未定

71.**寶積經講記**　平實導師述　每輯三百餘頁　優惠價 300 元　出版日期未定

72.**解深密經講義**　平實導師述　約四輯　將於重講後整理出版

73.**成唯識論略解**　平實導師著　五～六輯　每輯 300 元　出版日期未定

74.**修習止觀坐禪法要講記**　平實導師述　每輯三百餘頁

將於正覺寺建成後重講、以講記逐輯出版　出版日期未定

75.**無門關**—《無門關》公案拈提　平實導師著　出版日期未定

76.**中觀再論**—兼述印順《中觀今論》謬誤之平議。正光老師著　出版日期未定

77.**輪迴與超度**—佛教超度法會之真義。

○○法師（居士）著　出版日期未定　書價未定

78.**《釋摩訶衍論》平議**—對偽稱龍樹所造《釋摩訶衍論》之平議

○○法師（居士）著　出版日期未定　書價未定

79.**正覺發願文**註解—以真實大願為因　得證菩提

正德老師著　出版日期未定　書價未定

80.**正覺總持咒**—佛法之總持　正圜老師著　出版日期未定　書價未定

81.**三自性**—依四食、五蘊、十二因緣、十八界法，說三性三無性。

作者未定　出版日期未定

82.**道品**—從三自性說大小乘三十七道品　作者未定　出版日期未定
83.**大乘緣起觀**—依四聖諦七真如現觀十二緣起 作者未定　出版日期未定
84.**三德**—論解脫德、法身德、般若德。　作者未定　出版日期未定
85.**真假如來藏**—對印順《如來藏之研究》謬說之平議　作者未定 出版日期未定
86.**大乘道次第**　作者未定　出版日期未定　書價未定
87.**四緣**—依如來藏故有四緣。　作者未定　出版日期未定
88.**空之探究**—印順《空之探究》謬誤之平議　作者未定 出版日期未定
89.**十法義**—論阿含經中十法之正義　作者未定　出版日期未定
90.**外道見**—論述外道六十二見　作者未定　出版日期未定

正智出版社有限公司 書籍介紹

禪淨圓融：言淨土諸祖所未曾言，示諸宗祖師所未曾示；禪淨圓融，另闢成佛捷徑，兼顧自力他力，闡釋淨土門之速行易行道，亦同時揭櫫聖教門之速行易行道；令廣大淨土行者得免緩行難證之苦，亦令聖道門行者得以藉著淨土速行道而加快成佛之時劫。乃前無古人之超勝見地，非一般弘揚禪淨法門典籍也，先讀爲快。平實導師著 200元。

宗門正眼—公案拈提第一輯：繼承克勤圜悟大師碧巖錄宗旨之禪門鉅作。先則舉示當代大法師之邪說，消弭當代禪門大師鄉愿之心態，摧破當今禪門「世俗禪」之妄談；次則旁通教法，表顯宗門正理；繼以道之次第，消弭古今狂禪；後藉言語及文字機鋒，直示宗門入處。悲智雙運，禪味十足，數百年來難得一睹之禪門鉅著也。平實導師著 500元（原初版書《禪門摩尼寶聚》，改版後補充爲五百餘頁新書，總計多達二十四萬字，內容更精彩，並改名爲《宗門正眼》，讀者原購初版《禪門摩尼寶聚》皆可寄回本公司免費換新，免附回郵，亦無截止期限）（2007年起，凡購買公案拈提第一輯至第七輯，每購一輯皆贈送本公司精製公案拈提〈超意境〉CD一片，市售價格280元，多購多贈）。

禪—悟前與悟後：本書能建立學人悟道之信心與正確知見，圓滿具足而有次第地詳述禪悟之功夫與禪悟之內容，指陳參禪中細微淆訛之處，能使學人明自眞心、見自本性。若未能悟入，亦能以正確知見辨別古今中外一切大師究係眞悟？或屬錯悟？便有能力揀擇，捨名師而選明師，後時必有悟道之緣。一旦悟道，遲者七次人天往返，便出三界，速者一生取辦。學人欲求開悟者，不可不讀。 平實導師著。上、下冊共500元，單冊250元。

真實如來藏：如來藏眞實存在，乃宇宙萬有之本體，並非印順法師、達賴喇嘛等人所說之「唯有名相、無此心體」。如來藏是涅槃之本際，是一切有智之人竭盡心智、不斷探索而不能得之生命實相；是古今中外許多大師自以爲悟而當面錯過之生命實相。如來藏即是阿賴耶識，乃是一切有情本自具足、不生不滅之眞實心。當代中外大師於此書出版之前所未能言者，作者於本書中盡情流露、詳細闡釋。眞悟者讀之，必能增益悟境、智慧增上；錯悟者讀之，必能檢討自己之錯誤，免犯大妄語業；未悟者讀之，能知參禪之理路，亦能以之檢查一切名師是否眞悟。此書是一切哲學家、宗教家、學佛者及欲昇華心智之人必讀之鉅著。　平實導師著　售價400元。

宗門法眼—公案拈提第二輯：列舉實例，闡釋土城廣欽老和尚之悟處；並直示這位不識字的老和尚妙智橫生之根由，繼而剖析禪宗歷代大德之開悟公案，解析當代密宗高僧卡盧仁波切之錯悟證據，並例舉當代顯宗高僧、大居士之錯悟證據（凡健在者，爲免影響其名聞利養，皆隱其名）。藉辨正當代名師之邪見，向廣大佛子指陳禪悟之正道，彰顯宗門法眼。悲勇兼出，強捋虎鬚；慈智雙運，巧探驪龍；摩尼寶珠在手，直示宗門入處，禪味十足；若非大悟徹底，不能爲之。禪門精奇人物，允宜人手一冊，供作參究及悟後印證之圭臬。本書於2008年4月改版，增寫爲大約500頁篇幅，以利學人研讀參究時更易悟入宗門正法，以前所購初版首刷及初版二刷舊書，皆可免費換取新書。平實導師著　500元（2007年起，凡購買公案拈提第一輯至第七輯，每購一輯皆贈送本公司精製公案拈提〈超意境〉CD一片，市售價格280元，多購多贈）。

宗門道眼—公案拈提第三輯：繼宗門法眼之後，再以金剛之作略、慈悲之胸懷、犀利之筆觸，舉示寒山、拾得、布袋三大士之悟處，消弭當代錯悟者對於寒山大士……等之誤會及誹謗。　亦舉出民初以來與虛雲和尚齊名之蜀郡鹽亭袁煥仙夫子——南懷瑾老師之師，其「悟處」何在？並蒐羅許多眞悟祖師之證悟公案，顯示禪宗歷代祖師之睿智，指陳部分祖師、奧修及當代顯密大師之謬悟，作爲殷鑑，幫助禪子建立及修正參禪之方向及知見。假使讀者閱此書已，一時尚未能悟，亦可一面加功用行，一面以此宗門道眼辨別眞假善知識，避開錯誤之印證及歧路，可免大妄語業之長劫慘痛果報。欲修禪宗之禪者，務請細讀。平實導師著　售價500元（2007年起，凡購買公案拈提第一輯至第七輯，每購一輯皆贈送本公司精製公案拈提〈超意境〉CD一片，市售價格280元，多購多贈）。

楞伽經詳解：本經是禪宗見道者印證所悟眞僞之根本經典，亦是禪宗見道者悟後起修之依據經典；故達摩祖師於印證二祖慧可大師之後，將此經典連同佛鉢祖衣一併交付二祖，令其依此經典佛示金言、進入修道位，修學一切種智。由此可知此經對於眞悟之人修學佛道，是非常重要之一部經典。此經能破外道邪說，亦破佛門中錯悟名師之謬說，亦破禪宗部分祖師之狂禪：不讀經典、一向主張「一悟即成究竟佛」之謬執。並開示愚夫所行禪、觀察義禪、攀緣如禪、如來禪等差別，令行者對於三乘禪法差異有所分辨；亦糾正禪宗祖師古來對於如來禪之誤解，嗣後可免以訛傳訛之弊。此經亦是法相唯識宗之根本經典，禪者悟後欲修一切種智而入初地者，必須詳讀。平實導師著，全套共十輯，已全部出版完畢，每輯主文約320頁，每冊約352頁，定價250元。

宗門血脈—公案拈提第四輯：末法怪象—許多修行人自以爲悟，每將無念靈知認作眞實；崇尚二乘法諸師及其徒衆，則將外於如來藏之緣起性空—無因論之無常空、斷滅空、一切法空—錯認爲 佛所說之般若空性。這兩種現象已於當今海峽兩岸及美加地區顯密大師之中普遍存在；人人自以爲悟，心高氣壯，便敢寫書解釋祖師證悟之公案，大多出於意識思惟所得，言不及義，錯誤百出，因此誤導廣大佛子同陷大妄語之地獄業中而不能自知。彼等書中所說之悟處，其實處處違背第一義經典之聖言量。彼等諸人不論是否身披袈裟，都非佛法宗門血脈，或雖有禪宗法脈之傳承，亦只徒具形式；猶如螟蛉，非眞血脈，未悟得根本眞實故。禪子欲知 佛、祖之眞血脈者，請讀此書，便知分曉。平實導師著，主文452頁，全書464頁，定價500元（2007年起，凡購買公案拈提第一輯至第七輯，每購一輯皆贈送本公司精製公案拈提〈超意境〉CD一片，市售價格280元，多購多贈）。

宗通與說通：古今中外，錯誤之人如麻似粟，每以常見外道所說之靈知心，認作眞心；或妄想虛空之勝性能量爲眞如，或錯認物質四大元素藉冥性（靈知心本體）能成就吾人色身及知覺，或認初禪至四禪中之了知心爲不生不滅之涅槃心。此等皆非通宗者之見地。復有錯悟之人一向主張「宗門與教門不相干」，此即尚未通達宗門之人也。其實宗門與教門互通不二，宗門所證者乃是眞如與佛性，教門所說者乃說宗門證悟之眞如佛性，故教門與宗門不二。本書作者以宗教二門互通之見地，細說「宗通與說通」，從初見道至悟後起修之道、細說分明；並將諸宗諸派在整體佛教中之地位與次第，加以明確之教判，學人讀之即可了知佛法之梗概也。欲擇明師學法之前，允宜先讀。平實導師著，主文共381頁，全書392頁，只售成本價300元。

宗門正道—公案拈提第五輯：修學大乘佛法有二果須證—解脫果及大菩提果。二乘人不證大菩提果，唯證解脫果；此果之智慧，名爲聲聞菩提、緣覺菩提。大乘佛子所證二果之菩提果爲佛菩提，故名大菩提果，其慧名爲一切種智—函蓋二乘解脫果。然此大乘二果修證，須經由禪宗之宗門證悟方能相應。而宗門證悟極難，自古已然；其所以難者，咎在古今佛教界普遍存在三種邪見：1.以修定認作佛法， 2.以無因論之緣起性空—否定涅槃本際如來藏以後之一切法空作爲佛法， 3.以常見外道邪見（離語言妄念之靈知性）作爲佛法。 如是邪見，或因自身正見未立所致，或因邪師之邪教導所致，或因無始劫來虛妄熏習所致。若不破除此三種邪見，永劫不悟宗門眞義、不入大乘正道，唯能外門廣修菩薩行。 平實導師於此書中，有極爲詳細之說明，有志佛子欲摧邪見、入於內門修菩薩行者，當閱此書。主文共496頁，全書512頁。售價500元（2007年起，凡購買公案拈提第一輯至第七輯，每購一輯皆贈送本公司精製公案拈提〈超意境〉CD一片，市售價格280元，多購多贈）。

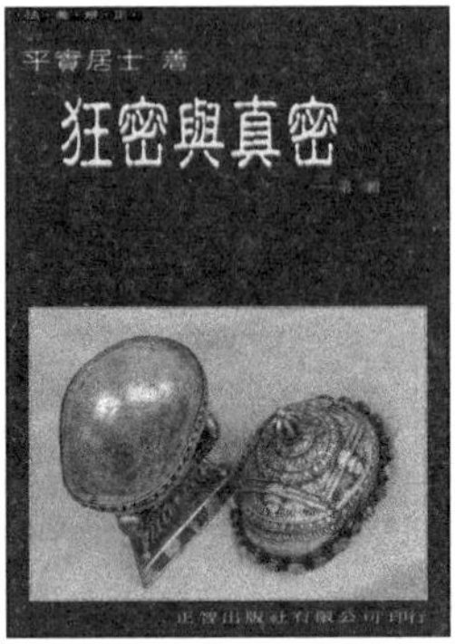

狂密與眞密：密教之修學，皆由有相之觀行法門而入，其最終目標仍不離顯教經典所說第一義諦之修證；若離顯教第一義經典、或違背顯教第一義經典，即非佛教。西藏密教之觀行法，如灌頂、觀想、遷識法、寶瓶氣、大聖歡喜雙身修法、喜金剛、無上瑜伽、大樂光明、樂空雙運等，皆是印度教兩性生生不息思想之轉化，自始至終皆以如何能運用交合淫樂之法達到全身受樂爲其中心思想，純屬欲界五欲的貪愛，不能令人超出欲界輪迴，更不能令人斷除我見；何況大乘之明心與見性，更無論矣！故密宗之法絕非佛法也。而其明光大手印、大圓滿法教，又皆同以常見外道所說離語言妄念之無念靈知心錯認爲佛地之眞如，不能直指不生不滅之眞如。西藏密宗所有法王與徒眾，都尚未開頂門眼，不能辨別眞僞，以依人不依法、依密續不依經典故，不肯將其上師喇嘛所說對照第一義經典，純依密續之藏密祖師所說爲準，因此而誇大其證德與證量，動輒謂彼祖師上師爲究竟佛、爲地上菩薩；如今台海兩岸亦有自謂其師證量高於 釋迦文佛者，然觀其師所述，猶未見道，仍在觀行即佛階段，尚未到禪宗相似即佛、分證即佛階位，竟敢標榜爲究竟佛及地上法王，誑惑初機學人。凡此怪象皆是狂密，不同於眞密之修行者。近年狂密盛行，密宗行者被誤導者極眾，動輒自謂已證佛地眞如，自視爲究竟佛，陷於大妄語業中而不知自省，反謗顯宗眞修實證者之證量粗淺；或如義雲高與釋性圓…等人，於報紙上公然誹謗眞實證道者爲「騙子、無道人、人妖、癩蛤蟆…」等，造下誹謗大乘勝義僧之大惡業；或以外道法中有爲有作之甘露、魔術……等法，誑騙初機學人，狂言彼外道法爲眞佛法。如是怪象，在西藏密宗及附藏密之外道中，不一而足，舉之不盡，學人宜應愼思明辨，以免上當後又犯毀破菩薩戒之重罪。密宗學人若欲遠離邪知邪見者，請閱此書，即能了知密宗之邪謬，從此遠離邪見與邪修，轉入眞正之佛道。 平實導師著 共四輯 每輯約400頁（主文約340頁） 每輯售價300元。

宗門正義—公案拈提第六輯：佛教有六大危機，乃是藏密化、世俗化、膚淺化、學術化、宗門密意失傳、悟後進修諸地之次第混淆；其中尤以宗門密意之失傳，爲當代佛教最大之危機。由宗門密意失傳故，易令 世尊本懷普被錯解，易令 世尊正法被轉易爲外道法，以及加以淺化、世俗化，是故宗門密意之廣泛弘傳與具緣佛弟子，極爲重要。然而欲令宗門密意之廣泛弘傳予具緣之佛弟子者，必須同時配合錯誤知見之解析、普令佛弟子知之，然後輔以公案解析之直示入處，方能令具緣之佛弟子悟入。而此二者，皆須以公案拈提之方式爲之，方易成其功、竟其業，是故平實導師續作宗門正義一書，以利學人。　全書500餘頁，售價500元（2007年起，凡購買公案拈提第一輯至第七輯，每購一輯皆贈送本公司精製公案拈提〈超意境〉CD一片，市售價格280元，多購多贈）。

心經密意—心經與解脫道、佛菩提道、祖師公案之關係與密意。　二乘菩提所證之解脫道，實依第八識心之斷除煩惱障現行而立解脫之名；大乘菩提所證之佛菩提道，實依親證第八識如來藏之涅槃性、清淨自性、及其中道性而立般若之名；禪宗祖師公案所證之眞心，即是此第八識如來藏；是故三乘佛法所修所證之三乘菩提，皆依此如來藏心而立名也。此第八識心，即是《心經》所說之心也。證得此如來藏已，即能漸入大乘佛菩提道，亦可因證知此心而了知二乘無學所不能知之無餘涅槃本際，是故《心經》之密意，與三乘佛菩提之關係極爲密切、不可分割，三乘佛法皆依此心而立名故。今者平實導師以其所證解脫道之無生智及佛菩提之般若種智，將《心經》與解脫道、佛菩提道、祖師公案之關係與密意，以演講之方式，用淺顯之語句和盤托出，發前人所未言，呈三乘菩提之眞義，令人藉此《心經密意》一舉而窺三乘菩提之堂奧，迴異諸方言不及義之說；欲求眞實佛智者、不可不讀！主文317頁，連同跋文及序文…等共384頁，售價300元。

宗門密意—公案拈提第七輯：佛教之世俗化，將導致學人以信仰作爲學佛，則將以感應及世間法之庇祐，作爲學佛之主要目標，不能了知學佛之主要目標爲親證三乘菩提。大乘菩提則以般若實相智慧爲主要修習目標，以二乘菩提解脫道爲附帶修習之標的；是故學習大乘法者，應以禪宗之證悟爲要務，能親入大乘菩提之實相般若智慧中故，般若實相智慧非二乘聖人所能知故。此書則以台灣世俗化佛教之三大法師，說法似是而非之實例，配合眞悟祖師之公案解析，提示證悟般若之關節，令學人易得悟入。平實導師著，全書五百餘頁，售價500元（2007年起，凡購買公案拈提第一輯至第七輯，每購一輯皆贈送本公司精製公案拈提〈超意境〉CD一片，市售價格280元，多購多贈）。

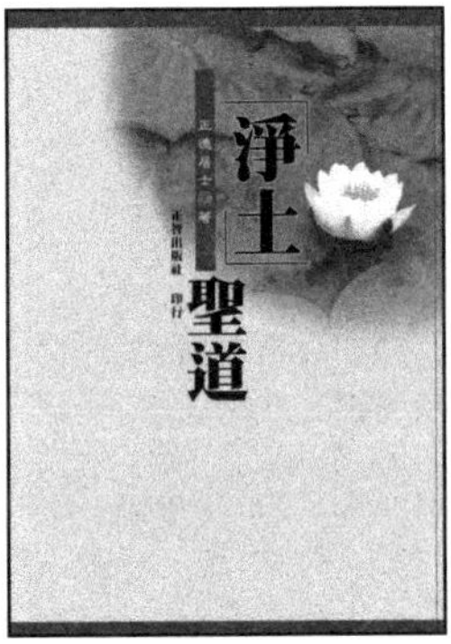

淨土聖道—兼評選擇本願念佛：佛法甚深極廣，般若玄微，非諸二乘聖僧所能知之，一切凡夫更無論矣！所謂一切證量皆歸淨土是也！是故大乘法中「聖道之淨土、淨土之聖道」，其義甚深，難可了知；乃至眞悟之人，初心亦難知也。今有正德老師眞實證悟後，復能深探淨土與聖道之緊密關係，憐憫衆生之誤會淨土實義，亦欲利益廣大淨土行人同入聖道，同獲淨土中之聖道門要義，乃振奮心神、書以成文，今得刊行天下。主文279頁，連同序文等共301頁，總有十一萬六千餘字，正德老師著，成本價200元。

起信論講記：詳解大乘起信論心生滅門與心眞如門之眞實意旨，消除以往大師與學人對起信論所說心生滅門之誤解，由是而得了知眞心如來藏之非常非斷中道正理；亦因此一講解，令此論以往隱晦而被誤解之眞實義，得以如實顯示，令大乘佛菩提道之正理得以顯揚光大；初機學者亦可藉此正論所顯示之法義，對大乘法理生起正信，從此得以眞發菩提心，眞入大乘法中修學，世世常修菩薩正行。平實導師演述，共六輯，都已出版，每輯三百餘頁，售價各250元。

優婆塞戒經講記：本經詳述在家菩薩修學大乘佛法，應如何受持菩薩戒？對人間善行應如何看待？對三寶應如何護持？應如何正確地修集此世後世證法之福德？應如何修集後世「行菩薩道之資糧」？並詳述第一義諦之正義：五蘊非我非異我、自作自受、異作異受、不作不受……等深妙法義，乃是修學大乘佛法、行菩薩行之在家菩薩所應當了知者。出家菩薩今世或未來世登地已，捨報之後多數將如華嚴經中諸大菩薩，以在家菩薩身而修行菩薩行，故亦應以此經所述正理而修之，配合《楞伽經、解深密經、楞嚴經、華嚴經》等道次第正理，方得漸次成就佛道；故此經是一切大乘行者皆應證知之正法。平實導師講述，每輯三百餘頁，售價各250元；共八輯，已全部出版。

真假活佛—略論附佛外道盧勝彥之邪說：人人身中都有眞活佛，永生不滅而有大神用，但衆生都不了知，所以常被身外的西藏密宗假活佛籠罩欺瞞。本來就眞實存在的眞活佛，才是眞正的密宗無上密！諾那活佛因此而說禪宗是大密宗，但藏密的所有活佛都不知道、也不曾實證自身中的眞活佛。本書詳實宣示眞活佛的道理，舉證盧勝彥的「佛法」不是眞佛法，也顯示盧勝彥是假活佛，直接的闡釋第一義佛法見道的眞實正理。眞佛宗的所有上師與學人們，都應該詳細閱讀，包括盧勝彥個人在內。正犀居士著，優惠價140元。

阿含正義—唯識學探源：廣說四大部《阿含經》諸經中隱說之眞正義理，一一舉示佛陀本懷，令阿含時期初轉法輪根本經典之眞義，如實顯現於佛子眼前。並提示末法大師對於阿含眞義誤解之實例，一一比對之，證實唯識增上慧學確於原始佛法之阿含諸經中已隱覆密意而略說之，證實 世尊確於原始佛法中已曾密意而說第八識如來藏之總相；亦證實 世尊在四阿含中已說此藏識是名色十八界之因、之本—證明如來藏是能生萬法之根本心。佛子可據此修正以往受諸大師（譬如西藏密宗應成派中觀師：印順、昭慧、性廣、大願、達賴、宗喀巴、寂天、月稱、……等人）誤導之邪見，建立正見，轉入正道乃至親證初果而無困難；書中並詳說三果所證的心解脫，以及四果慧解脫的親證，都是如實可行的具體知見與行門。全書共七輯，已出版完畢。平實導師著，每輯三百餘頁，售價300元。

超意境CD：以平實導師公案拈提書中超越意境之頌詞，加上曲風優美的旋律，錄成令人嚮往的超意境歌曲，其中包括正覺發願文及平實導師親自譜成的黃梅調歌曲一首。詞曲雋永，殊堪翫味，可供學禪者吟詠，有助於見道。內附設計精美的彩色小冊，解說每一首詞的背景本事。每片280元。【每購買公案拈提書籍一冊，即贈送一片。】

我的菩提路第一輯：凡夫及二乘聖人不能實證的佛菩提證悟，末法時代的今天仍然有人能得實證，由正覺同修會釋悟圓、釋善藏法師等二十餘位實證如來藏者所寫的見道報告，已爲當代學人見證宗門正法之絲縷不絕，證明大乘義學的法脈仍然存在，爲末法時代求悟般若之學人照耀出光明的坦途。由二十餘位大乘見道者所繕，敘述各種不同的學法、見道因緣與過程，參禪求悟者必讀。全書三百餘頁，售價300元。

我的菩提路第二輯：由郭正益老師等人合著，書中詳述彼等諸人歷經各處道場學法，一一修學而加以檢擇之不同過程以後，因閱讀正覺同修會、正智出版社書籍而發起抉擇分，轉入正覺同修會中修學；乃至學法及見道之過程，都一一詳述之。(本書暫停發售，俟改版重新發售流通。)

我的菩提路第三輯：由王美伶老師等人合著。自從正覺同修會成立以來，每年夏初、冬初都舉辦精進禪三共修，藉以助益會中同修們得以證悟明心發起般若實相智慧；凡已實證而被平實導師印證者，皆書具見道報告用以證明佛法之眞實可證而非玄學，證明佛法並非純屬思想、理論而無實質，是故每年都能有人證明正覺同修會的「實證佛教」主張並非虛語。特別是眼見佛性一法，自古以來中國禪宗祖師實證者極寡，較之明心開悟的證境更難令人信受；至2017年初，正覺同修會中的證悟明心者已近五百人，然而其中眼見佛性者至今唯十餘人爾，可謂難能可貴，是故明心後欲冀眼見佛性者實屬不易。黃正倖老師是懸絕七年無人見性後的第一人，她於2009年的見性報告刊於本書的第二輯中，爲大眾證明佛性確實可以眼見；其後七年之中求見性者都屬解悟佛性而無人眼見，幸而又經七年後的2016冬初，以及2017夏初的禪三，復有三人眼見佛性，希冀鼓舞四眾佛子求見佛性之大心，今則具載一則於書末，顯示求見佛性之事實經歷，供養現代佛教界欲得見性之四眾弟子。全書四百頁，售價300元，已於2017年6月30日發行。

我的菩提路第四輯：由陳晏平等人著。中國禪宗祖師往往有所謂「見性」之言，所言多屬看見如來藏具有能令人發起成佛之自性，並非《大般涅槃經》中　如來所說之眼見佛性。眼見佛性者，於親見佛性之時，即能於山河大地眼見自己佛性，亦能於他人身上眼見自己佛性及對方之佛性，如是境界無法爲尚未實證者解釋；勉強說之，縱使眞實明心證悟之人聞之，亦只能以自身明心之境界想像之，但不論如何想像多屬非量，能有正確之比量者亦是稀有，故說眼見佛性極爲困難。眼見佛性之人若所見極分明時，在所見佛性之境界下所眼見之山河大地、自己五蘊身心皆是虛幻，自有異於明心者之解脫功德受用，此後永不思證二乘涅槃，必定邁向成佛之道而進入第十住位中，已超第一阿僧祇劫三分有一，可謂之爲超劫精進也。今又有明心之後眼見佛性之人出於人間，將其明心及後來見性之報告，連同其餘證悟明心者之精彩報告一同收錄於此書中，供養眞求佛法實證之四眾佛子。全書380頁，售價300元，已於2018年6月30日發行。

我的菩提路第五輯：林慈慧老師等人著，本輯中所舉學人從相似正法中來到正覺同修會的過程，各人都有不同，發生的因緣亦是各有差別，然而都會指向同一個目標——證實生命實相的源底，確證自己生從何來、死往何去的事實，所以最後都證明佛法眞實而可親證，絕非玄學；本書將彼等諸人的始修及末後證悟之實例，羅列出來以供學人參考。本期亦有一位會裡的老師，是從1995年即開始追隨　平實導師修學，1997年明心後持續進修不斷，直到2017年眼見佛性之實例，足可證明《大般涅槃經》中世尊開示眼見佛性之法正眞無訛，第十住位的實證在末法時代的今天仍有可能，如今一併具載於書中以供學人參考，並供養現代佛教界欲得見性之四眾弟子。全書四百頁，售價300元，已於2019年12月31日發行。

我的菩提路第六輯：劉惠莉老師等人著，本輯中舉示劉老師明心多年以後的眼見佛性實錄，供末法時代學人了知明心之異於見性本質，足可證明《大般涅槃經》中世尊開示眼見佛性之法正眞無訛。亦列舉多篇學人從各道場來到正覺學法之不同過程，以及如何發覺邪見之異於正法的所在，最後終能在正覺禪三中悟入的實況，以證明佛教正法仍在末法時代的人間繼續弘揚的事實，鼓舞一切眞實學法的菩薩大眾思之：我等諸人亦可有因緣證悟，絕非空想白思。約四百頁，售價300元，已於2020年6月30日發行。

鈍鳥與靈龜：鈍鳥及靈龜二物，被宗門證悟者說爲二種人：前者是精修禪定而無智慧者，也是以定爲禪的愚癡禪人；後者是或有禪定、或無禪定的宗門證悟者，凡已證悟者皆是靈龜。但後者被人虛造事實，用以嘲笑大慧宗杲禪師，說他雖是靈龜，卻不免被天童禪師預記「患背」痛苦而亡：「鈍鳥離巢易，靈龜脫殼難。」藉以貶低大慧宗杲的證量。同時將天童禪師實證如來藏的證量，曲解爲意識境界的離念靈知。自從大慧禪師入滅以後，錯悟凡夫對他的不實毀謗就一直存在著，不曾止息，並且捏造的假事實也隨著年月的增加而越來越多，終至編成「鈍鳥與靈龜」的假公案、假故事。本書是考證大慧與天童之間的不朽情誼，顯現這件假公案的虛妄不實；更見大慧宗杲面對惡勢力時的正直不阿，亦顯示大慧對天童禪師的至情深義，將使後人對大慧宗杲的誣謗至此而止，不再有人誤犯毀謗賢聖的惡業。書中亦舉證宗門的所悟確以第八識如來藏爲標的，詳讀之後必可改正以前被錯悟大師誤導的參禪知見，日後必定有助於實證禪宗的開悟境界，得階大乘眞見道位中，即是實證般若之賢聖。全書459頁，售價350元。

維摩詰經講記：本經係 世尊在世時，由等覺菩薩維摩詰居士藉疾病而演說之大乘菩提無上妙義，所說函蓋甚廣，然極簡略，是故今時諸方大師與學人讀之悉皆錯解，何況能知其中隱含之深妙正義，是故普遍無法爲人解說；若強爲人說，則成依文解義而有諸多過失。今由平實導師公開宣講之後，詳實解釋其中密意，令維摩詰菩薩所說大乘不可思議解脫之深妙正法得以正確宣流於人間，利益當代學人及與諸方大師。書中詳實演述大乘佛法深妙不共二乘之智慧境界，顯示諸法之中絕待之實相境界，建立大乘菩薩妙道於永遠不敗不壞之地，以此成就護法偉功，欲冀永利娑婆人天。已經宣講圓滿整理成書流通，以利諸方大師及諸學人。全書共六輯，每輯三百餘頁，售價各250元。

真假外道：本書具體舉證佛門中的常見外道知見實例，並加以教證及理證上的辨正，幫助讀者輕鬆而快速的了知常見外道的錯誤知見，進而遠離佛門內外的常見外道知見，因此即能改正修學方向而快速實證佛法。游正光老師著 。成本價200元。

勝鬘經講記：如來藏爲三乘菩提之所依，若離如來藏心體及其含藏之一切種子，即無三界有情及一切世間法，亦無二乘菩提緣起性空之出世間法；本經詳說無始無明、一念無明皆依如來藏而有之正理，藉著詳解煩惱障與所知障間之關係，令學人深入了知二乘菩提與佛菩提相異之妙理；聞後即可了知佛菩提之特勝處及三乘修道之方向與原理，邁向攝受正法而速成佛道的境界中。平實導師講述，共六輯，每輯三百餘頁，售價各250元。

楞嚴經講記：楞嚴經係密教部之重要經典，亦是顯教中普受重視之經典；經中宣說明心與見性之內涵極爲詳細，將一切法都會歸如來藏及佛性—妙眞如性；亦闡釋佛菩提道修學過程中之種種魔境，以及外道誤會涅槃之狀況，旁及三界世間之起源。然因言句深澀難解，法義亦復深妙寬廣，學人讀之普難通達，是故讀者大多誤會，不能如實理解佛所說之明心與見性內涵，亦因是故多有悟錯之人引爲開悟之證言，成就大妄語罪。今由平實導師詳細講解之後，整理成文，以易讀易懂之語體文刊行天下，以利學人。全書十五輯，全部出版完畢。每輯三百餘頁，售價每輯300元。

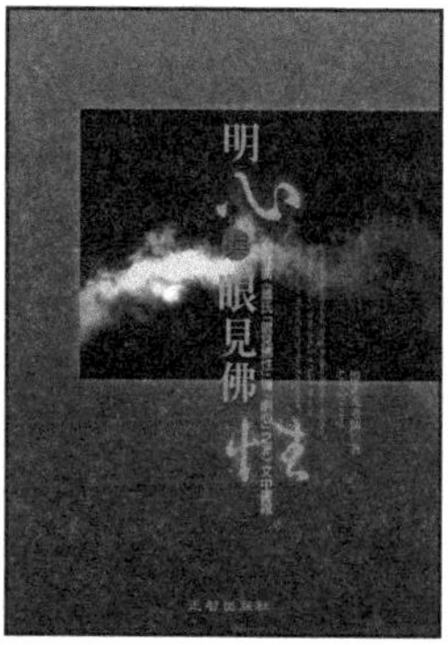

明心與眼見佛性：本書細述明心與眼見佛性之異同，同時顯示了中國禪宗破初參明心與重關眼見佛性二關之間的關聯；書中又藉法義辨正而旁述其他許多勝妙法義，讀後必能遠離佛門長久以來積非成是的錯誤知見，令讀者在佛法的實證上有極大助益。也藉慧廣法師的謬論來教導佛門學人回歸正知正見，遠離古今禪門錯悟者所墮的意識境界，非唯有助於斷我見，也對未來的開悟明心實證第八識如來藏有所助益，是故學禪者都應細讀之。游正光老師著　共448頁　售價300元。

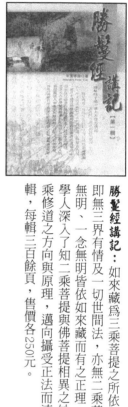

菩薩底憂鬱CD：將菩薩情懷及禪宗公案寫成新詞，並製作成超越意境的優美歌曲。　1.主題曲〈菩薩底憂鬱〉，描述地後菩薩能離三界生死而迴向繼續生在人間，但因尚未斷盡習氣種子而有極深沈之憂鬱，非三賢位菩薩及二乘聖者所知，此憂鬱在七地滿心位方才斷盡；本曲之詞中所說義理極深，昔來所未曾見；此曲係以優美的情歌風格寫詞及作曲，聞者得以激發嚮往諸地菩薩境界之大心，詞、曲都非常優美，難得一見；其中勝妙義理之解說，已印在附贈之彩色小冊中。2.以各輯公案拈提中直示禪門入處之頌文，作成各種不同曲風之超意境歌曲，值得玩味、參究；聆聽公案拈提之優美歌曲時，請同時閱讀內附之印刷精美說明小冊，可以領會超越三界的證悟境界；未悟者可以因此引發求悟之意向及疑情，眞發菩提心而邁向求悟之途，乃至因此眞實悟入般若，成眞菩薩。3.正覺總持咒新曲，總持佛法大意；總持咒之義理，已加以解說並印在隨附之小冊中。本CD共有十首歌曲，長達63分鐘，附贈二張購書優惠券。每片280元。

金剛經宗通：三界唯心，萬法唯識，是成佛之修證內容，是諸地菩薩之所修；般若則是成佛之道（實證三界唯心、萬法唯識）的入門，若未證悟實相般若，即無成佛之可能，必將永在外門廣行菩薩六度，永在凡夫位中。然而實相般若的發起，全賴實證萬法的實相；若欲證知萬法的眞相，則必須探究萬法之所從來，則須實證自心如來—金剛心如來藏，然後現觀這個金剛心的金剛性、眞實性、如如性、清淨性、涅槃性、能生萬法的自性性、本住性，名爲證眞如；進而現觀三界六道唯是此金剛心所成，人間萬法須藉八識心王和合運作方能現起。如是實證《華嚴經》的「三界唯心、萬法唯識」以後，由此等現觀而發起實相般若智慧，繼續進修第十住位的如幻觀、第十行位的陽焰觀、第十迴向位的如夢觀，再生起增上意樂而勇發十無盡願，方能滿足三賢位的實證，轉入初地；自知成佛之道而無偏倚，從此按部就班、次第進修乃至成佛。第八識自心如來是般若智慧之所依，般若智慧的修證則要從實證金剛心自心如來開始；《金剛經》則是解說自心如來之經典，是一切三賢位菩薩所應進修之實相般若經典。這一套書，是將平實導師宣講的《金剛經宗通》內容，整理成文字而流通之；書中所說義理，迥異古今諸家依文解義之說，指出大乘見道方向與理路，有益於禪宗學人求開悟見道，及轉入內門廣修六度萬行。已於2013年9月出版完畢，總共9輯，每輯約三百餘頁，售價各250元。

禪意無限CD：平實導師以公案拈提書中偈頌寫成不同風格曲子，與他人所寫不同風格曲子共同錄製出版，幫助參禪人進入禪門超越意識之境界。盒中附贈彩色印製的精美解說小冊，以供聆聽時閱讀，令參禪人得以發起參禪之疑情，即有機會證悟本來面目，實證大乘菩提般若。本CD共有十首歌曲，長達69分鐘，每盒各附贈二張購書優惠券。每片280元。

空行母—性別、身分定位，以及藏傳佛教：本書作者爲蘇格蘭哲學家，因爲嚮往佛教深妙的哲學內涵，於是進入當年盛行於歐美的假藏傳佛教密宗，擔任卡盧仁波切的翻譯工作多年以後，被邀請成爲卡盧的空行母（又名佛母、明妃），開始了她在密宗裡的實修過程；後來發覺在密宗雙身法中的修行，其實無法使自己成佛，也發覺密宗對女性岐視而處處貶抑，並剝奪女性在雙身法中擔任一半角色時應有的身分定位。當她發覺自己只是雙身法中被喇嘛利用的工具，沒有獲得絲毫應有的尊重與基本定位時，發現了密宗的父權社會控制女性的本質；於是作者傷心地離開了卡盧仁波切與密宗，但是卻被恐嚇不許講出她在密宗裡的經歷，也不許她說出自己對密宗的教義與教制下對女性剝削的本質，否則將被咒殺死亡。後來她去加拿大定居，十餘年後方才擺脫這個恐嚇陰影，下定決心將親身經歷的實情及觀察到的事實寫下來並且出版，公諸於世。出版之後，她被流亡的達賴集團人士大力攻訐，誣指她爲精神狀態失常、說謊……等。但有智之士並未被達賴集團的政治操作及各國政府政治運作吹捧達賴的表相所欺，使她的書銷售無阻而又再版。正智出版社鑑於作者此書是親身經歷的事實，所說具有針對「藏傳佛教」而作學術研究的價值，也有使人認清假藏傳佛教剝削佛母、明妃的男性本位實質，因此洽請作者同意中譯而出版於華人地區。珍妮·坎貝爾女士著，呂艾倫 中譯，每冊250元。

霧峰無霧—給哥哥的信　本書作者藉兄弟之間信件往來論義，略述佛法大義；並以多篇短文辨義，舉出釋印順對佛法的無量誤解證據，並一一給予簡單而清晰的辨正，令人一讀即知。久讀、多讀之後即能認清楚釋印順的六識論見解，與眞實佛法之牴觸是多麼嚴重；於是在久讀、多讀之後，於不知不覺之間提升了對佛法的極深入理解，正知正見就在不知不覺間建立起來了。當三乘佛法的正知見建立起來之後，對於三乘菩提的見道條件便將隨之具足，於是聲聞解脫道的見道也就水到渠成；接著大乘見道的因緣也將次第成熟，未來自然也會有親見大乘菩提之道的因緣，悟入大乘實相般若也將自然成功，自能通達般若系列諸經而成實義菩薩。作者居住於南投縣霧峰鄉，自喻見道之後不復再見霧峰之霧，故鄉原野美景一一明見，於是立此書名爲《霧峰無霧》；讀者若欲撥霧見月，可以此書爲緣。游宗明　老師著　已於2015年出版　售價250元。

霧峰無霧—第二輯—救護佛子向正道　本書作者藉釋印順著作中之各種錯謬法義提出辨正，以詳實的文義一一提出理論上及實證上之解析，列舉釋印順對佛法的無量誤解證據，藉此教導佛門大師與學人釐清佛法義理，遠離岐途轉入正道，然後知所進修，久之便能見道明心而入大乘勝義僧數。被釋印順誤導的大師與學人極多，很難救轉，是故作者大發悲心深入解說其錯謬之所在，佐以各種義理辨正而令讀者在不知不覺之間轉歸正道。如是久讀之後欲得斷身見、證初果，即不爲難事；乃至久之亦得大乘見道而得證眞如，脫離空有二邊而住中道，實相般若智慧生起，於佛法不再茫然，漸漸亦知悟後進修之道。屆此之時，對於大乘般若等深妙法之迷雲暗霧亦將一掃而空，生命及宇宙萬物之故鄉原野美景一一明見，是故本書仍名《霧峰無霧》，爲第二輯；讀者若欲撥雲見日、離霧見月，可以此書爲緣。游宗明　老師著　已於2019年出版　售價250元。

假藏傳佛教的神話—性、謊言、喇嘛教：本書編著者是由一首名爲「阿姊鼓」的歌曲爲緣起，展開了序幕，揭開假藏傳佛教—喇嘛教—的神秘面紗。其重點是蒐集、摘錄網路上質疑「喇嘛教」的帖子，以揭穿「假藏傳佛教的神話」爲主題，串聯成書，並附加彩色插圖以及說明，讓讀者們瞭解西藏密宗及相關人事如何被操作爲「神話」的過程，以及神話背後的眞相。作者：張正玄教授。售價200元。

達賴真面目—玩盡天下女人：假使您不想戴綠帽子，請記得詳細閱讀此書；假使您不想讓好朋友戴綠帽子，請您將此書介紹給您的好朋友。假使您想保護家中的女性，也想要保護好朋友的女眷，請記得將此書送給家中的女性和好友的女眷都來閱讀。本書爲印刷精美的大本彩色中英對照精裝本，爲您揭開達賴喇嘛的眞面目，內容精彩不容錯過，爲利益社會大衆，特別以優惠價格嘉惠所有讀者。編著者：白志偉等。大開版雪銅紙彩色精裝本。售價800元。

童女迦葉考—論呂凱文〈佛教輪迴思想的論述分析〉之謬：童女迦葉是佛世率領五百大比丘遊行於人間的歷史事實，是以童貞行而依止菩薩戒弘化於人間的大菩薩，不依別解脫戒（聲聞戒）來弘化於人間。這是大乘佛教與聲聞佛教同時存在於佛世的歷史明證，證明大乘佛教不是從聲聞法中分裂出來的部派佛教的產物，卻是聲聞佛教分裂出來的部派佛教聲聞凡夫僧所不樂見的史實；於是古今聲聞法中的凡夫都欲加以扭曲而作詭說，更是末法時代高聲大呼「大乘非佛說」的六識論聲聞凡夫極力想要扭曲的佛教史實之一，於是想方設法扭曲迦葉菩薩爲聲聞僧，以及扭曲迦葉童女爲比丘僧等荒謬不實之論著便陸續出現，古時聲聞僧寫作的《分別功德論》是最具體之事例，現代之代表作則是呂凱文先生的〈佛教輪迴思想的論述分析〉論文。鑑於如是假藉學術考證以籠罩大衆之不實謬論，未來仍將繼續造作及流竄於佛教界，繼續扼殺大乘佛教學人法身慧命，必須舉證辨正之，遂成此書。平實導師 著，每冊180元。

末代達賴—性交教主的悲歌：簡介從藏傳僞佛教（喇嘛教）的修行核心—性力派男女雙修，探討達賴喇嘛及藏傳僞佛教的修行內涵。書中引用外國知名學者著作、世界各地新聞報導，包含：歷代達賴喇嘛的祕史、達賴六世修雙身法的事蹟，以及《時輪續》中的性交灌頂儀式……等；達賴喇嘛書中開示的雙修法、達賴喇嘛的黑暗政治手段；達賴喇嘛所領導的寺院爆發喇嘛性侵兒童；新聞報導《西藏生死書》作者索甲仁波切性侵女信徒、澳洲喇嘛秋達公開道歉、美國最大假藏傳佛教組織領導人邱陽創巴仁波切的性氾濫，等等事件背後眞相的揭露。作者：張善思、呂艾倫、辛燕。售價250元。

黯淡的達賴—失去光彩的諾貝爾和平獎：本書舉出很多證據與論述，詳述達賴喇嘛不爲世人所知的一面，顯示達賴喇嘛並不是眞正的和平使者，而是假借諾貝爾和平獎的光環來欺騙世人；透過本書的說明與舉證，讀者可以更清楚的瞭解，達賴喇嘛是結合暴力、黑暗、淫欲於喇嘛教裡的集團首領，其政治行爲與宗教主張，早已讓諾貝爾和平獎的光環染污了。　本書由財團法人正覺教育基金會寫作、編輯，由正覺出版社印行，每冊250元。

第七意識與第八意識？—穿越時空「超意識」：「三界唯心，萬法唯識」是佛教中應該實證的聖教，也是《華嚴經》中明載而可以實證的法界實相。唯心者，三界一切境界、一切諸法唯是一心所成就，即是每一個有情的第八識如來藏，不是意識心。唯識者，即是人類各各都具足的八識心王——眼識、耳鼻舌身意識、意根、阿賴耶識，第八阿賴耶識又名如來藏，人類五陰相應的萬法，莫不由八識心王共同運作而成就，故說萬法唯識。依聖教量及現量、比量，都可以證明意識是二法因緣生，是由第八識藉意根與法塵二法爲因緣而出生，又是夜夜斷滅不存之生滅心，即無可能反過來出生第七識意根、第八識如來藏，當知不可能從生滅性的意識心中，細分出恆審思量的第七識意根，更無可能細分出恆而不審的第八識如來藏。本書是將演講內容整理成文字，細說如是內容，並已在〈正覺電子報〉連載完畢，今彙集成書以廣流通，欲幫助佛門有緣人斷除意識我見，跳脫於識陰之外而取證聲聞初果；嗣後修學禪宗時即得不墮外道神我之中，得以求證第八識金剛心而發起般若實智。平實導師 述，每冊300元。

中觀金鑑—詳述應成派中觀的起源與其破法本質：學佛人往往迷於中觀學派之不同學說，被應成派與自續派所迷惑；修學般若中觀二十年後自以為實證般若中觀了，卻仍不曾入門，甫聞實證般若中觀者之所說，則茫無所知，迷惑不解；隨後信心盡失，不知如何實證佛法；凡此，皆因惑於這二派中觀學說所致。自續派中觀所說同於常見，以意識境界立為第八識如來藏之境界，應成派所說則同於斷見，但又同立意識為常住法，故亦具足斷常二見。今者孫正德老師有鑑於此，乃將起源於密宗的應成派中觀學說，追本溯源，詳考其來源之外，亦一一舉證其立論內容，詳加辨正，令密宗雙身法祖師以識陰境界而造之應成派中觀學說本質，詳細呈現於學人眼前，令其維護雙身法之目的無所遁形。若欲遠離密宗此二大派中觀謬說，欲於三乘菩提有所進道者，允宜具足閱讀並細加思惟，反覆讀之以後將可捨棄邪道返歸正道，則於般若之實證即有可能，證後自能現觀如來藏之中道境界而成就中觀。本書分上、中、下三冊，每冊250元，全部出版完畢。

人間佛教—實證者必定不悖三乘菩提：「大乘非佛說」的講法似乎流傳已久，卻只是日本人企圖擺脫中國正統佛教的影響，而在明治維新時期才開始提出來的說法；台灣佛教、大陸佛教的淺學無智之人，由於未曾實證佛法而迷信日本人錯誤的學術考證，錯認為這些別有用心的日本佛學考證的講法為天竺佛教的眞實歷史；甚至還有更激進的反對佛教者提出「釋迦牟尼佛並非眞實存在，只是後人捏造的假歷史人物」，竟然也有少數佛教徒願意跟著「學術」的假光環而信受不疑，亦導致部分台灣佛教界人士，造作了反對中國大乘佛教而推崇南洋小乘佛教的行為，使台灣佛教的信仰者難以檢擇，亦導致一般大陸人士開始轉入基督教的盲目迷信中。在這些佛教及外教人士之中，也就有一分人根據此邪說而大聲主張「大乘非佛說」的謬論，這些人以「人間佛教」的名義來抵制中國正統佛教，公然宣稱中國的大乘佛教是由聲聞部派佛教的凡夫僧所創造出來的。這樣的說法流傳於台灣及大陸佛教界凡夫僧之中已久，卻非眞正的佛教歷史中曾經發生過的事，只是繼承六識論的聲聞法中凡夫僧，以及別有居心的日本佛教界，依自己的意識境界立場，純憑臆想而編造出來的妄想說法，卻已經影響許多無智之凡夫僧俗信受不移。本書則是從佛教的經藏法義實質及實證的現量內涵本質立論，證明大乘佛法本是佛說，是從《阿含正義》尚未說過的不同面向來討論「人間佛教」的議題，證明「大乘眞佛說」。閱讀本書可以斷除六識論邪見，迴入三乘菩提正道發起實證的因緣；也能斷除禪宗學人學禪時普遍存在之錯誤知見，對於建立參禪時的正知見有很深的著墨。平實導師 述，內文488頁，全書528頁，定價400元。

喇嘛性世界—揭開假藏傳佛教譚崔瑜伽的面紗：這個世界中的喇嘛，號稱來自世外桃源的香格里拉，穿著或紅或黃的喇嘛長袍，散布於我們的身邊傳教灌頂，吸引了無數的人嚮往學習；這些喇嘛虔誠地爲大衆祈福，手中拿著寶杵（金剛）與寶鈴（蓮花），口中唸著咒語：「唵．嘛呢．叭咪．吽……」，咒語的意思是說：「我至誠歸命金剛杵上的寶珠伸向蓮花寶穴之中」！「喇嘛性世界」是什麼樣的「世界」呢？本書將爲您呈現喇嘛世界的面貌。當您發現眞相以後，您將會唸：「噢！喇嘛．性．世界，譚崔性交嘛！」作者：張善思、呂艾倫。售價200元。

見性與看話頭：黃正倖老師的《見性與看話頭》於《正覺電子報》連載完畢，今結集出版。書中詳說禪宗看話頭的詳細方法，並細說看話頭與眼見佛性的關係，以及眼見佛性者求見佛性前必須具備的條件。本書是禪宗實修者追求明心開悟時參禪的方法書，也是求見佛性者作功夫時必讀的方法書，內容兼顧眼見佛性的理論與實修之方法，是依實修之體驗配合理論而詳述，條理分明而且極爲詳實、周全、深入。本書內文375頁，全書416頁，售價300元。

實相經宗通：學佛之目的在於實證一切法界背後之實相，禪宗稱之爲本來面目或本地風光，佛菩提道中稱之爲實相法界；此實相法界即是金剛藏，又名佛法之祕密藏，即是能生有情五陰、十八界及宇宙萬有（山河大地、諸天、三惡道世間）的第八識如來藏，又名阿賴耶識心，即是禪宗祖師所說的眞如心，此心即是三界萬有背後的實相。證得此第八識心時，自能瞭解般若諸經中隱說的種種密意，即得發起實相般若——實相智慧。每見學佛人修學佛法二十年後仍對實相般若茫然無知，亦不知如何入門，茫無所趣；更因不知三乘菩提的互異互同，是故越是久學者對佛法越覺茫然，都肇因於尚未瞭解佛法的全貌，亦未瞭解佛法的修證內容即是第八識心所致。本書對於修學佛法者所應實證的實相境界提出明確解析，並提示趣入佛菩提道的入手處，有心親證實相般若的佛法實修者，宜詳讀之，於佛菩提道之實證即有下手處。平實導師述著，共八輯，已於2016年出版完畢，每輯成本價250元。

真心告訴您(一)—達賴喇嘛在幹什麼？這是一本報導篇章的選集，更是「破邪顯正」的暮鼓晨鐘。「破邪」是戳破假象，說明達賴喇嘛及其所率領的密宗四大派法王、喇嘛們，弘傳的佛法是仿冒的佛法；他們是假藏傳佛教，是坦特羅(譚崔性交)外道法和藏地崇奉鬼神的苯教混合成的「喇嘛教」，推廣的是以所謂「無上瑜伽」的男女雙身法冒充佛法的假佛教，詐財騙色誤導眾生，常常造成信徒家庭破碎、家中兒少失怙的嚴重後果。「顯正」是揭櫫眞相，指出眞正的藏傳佛教只有一個，就是覺囊巴，傳的是 釋迦牟尼佛演繹的第八識如來藏妙法，稱爲他空見大中觀。正覺教育基金會即以此古今輝映的如來藏正法正知見，在眞心新聞網中逐次報導出來，將箇中原委「眞心告訴您」，如今結集成書，與想要知道密宗眞相的您分享。售價250元。

法華經講義：此書爲平實導師始從2009/7/21演述至2014/1/14之講經錄音整理所成。世尊一代時教，總分五時三教，即是華嚴時、聲聞緣覺教、般若教、種智唯識教、法華時；依此五時三教區分爲藏、通、別、圓四教。本經是最後一時的圓教經典，圓滿收攝一切法教於本經中，是故最後的圓教聖訓中，特地指出無有三乘菩提，其實唯有一佛乘；皆因眾生愚迷故，方便區分爲三乘菩提以助眾生證道。世尊於此經中特地說明如來示現於人間的唯一大事因緣，便是爲有緣眾生「開、示、悟、入」諸佛的所知所見——第八識如來藏妙眞如心，並於諸品中隱說「妙法蓮花」如來藏心的密意。然因此經所說甚深難解，眞義隱晦，古來難得有人能窺堂奧；平實導師以知如是密意故，特爲末法佛門四眾演述《妙法蓮華經》中各品蘊含之密意，使古來未曾被古德註解出來的「此經」密意，如實顯示於當代學人眼前。乃至〈藥王菩薩本事品〉、〈妙音菩薩品〉、〈觀世音菩薩普門品〉、〈普賢菩薩勸發品〉中的微細密意，亦皆一併詳述之，可謂開前人所未曾言之密意，示前人所未見之妙法。最後乃至以〈法華大義〉而總其成，全經妙旨貫通始終，而依佛旨圓攝於一心如來藏妙心，厥爲曠古未有之大說也。平實導師述，共有25輯，已於2019/05/31出版完畢。每輯300元。

西藏「活佛轉世」制度—附佛、造神、世俗法：歷來關於喇嘛教活佛轉世的研究，多針對歷史及文化兩部分，於其所以成立的理論基礎，較少系統化的探討。尤其是此制度是否依據「佛法」而施設？是否合乎佛法眞實義？現有的文獻大多含糊其詞，或人云亦云，不曾有明確的闡釋與如實的見解。因此本文先從活佛轉世的由來，探索此制度的起源、背景與功能，並進而從活佛的尋訪與認證之過程，發掘活佛轉世的特徵，以確認「活佛轉世」在佛法中應具足何種果德。定價150元。

真心告訴您（二）—達賴喇嘛是佛教僧侶嗎？補祝達賴喇嘛八十大壽：這是一本針對當今達賴喇嘛所領導的喇嘛教，冒用佛教名相、於師徒間或師兄姊間，實修男女邪淫，而從佛法三乘菩提的現量與聖教量，揭發其謊言與邪術，證明達賴及其喇嘛教是仿冒佛教的外道，是「假藏傳佛教」。藏密四大派教義雖有「八識論」與「六識論」的表面差異，然其實修之內容，皆共許「無上瑜伽」四部灌頂爲究竟「成佛」之法門，也就是共以男女雙修之邪淫法爲「即身成佛」之密要，雖美其名曰「欲貪爲道」之「金剛乘」，並誇稱其成就超越於（應身佛）釋迦牟尼佛所傳之顯教般若乘之上；然詳考其理論，則或以意識離念時之粗細心爲第八識如來藏，或以中脈裡的明點爲第八識如來藏，或如宗喀巴與達賴堅決主張第六意識爲常恆不變之眞心者，分別墮於外道之常見與斷見中；全然違背 佛說能生五蘊之如來藏的實質。售價300元。

涅槃—解說四種涅槃之實證及內涵：眞正學佛之人，首要即是見道，由見道故方有涅槃之實證，證涅槃者方能出生死，但涅槃有四種：二乘聖者的有餘涅槃、無餘涅槃，以及大乘聖者的本來自性清淨涅槃、佛地的無住處涅槃。大乘聖者實證本來自性清淨涅槃，入地前再取證二乘涅槃，然後起惑潤生捨離二乘涅槃，繼續進修而在七地心前斷盡三界愛之習氣種子，依七地無生法忍之具足而證得念念入滅盡定；八地後進斷異熟生死，直至妙覺地下生人間成佛，具足四種涅槃，方是眞正成佛。此理古來少人言，以致誤會涅槃正理者比比皆是，今於此書中廣說四種涅槃、如何實證之理、實證前應有之條件，實屬本世紀佛教界極重要之著作，令人對涅槃有正確無訛之認識，然後可以依之實行而得實證。本書共有上下二冊，每冊各四百餘頁，對涅槃詳加解說，每冊各350元。

佛藏經講義：本經說明爲何佛菩提難以實證之原因，都因往昔無數阿僧祇劫前的邪見，引生此世求證時之業障而難以實證。即以諸法實相詳細解說，繼之以念佛品、念法品、念僧品，說明諸佛與法之實質；然後以淨戒品之說明，期待佛弟子四衆堅持清淨戒而轉化心性，並以往古品的實例說明，教導四衆務必滅除邪見轉入正見中，然後以了戒品的說明和囑累品的付囑，期望末法時代的佛門四衆弟子皆能清淨知見而得以實證。平實導師於此經中有極深入的解說，總共21輯，每輯300元，於2019/07/31開始發行。

我的菩提路第七輯：余正偉老師等人著，本輯中舉示余老師明心二十餘年以後的眼見佛性實錄，供末法時代學人了知明心異於見性之本質，並且舉示其見性後與平實導師互相討論眼見佛性之諸多疑訛處；除了證明《大般涅槃經》中 世尊開示眼見佛性之法正眞無訛以外，亦得一解明心後尚未見性者之所未知處，甚爲精彩。此外亦列舉多篇學人從各不同宗教進入正覺學法之不同過程，以及發覺諸方道場邪見之內容與過程，最終得於正覺精進禪三中悟入的實況，足供末法精進學人借鑑，以彼鑑己而生信心，得以投入了義正法中修學及實證。凡此，皆足以證明不唯明心所證之第七住位般若智慧及解脫功德仍可實證，乃至第十住位的實證與當場發起如幻觀之實證，於末法時代的今天皆仍有可能。本書約四百頁，售價300元，將於2021年6月30日發行。

大法鼓經講義：本經解說佛法的總成：法、非法。由開解法、非法二義，說明了義佛法與世間戲論法的差異，指出佛法實證之標的即是法——第八識如來藏；並顯示實證後的智慧，如實擊大法鼓、演深妙法，演說如來祕密教法，非二乘定性及諸凡夫所能得聞，唯有具足菩薩性者方能得聞。正聞之後即得依於 世尊大願而拔除邪見，入於正法而得實證；深解不了義經之方便說，亦能實解了義經所說之眞實義，得以證法——如來藏，而得發起根本無分別智，乃至進修而發起後得無分別智；並堅持布施及受持清淨戒而轉化心性，得以現觀眞我如來藏之各種層面。此爲第一義諦聖教，於末法最後餘四十年時，一切世間樂見離車童子將繼續護持此經所說正法。平實導師於此經中有極深入的解說，總共約六輯，每輯300元，於《佛藏經講義》出版完畢後開始發行，每二個月發行一輯。

解深密經講義：本經係 世尊晚年第三轉法輪，宣說地上菩薩所應熏修之唯識正義經典，經中所說義理乃是大乘一切種智增上慧學，以阿陀那識—如來藏—阿賴耶識爲主體。禪宗之證悟者，若欲修證初地無生法忍乃至八地無生法忍者，必須修學《楞伽經、解深密經》所說之八識心王一切種智；此二經所說正法，方是眞正成佛之道；印順法師否定第八識如來藏之後所說萬法緣起性空之法，是以誤會後之二乘解脫道取代大乘眞正成佛之道，尚且不符二乘解脫道正理，亦已墮於斷滅見中，不可謂爲成佛之道也。平實導師曾於本會郭故理事長往生時，於喪宅中從首七開始宣講，於每一七各宣講三小時，至第十七而快速略講圓滿，作爲郭老之往生佛事功德，迴向郭老早證八地、速返娑婆住持正法。茲爲今時後世學人故，將擇期重講《解深密經》，以淺顯之語句講畢後，將會整理成文，用供證悟者進道；亦令諸方未悟者，據此經中佛語正義，修正邪見，依之速能入道。平實導師述著，全書輯數未定，每輯三百餘頁，將於未來重講完畢後逐輯出版。

修習止觀坐禪法要講記：修學四禪八定之人，往往錯會禪定之修學知見，欲以無止盡之坐禪而證禪定境界，卻不知修除性障之行門才是修證四禪八定不可或缺之要素，故智者大師云「性障初禪」；性障不除，初禪永不現前，云何修證二禪等？又：行者學定，若唯知數息，而不解六妙門之方便善巧者，欲求一心入定，未到地定極難可得，智者大師名之爲「事障未來」：障礙未到地定之修證。又禪定之修證，不可違背二乘菩提及第一義法，否則縱使具足四禪八定，亦不能實證涅槃而出三界。此諸知見，智者大師於《修習止觀坐禪法要》中皆有闡釋。作者平實導師以其第一義之見地及禪定之實證證量，曾加以詳細解析。將俟正覺寺竣工啓用後重講，不限制聽講者資格；講後將以語體文整理出版。欲修習世間定及增上定之學者，宜細讀之。平實導師述著。

阿含經講記—小乘解脫道之修證：數百年來，南傳佛法所說證果之不實，所說解脫道之虛妄，所弘解脫道法義之世俗化，皆已少人知之；從南洋傳入台灣與大陸之後，所說法義虛謬之事，亦復少人知之；今時台灣全島印順系統之法師居士，多不知南傳佛法數百年來所說解脫道之義理已然偏斜、已然世俗化、已非眞正之二乘解脫正道，猶極力推崇與弘揚。彼等南傳佛法近代所謂之證果者皆非眞實證果者，譬如阿迦曼、葛印卡、帕奧禪師、一行禪師……等人，悉皆未斷我見故。近年更有台灣南部大願法師，高抬南傳佛法之二乘修證行門爲「捷徑究竟解脫之道」者，然而南傳佛法縱使眞修實證，得成阿羅漢，至高唯是二乘菩提解脫之道，絕非究竟解脫，無餘涅槃中之實際尚未得證故，法界之實相尚未了知故，習氣種子待除故，一切種智未實證故，焉得謂爲「究竟解脫」？即使南傳佛法近代眞有實證之阿羅漢，尚且不及三賢位中之七住明心菩薩本來自性清淨涅槃智慧境界，則不能知此賢位菩薩所證之無餘涅槃實際，仍非大乘佛法中之見道者，何況普未實證聲聞果乃至未斷我見之人？謬充證果已屬逾越，更何況是誤會二乘菩提之後，以未斷我見之凡夫知見所說之二乘菩提解脫偏斜法道，焉可高抬爲「究竟解脫」？而且自稱「捷徑之道」？又妄言解脫之道即是成佛之道，完全否定般若實智、否定三乘菩提所依之如來藏心體，此理大大不通也！平實導師爲令修學二乘菩提欲證解脫果者，普得迴入二乘菩提正見、正道中，是故選錄四阿含諸經中，對於二乘解脫道法義有具足圓滿說明之經典，預定未來十年內將會加以詳細講解，令學佛人得以了知二乘解脫道之修證理路與行門，庶免被人誤導之後，未證言證，梵行未立，干犯道禁自稱阿羅漢或成佛，成大妄語，欲升反墮。本書首重斷除我見，以助行者斷除我見而實證初果爲著眼之目標，若能根據此書內容，配合平實導師所著《識蘊眞義》《阿含正義》內涵而作實地觀行，實證初果非爲難事，行者可以藉此三書自行確認聲聞初果爲實際可得現觀成就之事。此書中除依二乘經典所說加以宣示外，亦依斷除我見等之證量，及大乘法中道種智之證量，對於意識心之體性加以細述，令諸二乘學人必定得斷我見、常見，免除三縛結之繫縛。次則宣示斷除我執之理，欲令升進而得薄貪瞋痴，乃至斷五下分結…等。平實導師將擇期講述，然後整理成書。共二冊，每冊三百餘頁。每輯300元。

＊喇嘛教修外道雙身法，墮識陰境界，非佛教＊

＊弘揚如來藏他空見的覺囊派才是眞正藏傳佛教＊

總經銷： 聯合發行股份有限公司

231 新北市新店區寶橋路 235 巷 6 弄 6 號 4F

Tel.02－2917-8022（代表號） Fax.02－2915-6275（代表號）

零售：1.**全台連鎖經銷書局：**

三民書局、誠品書局、何嘉仁書店

敦煌書店、紀伊國屋、金石堂書局、建宏書局

諾貝爾圖書城、墊腳石圖書文化廣場

2.**台北市：**佛化人生 **大安區**羅斯福路 3 段 325 號 6 樓之 4 台電大樓對面

3.**新北市：**春大地書店 **蘆洲區**中正路 117 號

4.**桃園市：**御書堂 **龍潭區**中正路 123 號

5.**新竹市：**大學書局 **東區**建功路 10 號

6.**台中市：**瑞成書局 **東區**雙十路 1 段 4 之 33 號

佛教詠春書局 **南屯區**永春東路 884 號

文春書店 **霧峰區**中正路 1087 號

7.**彰化市：**心泉佛教文化中心 南瑤路 286 號

8.**高雄市：**政大書城 **前鎮區**中華五路 789 號 2 樓（高雄夢時代店）

明儀書局 **三民區**明福街 2 號

青年書局 **苓雅區**青年一路 141 號

9.**台東市：**東普佛教文物流通處 博愛路 282 號

10.**其餘鄉鎮市經銷書局：**請電詢總經銷**聯合**公司。

11.**大陸地區請洽：**

香港：樂文書店

旺角店 :香港九龍旺角西洋菜街 62 號 3 樓

電話 : (852) 2390 3723 email: luckwinbooks@gmail.com

銅鑼灣店 :香港銅鑼灣駱克道 506 號 2 樓

電話 : (852) 2881 1150 email: luckwinbs@gmail.com

廈門：廈門外圖臺灣書店有限公司

地址：廈門市思明區湖濱南路809 號 廈門外圖書城3 樓 郵編：361004

電話：0592-5061658（臺灣地區請撥打 86-592-5061658）

E-mail：JKB118＠188.COM

12.**美國：世界日報圖書部：**紐約圖書部 電話 7187468889#6262

洛杉磯圖書部 電話 3232616972#202

13.**國內外地區網路購書：**

正智出版社 書香園地 http://books.enlighten.org.tw/

（書籍簡介、經銷書局可直接聯結下列網路書局購書）

三民 網路書局 http://www.sanmin.com.tw

誠品 網路書局 http://www.eslitebooks.com

博客來 網路書局 http://www.books.com.tw

金石堂 網路書局　http://www.kingstone.com.tw
聯合 網路書局　http:// www.nh.com.tw

附註：1.請儘量向各經銷書局購買：郵政劃撥需要八天才能寄到（本公司在您劃撥後第四天才能接到劃撥單，次日寄出後第二天您才能收到書籍，此六天中可能會遇到週休二日，是故共需八天才能收到書籍）若想要早日收到書籍者，請劃撥完畢後，將劃撥收據貼在紙上，旁邊寫上您的姓名、住址、郵區、電話、買書詳細內容，直接傳眞到本公司 02-28344822，並來電 02-28316727、28327495 確認是否已收到您的傳眞，即可提前收到書籍。 2.因台灣每月皆有五十餘種宗教類書籍上架，書局書架空間有限，故唯有新書方有機會上架，通常每次只能有一本新書上架；本公司出版新書，大多上架不久便已售出，若書局未再叫貨補充者，書架上即無新書陳列，則請直接向書局櫃台訂購。 3.若書局不便代購時，可於晚上共修時間向正覺同修會各共修處請購（共修時間及地點，詳閱**共修現況表**。每年例行年假期間請勿前往請書，年假期間請見共修現況表）。 4.郵購：郵政劃撥帳號 19068241。 5.正覺同修會會員購書都以八折計價（戶籍台北市者爲一般會員，外縣市爲護持會員）都可獲得優待，欲一次購買全部書籍者，可以考慮入會，節省書費。入會費一千元（第一年初加入時才需要繳），年費二千元。**6.尚未出版之書籍，請勿預先郵寄書款與本公司，謝謝您！** 7.若欲一次購齊本公司書籍，或同時取得正覺同修會贈閱之全部書籍者，請於正覺同修會共修時間，親到各共修處請購及索取；**台北市讀者**請洽：103 台北市承德路三段 267 號 10 樓（捷運淡水線 圓山站旁）請書時間：週一至週五爲 18.00~21.00，第一、三、五週週六爲 10.00~21.00，雙週之週六爲 10.00~18.00 請購處專線電話：25957295-分機 14（於請書時間方有人接聽）。

敬告大陸讀者：

大陸讀者購書、索書捷徑（尚未在大陸出版的書籍，以下二個途徑都可以購得，電子書另包括結緣書籍）：

1.廈門外國圖書公司：廈門市思明區湖濱南路 809 號 廈門外圖書城 3F
　郵編：361004　電話：0592-5061658　網址：http://www.xibc.com.cn/

2.電子書：正智出版社有限公司及正覺同修會在台灣印行的各種局版書、結緣書，已有『**正覺電子書**』陸續上線中，提供讀者於手機、平板電腦上購書、下載、閱讀正智出版社、正覺同修會及正覺教育基金會所出版之電子書，詳細訊息敬請參閱『正覺電子書』專頁：http://books.enlighten.org.tw/ebook

關於平實導師的書訊，請上網查閱：

　成佛之道　http://www.a202.idv.tw

　正智出版社 書香園地　http://books.enlighten.org.tw/

★ 正智出版社有限公司售書之稅後盈餘，全部捐助財團法人正覺寺籌備處、佛教正覺同修會、正覺教育基金會，供作弘法及購建道場之用；懇請諸方大德支持，功德無量。

★ 聲　明 ★

本社於 2015/01/01 開始調整本目錄中部分書籍之售價，以因應各項成本的持續增加。

＊ 喇嘛教修外道雙身法、墮識陰境界，非佛教 ＊

＊ 弘揚如來藏他空見的覺囊派才是真正藏傳佛教 ＊

售後服務—換書啓事(免附回郵)　　2017/12/05

《楞伽經詳解》第三輯初版免費調換新書啓事：茲因 平實導師弘法早期尚未回復往世全部證量，有些法義接受他人的說法，寫書當時並未察覺而有二處（同一種法義）跟著誤說，如今發現已將之修正。茲爲顧及讀者權益，已開始免費調換新書；敬請所有讀者將以前所購第三輯（不論第幾刷），攜回或寄回本公司免費換新；郵寄者之回郵由本公司負擔，不需寄來郵票。因此而造成讀者閱讀、以及換書的不便，在此向所有讀者致上萬分的歉意，祈請讀者大眾見諒！

《楞嚴經講記》第 14 輯初版首刷本免費調換新書啓事：本講記第 14 輯出版前因 平實導師諸事繁忙，未將之重新閱讀而只改正校對時發現的錯別字，故未能發覺十年前所說法義有部分錯誤，於第 15 輯付印前重閱時才發覺第 14 輯中有部分錯誤尚未改正。今已重新審閱修改並已重印完成，煩請所有讀者將以前所購第 14 輯初版首刷本，寄回本公司免費換新（初版二刷本無錯誤），本公司將於寄回新書時同時附上您寄書來換新時的郵資，並在此向所有讀者致上最誠懇的歉意。

《心經密意》初版書免費調換二版新書啓事：本書係演講錄音整理成書，講時因時間所限，省略部分段落未講。後於再版時補寫增加 13 頁，維持原價流通之。茲爲顧及初版讀者權益，自 2003/9/30 開始免費調換新書，原有初版一刷、二刷書籍，皆可寄來本公司換書。

《宗門法眼》已經增寫改版爲 464 頁新書，2008 年 6 月中旬出版。讀者原有初版之第一刷、第二刷書本，都可以寄回本公司免費調換改版新書。改版後之公案及錯悟事例維持不變，但將內容加以增說，較改版前更具有廣度與深度，將更能助益讀者參究實相。

換書者**免附回郵**，亦無截止期限；舊書請寄：111 台北郵政 73-151 號信箱 或 103 台北市承德路三段 267 號 10 樓 正智出版社有限公司。舊書若有塗鴨、殘缺、破損者，仍可換取新書；但缺頁之舊書至少應仍有五分之三頁數，方可換書。所有讀者不必顧念本公司是否有盈餘之問題，都請踴躍寄來換書；本公司成立之目的不是營利，只要能眞實利益學人，即已達到成立及運作之目的。若以郵寄方式換書者，免附回郵；並於寄回新書時，由本公司附上您寄來書籍時耗用的郵資。造成您不便之處，再次致上萬分的歉意。

正智出版社有限公司 啓

國家圖書館出版品預行編目(CIP)資料

佛藏經講義 / 平實導師述著. -- 初版.
-- 臺北市 : 正智, 2019.07　　面 ;　公分
ISBN 978-986-97233-8-1(第一輯;平裝)
ISBN 978-986-98038-1-6(第二輯;平裝)
ISBN 978-986-98038-5-4(第三輯;平裝)
ISBN 978-986-98038-8-5(第四輯;平裝)
ISBN 978-986-98038-9-2(第五輯;平裝)
ISBN 978-986-98891-3-1(第六輯;平裝)
ISBN 978-986-98891-5-5(第七輯;平裝)
ISBN 978-986-98891-9-3(第八輯;平裝)
ISBN 978-986-99558-0-5(第九輯;平裝)
ISBN 978-986-99558-3-6(第十輯;平裝)
ISBN 978-986-99558-5-0(第十一輯;平裝)
ISBN 978-986-99558-6-7(第十二輯;平裝)
ISBN 978-986-99558-9-8(第十三輯;平裝)
1. 經集部
221.733　　108011014

佛藏經講義——第十三輯

著述者：平實導師
音文轉換：蔡正利 黃昇金
校對：章乃鈞 陳介源 孫淑貞 傅素嫻 王美伶
出版者：正智出版社有限公司
電話：○二 28327495 28316727（白天）
傳真：○二 28344822
111 台北郵政 73-151 號信箱
郵政劃撥帳號：一九○六八二四一
正覺講堂：總機○二 25957295（夜間）
總經銷：聯合發行股份有限公司
231 新北市新店區寶橋路 235 巷 6 弄 6 號 4 樓
電話：○二 29178022（代表號）
傳真：○二 29156275
初版首刷：二○二一年七月三十一日 二千冊
定價：三○○元